河南省高校精品在线开放课程
河南省一流本科课程

教育与美好人生

刘济良◎主编

复旦大学出版社

前言 Foreword

世界因生命而丰富多彩,人生因教育而魅力无穷!

幸福美好的人生是人类永恒的价值追求,正如克里夫·贝克在《学会过美好生活》中所说,"我们都想使自己的生活有所成就,都想寻求'幸福人生'或'美好生活'"。每个人都向往实现自我的美好人生,对美好人生的追寻是人的生命的本质使然。美好人生并非自发地来到每个人的面前,而是需要每个个体在领悟生活和期盼美好的过程中不断地追求和创造。教育作为引导个体领悟生活的艺术,作为基于生命、为了生命、发展生命、完善生命的事业,其本质是朝向美好的生命实践,教育以实现每个人的美好人生为终极价值取向,并在指引个体生命实现美好人生的过程中发挥着至关重要的作用。以呵护人的生命、提升人的道德、培养生命智慧为终极使命和价值追求的教育,其根本旨趣在于引导人过一种有尊严、有价值、有意义的美好生活,追求一个更加和谐、安宁、美好的人生。教育不仅仅是教会学生某种生活技能或生存技巧,而在于引导学生不断追问生命的意义、探寻生活的价值、提升人生的境界。因此,教育承载着更为深邃的理想企盼和诗情守望——通达美好人生。

理想的教育应凭借着幸福而美好的教育生活实现每个人的美好人生,从而展现出每个生命个体的别样风姿、无限活力,彰显人性美好而高尚的光辉形象,引导每个生命个体觉解生命意义、创造生命价值。那么,教育究竟该如何引导个体生命实现美好人生呢?本书从"教育与美好人生的意蕴"以及"教育如何实现美好人生"两个方面展开对这一问题的论述,在把握中西方文化脉络的基础之上,结合哲学、伦理学、心理学等多学科视角,从学校教育、家庭教育和社会教育三个层面诠释教育何以实现个体的美好人生。一方面,教育应引导个体生命充分领会美好人生的丰富意蕴,形成关涉美好人生内涵的自我理解。因为美好人生是相对于每一个具体的个体生命来说的,每个人所追寻的"值得过的人生"都不尽相同,形成关涉美好人生的自我理解是教育引导个体生命实现美好人生的必要前提和内在动力。另一方面,基于美好人生的多样化理解与追求,教育对美好人生的建构也应是多层次、多维度的。教育对美好人生的建构既需要培养"理智的愉悦"、涵养哲学智慧为美好人生之实现奠基,亦需要以人文精神守护人之为人的生命品性;既需要立足"善"的价值尺度去升华道德境界,亦需要确立"美"的价值诉求去提升艺术素养;既需要从生命的视角去强健体魄、锤炼意志、探索价值、坚定信仰、追寻幸福,亦需要关注生命的另一维度——由"死"观"生"去理解生命存在的整体性,即在对人生全景及其限度的深度把握中寻绎存在的价值与意义;既需要以亲情、友情和爱情等生命情感去消解"单面人"式的异化生命样态,促进个体的心理健康,亦需要珍视挫折价值,在生命困境中为美好人生之实现蓄力,最终达成自由而整全发展的美好生命气象。

人生活在现实之中,同时怀揣着朝向美好人生的信念、编织着生命的理想,而教育关切着人的内在的生命需要,致力于为人朝向美好人生的逐梦之旅护航。美好人生蕴含着每一生命个体的永恒价值追寻,而每一生命个体的美好人生的实现都为民族与国家的未来传递着希望、凝聚着力量、构筑着梦想。教育理应秉持成就美好人生的生命情怀,涵养美好人性、塑造美好价值、通达美好人生,为每一生命个体的美好人生以及中国梦的实现作出应有的贡献。我们期待在教育的护航下,每一生命个体在追寻美好的精神企盼中都得以熠熠生辉,每一生命个体在追逐美好的生命理想中都能尽情绽放,每一生命个体都能在教育的引领中实现生命的滋养,生活充盈幸福,彰显人生价值,追求并实现真正的幸福生活和美好人生。

本书是河南省高校精品在线开放课程、河南省一流本科课程"教育与美好人生"的配套教材。该课程自2018年在中国大学MOOC(慕课)平台、智慧树在线教育平台上线以来,截至2023年5月,累计选课人数超过2.25万人,累计选课学校103所,累计线上互动24.47万次,影响广泛,获得历届学员的一致好评。本书作为该课程的配套教材,可供关注并研究教育与美好人生问题的读者参阅。

目录 Contents

第一章 解读教育与美好人生 ………………………………………… 001
- 第一节 美好人生的意蕴 ………………………………………… 002
- 第二节 美好人生的多维审视 …………………………………… 007
- 第三节 教育对美好人生的建构 ………………………………… 010

第二章 教育如何激发求真乐趣 …………………………………… 015
- 第一节 知识及求真乐趣的意蕴 ………………………………… 015
- 第二节 教育激发学生求真乐趣 ………………………………… 020

第三章 教育如何提升道德境界 …………………………………… 023
- 第一节 道德与道德境界 ………………………………………… 024
- 第二节 道德境界的意蕴 ………………………………………… 028
- 第三节 提升道德境界,促成美好人生 ………………………… 030

第四章 教育如何培养价值观念 …………………………………… 033
- 第一节 价值及价值观念 ………………………………………… 034
- 第二节 教育与价值观念 ………………………………………… 036
- 第三节 教育中价值观念的培养 ………………………………… 038

第五章 教育如何促成健康体魄 …………………………………… 044
- 第一节 健康体魄的意蕴 ………………………………………… 045
- 第二节 体育及其历史发展 ……………………………………… 048
- 第三节 体育促进学生形成健康体魄 …………………………… 052

第六章 教育如何丰富人生情感 …………………………………… 059
- 第一节 何谓情感 ………………………………………………… 060

第二节 教育与情感 …………………………………………… 062
  第三节 情感教育 ……………………………………………… 065

第七章 教育学生珍视挫折价值 ……………………………………… 069
  第一节 挫折的来源与影响 …………………………………… 069
  第二节 珍惜挫折价值，追求美好人生 ……………………… 076

第八章 教育如何塑造意志品质 ………………………………………… 083
  第一节 意志品质及其构成要素 ……………………………… 084
  第二节 教育培养学生意志品质 ……………………………… 087

第九章 教育如何涵养哲学智慧 ………………………………………… 092
  第一节 哲学智慧 ……………………………………………… 093
  第二节 教育与哲学智慧 ……………………………………… 096
  第三节 涵养哲学智慧，促成美好人生 ……………………… 098

第十章 教育如何守望人文精神 ………………………………………… 102
  第一节 人文精神的意蕴 ……………………………………… 103
  第二节 人文精神对美好人生的影响 ………………………… 105
  第三节 教育促进人文精神的守望 …………………………… 107

第十一章 教育学生正确认识死亡 ……………………………………… 110
  第一节 死亡与死亡意识 ……………………………………… 110
  第二节 死亡意识的现实考察 ………………………………… 123
  第三节 正确认识死亡，达成美好人生 ……………………… 129

第十二章 教育如何坚定人生信仰 ……………………………………… 136
  第一节 人生信仰的意蕴 ……………………………………… 137
  第二节 信仰教育及其实施 …………………………………… 142
  第三节 教师教育信仰与青少年信仰教育 …………………… 147

第十三章 教育如何促进心理健康 ……………………………………… 153
  第一节 心理健康及其标准 …………………………………… 154
  第二节 心理健康与美好人生 ………………………………… 157
  第三节 教育促进心理健康 …………………………………… 160

第十四章　教育如何提升艺术素养 ········· 171
第一节　艺术素养的意蕴 ········· 172
第二节　艺术素养的时代价值 ········· 173
第三节　艺术素养引导美好人生 ········· 175

第十五章　教育如何达成人生幸福 ········· 179
第一节　幸福的意蕴 ········· 179
第二节　教育引导学生达成人生幸福 ········· 183

参考文献 ········· 188
后记 ········· 191

第一章 解读教育与美好人生

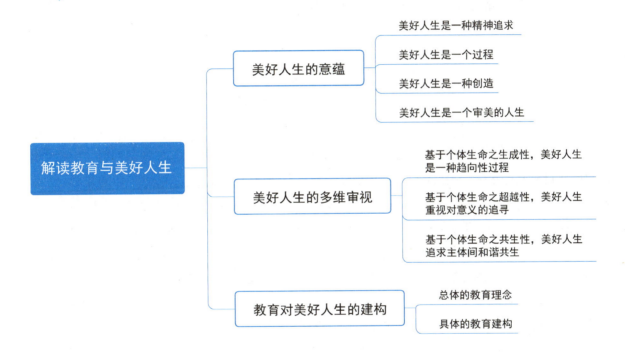

学习目标

知识目标	理解美好人生的内涵、意蕴,并加以多维审视;了解教育与美好人生之间的关系
能力目标	通过理解、多维审视美好人生的内涵、意蕴,形成自觉追求美好人生的能力
素质目标	能够结合案例、联系生活实际进行自主探究,提升思维品质、德性修养、实践能力等多方面综合素质
思政目标	树立积极进取的人生价值观,激发超越现实、创造美好人生的生命自觉

党的十九大报告明确指出:"中国特色社会主义进入新时代,我国社会主要矛盾已经转化为人民日益增长的美好生活需要和不平衡不充分的发展之间的矛盾。"①习近平总书记曾强调:"人

---

① 习近平.习近平谈治国理政:第三卷[M].北京:外文出版社,2020:9.

民对美好生活的向往,就是我们党的奋斗目标。"①美好生活不仅是每个人的人生追求,更是中国共产党一直为之努力奋斗的目标。这充分体现了中国共产党情系群众、关注民生的人文情怀,指明了新的历史条件下党对人民的责任,是党在新时代的奋斗目标。

美好生活是全面建成社会主义现代化强国的需要,也是社会主义现代化强国的体现。美好生活不是一个抽象的存在,而是具体的、现实的、生动而丰富的,它是由每个人的美好人生组成的,美好人生是美好生活在每一个个体生命中的多样化、具体化展现。当我们每个人都拥有了自己美好的人生,那么,党新时代的奋斗目标就实现了。

习近平主席在联合国"教育第一"全球倡议行动一周年纪念活动上表示:"百年大计,教育为本。教育是人类传承文明和知识、培养年轻一代、创造美好生活的根本途径。"教育作为基于生命、为了生命、发展生命、完善生命的事业,是引导个体生命实现美好人生、创造美好生活的根本途径。教育关涉人的精神世界和人生价值,承担着帮助和引导个体生命进行意义探寻、价值追求和创造美好人生的重要任务。对美好人生的意蕴之把握,是教育实现美好人生的必要前提。

第一节　美好人生的意蕴

人的一生仅有的一次生命不仅独特珍贵,而且异常美丽,如云蒸霞蔚,如朝阳四射。生命个体存在的最终目标是追求一个美好的人生,就是过一种有意义、有价值的生活,活出生命的光彩、亮丽、辉煌和惬意来。人之高于动物之处就在于人不满足于吃饱喝足的形而下的生活,还要有形而上的追求,即追问生命的意义,追求生活的价值,追求道德的高尚,追求精神的丰富,追寻人性的升华。

正如德尔斐的阿波罗神庙中镌刻的古老铭文"认识你自己"所揭示出的人的特性,人的存在即不断探寻并解释自己的存在。"人被宣称为应当是不断探究他自身的存在物——一个在他生存的每时每刻都必须查问和审视他的生存状况的存在物。"②不同于物般无意识、被动地存在着,人拥有理性、富有智慧、善用工具,既能认识世界亦能改造世界,从而展现自己对美好生命图景的向往与对美好人生的追求。但丁说,人不能像走兽那样活着,应该追求知识和美德。英国哲学家罗素说,对爱情的渴望,对知识的追求,对人类苦难不可遏制的同情,是支配我一生的单纯而强烈的三种感情。德国哲学家康德用诗一般的语言告诉我们:"有两种伟大的事物,我们越是经常越是执着地思考它们,我们心中就越是充满永远新鲜、有增无已的赞叹和敬畏——我们头上的灿烂星空,我们心中的道德法则!"③

先哲们的话告诉我们,人正是因为有思想、有道德而崇高。人的生命不会满足于一种单调、呆板、缺乏生机与活力的生活,总要追求生活的多彩、多元、多样,总要努力使自己的生命充满活力、婀娜多姿、灿烂辉煌。所以,追求美好的人生是人的生命的本质使然,也是有意识的人的精神追求和理想的期盼。

那么,什么是美好的人生呢?什么样的人生才算美好的人生呢?这一个问题其实是没有一个

---

① 习近平.习近平谈治国理政[M].北京:外文出版社,2014:4.
② [德]卡西尔.人论:人类文化哲学导引[M].甘阳,译.上海:上海译文出版社,2013:11.
③ [德]康德.康德文集[M].刘克苏,等译.北京:改革出版社,1997:313.

确定和统一的答案的。因为美好人生是相对于每一个具体的个体生命来说的,由于每一个人的人生理想不同,追求的人生价值不同,追求的人生意义不同,所以,美好人生也就具有不同的标准。

但是,这并不是说就无法界定美好人生,对于美好人生,我们还是可以找到一些基本的共识的。那就是,美好人生是相对于每个具体的生命个体而言,是自然好、自然正确的人生,是值得每个人去过的人生,也是向着人生理想去超越的人生。这种人生包含几个方面:

一、美好人生是一种精神追求

对于人来说,真正美好的人生是一种有意义、有价值的人生。我们说只有具有一种高尚的精神追求,人的生命才有意义,人的生活才有价值,人生才值得一过。

人作为有意识的生命存在,对美好人生的运思与追求体现着人之为人的价值追寻。面对有限的人生,究竟该如何度过?什么样的人生才能被称为美好人生?何为美好人生之"安身立命之本"?这一系列关乎美好人生之意蕴的追问是萦绕于古今中外先哲们心中的永恒探索,指向人们对于生命意义与价值的终极企盼。我国伟大的思想家、教育家孔子说:"朝闻道,夕死可矣。"(《论语·里仁》)在孔子看来,如果圣人君子用天所赋予的有理性的心去思考,那么,他就能够由尽心、知性而知天,最后达到自由境界,通晓天命,"从心所欲不逾矩"(《论语·为政》)。古希腊哲学家苏格拉底有一句名言"未经思考过的生活不值得过",在苏格拉底看来,没有经过深思远虑或者没有原则的生活极易受到伤害。苏格拉底进而认为好的生活应该是有目标的、完整的,是拥有这种生活的人自己选择和支配的,只有这样的生活才能尽可能完美。所以,对自己的生命和生活进行沉思、反省是人之为人的本质特征,动物不会,而这一特征恰是教育得以建构的人性基础,是教育存在的根据。

教育应在引导学生追求美好人生的过程中把握好三个结合。第一是把理想人格塑造与对生活意义和价值的追寻结合起来,使人真正摆脱必然性的压力,以体现和珍视独立的精神为己任。第二是把崇高信念与审美精神结合起来,在超越主客体的关系中寻找艺术人生、诗意人生和审美化的人生。第三是把对科学真理的探索与对人文精神的向往结合起来,以克服当代唯科学主义对人类审美心理和审美志趣的贬低和诋毁。

二、美好人生是一个过程

对人的生命存在来说,美好人生不是一个最终的结果,而是一个永远追求、永远探寻的过程。

浙江一公司有一句著名的广告词说:"人生就像一次旅行,不必在乎目的地,在乎的是沿途的风景以及看风景的心情。"其实人生就是一次旅行,我们不在乎目的地,因为目的地是死亡,我们所能把握的就是从出生到死亡这一段旅程。所以,我们应在乎的是在这一段旅程中看到的风景以及我们看风景的心情。人就是在对人生意义、生命价值的探寻中,在对人生理想、人生梦想的追求中享受生命的。

在中外思想家看来,美好人生应当是自强不息的奋斗征程。《周易》中说,"天行健,君子以自强不息"[①],意思是说,天的运动刚强劲健,相应于此,君子处世,应像天一样,自我力求进步,刚毅

---

① 黄寿祺,张善文.周易译注[M].上海:上海古籍出版社,2007:5.

坚卓，发奋图强，永不停息。因此，美好人生是人生境界由低到高、不断觉解与超越的过程，正如冯友兰所总结的人生四重境界，"自然境界、功利境界的人，是人现在就是的人；道德境界、天地境界的人，是人应该成为的人。前两者是自然的产物，后两者是精神的创造。自然境界最低，其次是功利境界，然后是道德境界，最后是天地境界。它们之所以如此，是由于自然境界，几乎不需要觉解；功利境界、道德境界，需要较多的觉解；天地境界则需要最多的觉解。道德境界有道德价值，天地境界有超道德价值"①。美好人生是在不断思考和研究如何使人生更加幸福和更有意义的人生过程，正如苏格拉底所说，"生活得最好的人是那些最好地努力研究如何能生活得最好的人；最幸福的人是那些最意识到自己是在越过越好的人"②。

人本主义心理学家罗杰斯明确提出美好人生是一个过程。在罗杰斯看来，美好人生不是静止的而是动态的，是一个过程。罗杰斯说："在我看来，它既不是一种有德之境、满足之状，也不是入仙乡、临福国的幸福境界。美好人生不是一种已经适应、充分满足，或业已实现的情状。"③"人的生命，在最好的状况下，乃是个流动、变化的过程，其中没有什么是固定不变的。不论是在我的当事人或者在我自己，我发现：生命在最丰富而又最有价值的时刻，一定是个流动的过程。"④在罗杰斯看来，当人在完全自由、随心所欲的状态下能听任自己整个身心选择一个生命发展的方向、一条生命走向完善的道路并得以自由地沿着这个方向前进，走在他所选择的人生道路上，那这样的人生就是美好的人生了。"美好人生是一过程，而非一种存在状态；它是一个方向，而非一个目的地。构成美好人生的方向，乃当人有心理上的自由可以迈向任何方向之时，他的整个身心所选择者。"⑤这就是说，真正美好的人生是一种过程，是一种追求，它永远"在路上"。

三、美好人生是一种创造

人的生命的本质是一个创造性的存在，人的生命不会止步于已有的生活，不会满足于所取得的成就，也不会陶醉在现实的享受中。所以，人的生命是在不断地创造过程中生成自己，发展自己，丰富自己，升华自己，完善自己。

我们说正是个体生命的这种生生不息的创造精神和永恒坚毅的创造意志，正是个体通过对自己人生的这种不断地创造和超越，促使着人不断地思考生命的意义，不断地实现生命的价值，不断地追求生命的完满，不断地创造生命的辉煌，从而使人生成为一种美好的享受。"人的色彩缤纷的世界，是在人的创造性活动中生成的世界，又是在人的创造性活动中千变万化的世界。千变万化才有五彩缤纷。'太阳每天都是新的'，是因为人的心灵的创造每天都是新的。"⑥

这就是说，人的生命的真义和价值就在于不断地超越现实，实现理想；不断地挑战自我，走向新生；不断地开拓创新，追求辉煌。"人类心灵的创造是永无止境的，人类心灵创造的世界是日新月异的。"⑦正是这种创造性使人获得一种美好的人生，引导人走向自我的不断超越。所以，美好人生是一种创造性的人生。

---

① 冯友兰.中国哲学简史[M].涂又光，译.北京：北京大学出版社，1985：390-391.
② [古希腊]色诺芬.回忆苏格拉底[M].吴永泉，译.北京：商务印书馆，1986：186.
③ 转引自江光荣.人性的迷失与复归：罗杰斯的人本心理学[M].武汉：湖北教育出版社，2000：59.
④ 转引自江光荣.人性的迷失与复归：罗杰斯的人本心理学[M].武汉：湖北教育出版社，2000：59.
⑤ 转引自江光荣.人性的迷失与复归：罗杰斯的人本心理学[M].武汉：湖北教育出版社，2000：60.
⑥ 孙正聿.超越意识[M].长春：吉林教育出版社，2001：序 3.
⑦ 孙正聿.超越意识[M].长春：吉林教育出版社，2001：序 7.

后现代思想家最推崇的活动是创造性的活动,最推崇的人生是创造性的人生,最欣赏的人是从事创造的人。后现代思想家格里芬说:"从根本上说,我们是'创造性'的存在物,每个人都体现了创造性的能量,人类作为整体显然最大限度地体现了这种创造性的能量。"①我们从他人那里接受创造性的奉献,但是,我们同时又是创造性的存在物。更进一步说,我们需要对他人作出贡献。

人类心灵的创造是永无止境的,人类心灵创造的世界是日新月异的。正是个体的这种创造性使人获得一种美好的人生,引导人生走向自我的不断超越。

四、美好人生是一个审美的人生

人的生命的价值、人生的意义不仅在"真"的理性中,也不仅在"善"的德性中,更在"美"的旋律、节奏、色彩和协调中。也就是说,真正美好的人生不能仅有科学的"真"、道德的"善",还应当有艺术的"美"。从人生的本质上来讲,真正美好的人生是一种审美的人生。"豁达、宽容、平静和超然的审美人生观意味着人的精神水准的提升,也表明一个人对生活的热爱和理解,他不仅理解和热爱自己,更理解和热爱他人,这就是人生幸福感的永不枯竭的精神源头。"②审美的人生观之所以是人生幸福的源头,是因为在生命的人文关怀中,美学和艺术一直是人类坚不可摧的避风港和永远的栖居所,是人类生命的宣言,是人类生命的自白。它清醒地守望着世界,观照着人生,滋润着生命。"当个体生命以自己的超越性面对美的问题的时候,正兆示着一种被现实羁绊的自由的实现。在这里,人以生命的忘情状态投入生活世界,生活世界以忘情状态投入人之怀抱,这正是生命美学追求的理想之境;而让死寂沉闷的生物个体复活为鸢飞鱼跃的生命本体,让人站在生命的地平线上去感受'万类霜天竞自由'的惬意,这才是生命美学呈示的审美之域。"③

那么,当人以超越性来面对美的问题的时候,人生就进入了美好的高远境界。这种美好高远境界:

是一种万古长空,一朝风月的境界;

是一种一尘不染冰霜操,万境俱空水月心的境界;

是一种行云流水,自在无碍的境界;

是一种春花秋月杜鹃夏,冬雪皑皑寒意加的境界;

是一种禅心朗照千江月,真性清涵万里天的境界。

那么,在这种坦荡而静谧的境界中,人与大自然融为一体,抛却了尘世的许多空花泡影、滚滚红尘,而是以一种宁静、和谐、安详、自然的眼光来重新打量世界。这样就能够做到"千种痴情,万般贪恋,轻轻抖落随风散。笑看山河,闲观星汉,忘机忘我夕阳晚"。我们想想在这种境界中,人的现实生活中的几许惆怅、几许依恋、几许萧条淡泊的风物与其幽远疏宕的内心世界就融为一体了。

下面我们来欣赏两首禅诗。

第一首是宋代无门慧开禅师的一首诗:

---

① [美]大卫·雷·格里芬.后现代科学[M].马季方,译.北京:中央编译出版社,1995:引言.
② 王坤庆.精神教育内涵初探[J].教育研究与实验,2000(6):1-6,12.
③ 杨四耕.当代新基础教育的生命美学观及其方法论意义[J].教育理论与实践,2001(6):7-11.

> 春有百花秋有月，
> 夏有凉风冬有雪。
> 若无闲事挂心头，
> 便是人间好时节。

这首诗告诉我们，世间的事都是闲事，没有一桩值得我们烦心。如果没有烦心事挂在心上，那我们就过着人间赏心乐事的时光。只要心中不计较，以知足心和平常心去生活，那时时都是好时，日日都是好日。这样我们的心境就会豁达，也就会自得其乐。

第二首是明代禅僧苍雪的一首诗：

> 松下无人一局残，
> 空山松子落棋盘。
> 神仙更有神仙着，
> 千古输赢下不完。

这首诗说的是，空山是棋盘，松子是棋子，落入棋盘，千古输赢下不完。时光久远漫长，这种没有人下的棋永远没有输赢，大自然的造化、时间的流逝，需要人去体会，去玩味。这是一种多么宽广、高远的境界。在这种审美的境界中，人类才能真正找到安定、和谐、自由、幸福的安身立命之道。

尽管审美的人生是生命的最高级境界，但是，它是建立在"真"与"善"的基础上的。没有科学的"真"，没有人对客观物质世界的把握和支配，就不会有审美的人生；没有道德的"善"，没有人对自身内心道德法则的敬畏和遵从，也没有审美的人生。所以，"美是以真、善为前提和基础的；而且，相对于真、善来说，美是一种更高层次、更高境界的东西。人类社会从求真、求善到追求真、善、美初级形态的统一，是一个把'自在之物'转化为'为我之物'的渐次升高的过程。无论现实美还是艺术美、物质美还是精神美，总是在求真、求善，取得自由，从而达到高境界时才会出现。尽管真、善、美互有区别，真的、善的并非都是美的，但美的必定是真的、善的。美是从真那里开垦出来的，从善那里生长出来的，从美那里我们看到的是真和善的极致"[①]。美是真与善的最终归宿，与此相适应，审美的人生也是人生境界的极致。

综上所述，美好人生是个体生命的终极追寻。克里夫·贝克指出，"每个人都在有意或无意地思考这些问题。我们都想使自己的生活有所成就，都想寻求'幸福人生'或'美好生活'。它不仅仅是哲学家、教育家及其他专家才感兴趣的事"[②]。每个人都会去思考、追寻美好人生，人之高于动物之处就在于人不满足于吃饱喝足的形而下的生活，而是具有形而上的追求——追问生命的意义，追求生活的价值，追寻人性的升华。每个人都向往实现自我的美好人生，对美好人生的向往是人类的永恒价值追求，对美好人生的追寻是人的生命的本质使然。基于个体生命的独特性和差异性，每个人对美好人生的理解也不尽相同，其中蕴含着个体对生命独特的意义诠释和价值排序，美好人生并不存在着一种人皆适宜的"标准模板"，而是呈现出多元化、丰富性的美好生

---

① 陈代湘.人类自由与"美的规律"[J].湘潭大学社会科学学报，2000(6)：16-19.
② [加] 克里夫·贝克.学会过美好生活：人的价值世界[M].詹万生，等译.北京：中央编译出版社，1997：导论5.

命姿态。但是,这并非意味着美好人生是无法界定的,美好人生蕴含着基本的、共性的价值取向。从人的生成性、超越性、创造性等生命特性的视角来解读美好人生,可以将美好人生理解为一种以对美好事物之欲求超越现实境遇、觉解人生境界、释放生命活力、创造无限可能,自由而自觉的、多维度整全发展的积极生命状态。简而言之,美好人生蕴含着个体生命对"更好"的生命状态的永恒追求。

第二节 美好人生的多维审视

探寻美好人生之意蕴,并不是在为"所有人该追寻什么样的人生"寻求标准答案,而是尝试从不同维度去拓展、丰富对于美好人生更为全面的理解。从个体生命特性来看,美好人生是一个既定目标,还是一个永恒的追寻过程?美好人生的评价标准是基于物质生活的条件,还是精神生活的品质?"我"的美好人生与他人的美好人生有何关系?如何看待个体生命的美好人生和社会整体的美好生活之间的关系?对于美好人生的多维审视有助于我们厘清美好人生的内在层次和核心要义。

一、基于个体生命之生成性,美好人生是一种趋向性过程

过程哲学创始人怀特海认为,"现实世界是一个过程,过程就是各种现实存在的生成"[1]。正如现实世界的动态变化过程一样,个体生命也居于动态生成之中而存在。人并不存在预先固有的本质,人的生命是一个不断推陈出新的发展性过程,任何人的生命都是在生活实践中自由创造的产物。存在主义哲学家雅斯贝尔斯指出,"人始终不仅仅是他关于他自身的知识。他现在如此,但并不永远如此。他是一个过程。他不仅仅是一种现存的生命,而是在生命中包含着这样的可能性,即通过他所拥有的自由,他要用他自己决定的行动从自身中创造他的将来。人不是一种代代重复自身的完成了的生命,也不是一种向人明白地显示其自身的生命。人'打破'了恒久重复的、消极的同一循环。他依赖于他自身的主动性,由此,他的生命进程便走向一个未知的目标"[2]。人的生命朝向未知的可能性而开放,人的生命始终处于在无限的创造生成过程之中。法国哲学家柏格森认为人的生命是一条奔流不息的意识之流,他指出,"我们的个性在萌发着,生长着,成熟着,没有片刻停息。我们个性的每个瞬间,都是增添了某种新东西的前一个瞬间……我们的每一种状态就是如此,我们将它视为逐步展开的历史中的瞬间"[3]。正如柏格森所深刻表明的,在生命的绵延中"人没有不可改变的实在;他总保持有决定他自己存在的自由。'成为一个人,即是处在成为一个人的过程中',是持续不断的自我创造的行动"[4]。在个体生命的实践中,人不断生成、发展和完善自身。

基于此,可以说每一个体生命的美好人生也并非静止的,而是一个永远追求、永远探寻的,

---

[1] [英] 怀特海.过程与实在:宇宙论研究(修订版)[M].杨富斌,译.北京:中国人民大学出版社,2013:28.
[2] [德] 雅斯贝尔斯.时代的精神状况[M].王德峰,译.上海:上海译文出版社,2013:155.
[3] [法] 柏格森.创造进化论[M].肖聿,译.北京:华夏出版社,1999:12.
[4] [德] 兰德曼.哲学人类学[M].阎嘉,译.贵阳:贵州人民出版社,2006:49.

趋向更好的生成性过程。真正的美好人生并非追求某一种结局，而旨在实现人的自由发展。囿于某种目标去管理人生，常常是以确定的目标去限定不确定的人之生成性发展。因此，从个体生命的生成性来看，美好人生是一个生成过程，而非一个既定目标；美好人生指向一个方向，而非囿于一个目的地；美好人生意指一种趋向于"可能生活"的追求过程，是对现实生存的一种创造性把握，它永远"在路上"。

二、基于个体生命之超越性，美好人生重视对意义的追寻

兰德曼在《哲学人类学》中写道，"人完全是尘世的生物，但他靠理性跃入更高的境地，天性中的二重性使他加入高、低两个层次，并面临着二者间的压力"①。一方面，人首先是一个自然存在物，作为自然界的一部分受到自然规律的制约和限制，是一个有限性的存在。另一方面，人不仅仅满足于自然生命的需求，在生命本能、物质欲望等形而下的需求之上还具有形而上的超越性追求，在有限的生命中追寻无限的意义，是一种"超生命的生命体"。"人之特殊就'特'在，人虽来自物，却能超越于一切物之上，人是生命存在，却又超越了生命的局限。人就是这样一种仿佛来自两个世界、生活在两个天地，既近于禽兽而又类于天使，身上充满了'二律背反'式矛盾，既'是其所是'而同时又'是其所不是'的那种存在。"②这种双重矛盾性及其之间的张力是个体生命实现自我超越的根本动力，正如雅斯贝尔斯所说，人"把自身分裂成精神与肉体、理智与感觉、灵魂与躯体、责任与喜好；他也把自身分裂成存在与现象、行动与思想、他实际所做的事与他以为自己正在做的事。关键的一点在于他必须始终使自己与自己对立。不存在无分裂的人之实存。但人也不能安于这种分裂。他克服、超越分裂的方法就表现出他对自身所持的观念"③。人正是置身于生命的双重性、矛盾性的悖论中寻求超越，实现存在的价值和生命的意义。

"人类把握世界的全部方式都具有自我超越的本性。"④超越性是人的存在与活动的根本属性和基本生存样态，人从不满足于当下的生存，在朝向理想世界的永不止步的追寻中，不断变革既有的生存方式并超越自己曾经所是的存在，可以说，人是不断"超越其所是的存在"。正如德国哲学家舍勒所说，人"永远在想方设法打破他的此时——此地——以此方式的存在和他的周围世界的樊篱，其中也包括他自己当时的自身现实"⑤。

"人的存在从来就不是纯粹的存在；它总是牵涉到意义。"⑥意义是人的生命存在中最重要的向度，人总是在超越中创造生命的意义，正是个体生命这种生生不息的精神和永恒坚毅的意志，引领着个体生命超越"自在"的生命走向"自为"的生命，超越"单一的颜色"实现生命的意义，超越"凝固的时空"创造生命的价值，从而诗意地栖居于自己所创造的意义世界之中。追寻意义是人类精神活动的本质，人通过精神建构活动尝试超越既定现实，修葺无目的的世界，确立自身在历史中的生存意义。基于个体生命的超越性，美好人生不仅仅是物质丰富和生理满足，更关涉个体生命之心灵的启迪和精神境界的不断超越，美好人生更加关注生命的价值与存在的意义，以超越

---

① [德] 兰德曼.哲学人类学[M].阎嘉,译.贵阳：贵州人民出版社,2006：104.
② 高清海.人就是"人"[M].沈阳：辽宁人民出版社,2001：3.
③ [德] 雅斯贝尔斯.时代的精神状况[M].王德峰,译.上海：上海译文出版社,2013：155-156.
④ 孙正聿.生命意义研究[M].北京：北京师范大学出版社,2020：125.
⑤ [德] 舍勒.人在宇宙中的地位[M].李伯杰,译.贵阳：贵州人民出版社,2018：48.
⑥ [美] 赫舍尔.人是谁[M].隗仁莲,译.贵阳：贵州人民出版社,1994：46.

性的生命实践活动点燃生命之火、烛照精神之光，从而拓展个体生命的精神世界和意义世界，实现真正意义上的自由而整全的生命成长。

三、基于个体生命之共生性，美好人生追求主体间和谐共生

个体生命之生成性、超越性是从内在向度去理解美好人生的意蕴的，个体生命之共生性则是从他者、群体等外在向度，从"类"层面进行对美好人生的考量。对美好的体验与评价因人而异，这是否意味着：美好人生是纯粹个人化的追求？个体生命的美好人生与他人没有实质的联系？社会群体与个体生命的美好人生没有内在的关联？这样疏离共同生活的单子式的美好人生是真正意义上的美好人生吗？

"人天生就是社会的存在。他乃是这样构成的，除了与他人生活在一起，他就无法活下去或活得好。……人性（humanity）本身就是社会性。在每一项社会行动中，人都或主动或被动地与其他人相关联，而不管那一行动是'社会的'还是'反社会的'。"① 生活本质上即共同生活，人作为一种社会性的存在，身处与他人互相依赖、彼此依存的互联共生的社会生活之中，生活在与他人的生命交互关系之中。正如德国哲学家胡塞尔所说，"每一个自我——主体和我们所有的人都相互一起地生活在一个共同的世界上，这个世界是我们的世界，它对我们的意识来说是有效存在着的，并且是通过这种'共同生活'而明晰地给定的"②。存在主义哲学家海德格尔指出，"世界向来已经总是我和他人共同分有的世界。此在的世界是共同世界。'在之中'就是与他人共同存在"③。作为一种社会性的存在，个体生命主体间并非孤立、分离、封闭式的存在，而是一种相互交往、密切联系的共生的存在状态，美好人生也产生于这种共生性的共同生活之中。"美好生活是我们在共同的生活处境下的共同的追问，是我们共同的理想和希望，它不仅是我们的个人生活的一种引导，更是对我们的共同生活的引导。"④ 个体生命的美好人生也如此，人总是与他人共在，只有在与他人的共同栖居的生活世界中才能实现自我的美好人生。

基于个体生命之共生性，美好人生追求主体间的和谐、共生，那种将美好人生看作是完全个人自定、与他人无涉的想法无疑是把美好人生的理想狭隘化、虚无化。"有意味的生命——不止是幸福或有意义——应该追求一种目的，我们选择这个目的，因为它超越个人福祉的目标。我们的理想起初可能源于自私的利益，但最终是造福于他人的，当我们为这样的理想而创造、奋斗时，我们就获得了并且也感觉到了人生在世的意味。"⑤ 每一个个体生命都是人类的个性化、具体化形态，人生在世总是与他人共在、共生，因此，美好人生应是秉持着"民胞物与"的生命情怀朝向他者开放，在主体间的理解、交往和对话中成就彼此，从而实现主体间美好人生的"各美其美，美人之美"，超越个人福祉的精神追求，实现由"我"到"类"的境界跃升，而非自我隔绝、局限于狭小的时空视阈和精神境界。美好人生既是自我创造、自我实现的人生，也体现着关怀他者、主体间和谐共生的圆融境界。

---

① [美]施特劳斯.自然权利与历史[M].彭刚,译.北京：生活·读书·新知三联书店,2003：130.
② 转引自[美]多迈尔.主体性的黄昏[M].万俊人,译.桂林：广西师范大学出版社,2013：47.
③ [德]海德格尔.存在与时间：修订译本[M].陈嘉映,王庆节,译.北京：生活·读书·新知三联书店,2014：138.
④ 金生鈜.规训与教化[M].北京：教育科学出版社,2004：263.
⑤ [美]艾温·辛格.我们的迷惘[M].郜元宝,译.桂林：广西师范大学出版社,2002：138.

第三节 教育对美好人生的建构

古希腊哲学家德谟克利特指出:"生活最令人向往的目标是美好,我们最好是通过在一切事物上的节制有度和文化的教养来获得它。"① 教育的本质是朝向美好的生命实践。如果把值得过的生活或者应该去追求的人生视为美好人生,那么,旨在实现个体成人的教育就应积极地思索什么是有利于美好人生的教育、教育怎样培养出追寻美好人生的德性品格、教育实践本身怎样关涉美好人生。可以说,教育的价值就是为了实现每个人的美好人生,即教育以实现每个人的美好人生为终极性的价值取向。

怀特海在《教育的目的》中写道:"教育是引导个体去领悟生活的艺术,这我所说的生活的艺术,是指人的各种活动的最完美的实现,它表现了充满活力的个体在面对现实环境时所具备的潜能。这种完美的实现涉及一种艺术的鉴赏力,它使较低级的不可分割的个性潜能服从于较高级的不可分割的个性潜能。科学、艺术、宗教和道德等就是从生物组织内部的这种价值感中产生的。每个个体都体现了一种生存的探险。生活中的艺术就是引导这种探险。"② 美好人生并非自发地来到每个人的面前,而是需要每个个体在领悟生活和期盼美好的"探险"中追求和创造美好人生,教育作为引导个体领悟生活的艺术,在指引其实现美好人生的过程中发挥着至关重要的作用,教育对美好人生的建构需要从总体的教育理念和具体的教育建构两个方面出发。

一、总体的教育理念

"教育作为个体成人的实践,其基本路径就是激活个体原初性的感受世界、体验美好事物、孕育心灵生活的能力。人活在世界中,需要各种能力,但最重要又看不见的能力,乃是心灵生活的能力,也就是心灵感受、发现、建构美好事物的能力。"③ 作为基于生命、为了生命、发展生命的事业,帮助、引导个体生命去追寻美好人生、实现美好人生、创造美好人生、享受美好人生是教育的终极追寻和诗意守望。基于此,教育对美好人生的建构从总体上来说,应坚持以下理念。

(一) 树立超越意识,激活追寻美好人生的内在动力

人是有意识的存在,对美好的憧憬和希冀激励着人在生命实践活动中不断地朝向更加美好的人生奋斗。"动物和自己的生命活动是直接同一的。动物不把自己同自己的生命活动区别开来。它就是自己的生命活动。人则使自己的生命活动本身变成自己意志和自己意识的对象。他具有有意识的生命活动。这不是人与之直接融为一体的那种规定性。有意识的生命活动把人同动物的生命活动直接区别开来。"④ 这种有意识的、超越性的生命活动将人与其他生命存在物区别开来,超越意识的形成是实现美好人生的前提和基础,超越意识激励着人迈向更高的生命境

---

① 转引自董辉."美好生活"本位的现代教育伦理信念及合理性辨析[J].伦理学研究,2019(5):82-88.
② [英]怀特海.教育的目的[M].庄莲平,王立中,译.上海:文汇出版社,2012:51.
③ 刘铁芳.什么是好的教育:学校教育的哲学阐释[M].北京:高等教育出版社,2014:27.
④ [德]马克思.1844年经济学哲学手稿[M].北京:人民出版社,2014:53.

界。"人能够达到的境界,这在本质上是不可计算的。"①人并非局限于确知的现有的生命,而是在生成性的过程中、在有意识的超越性生命实践中迈向未知的无限的可能。正如雅斯贝尔斯所说,"人并不在他的发展中达到某一终点。随着时间的推移,他在朝向常新的命运的进步中不断改变,这是他的存在的基本内容"②。人不断尝试突破周而复始的重复性运动,以期依靠自身的主动性为其生命发展开辟新的道路,美好人生便是在这不断超越现实生存,迈向"可能生活"的过程中无限生成。

教育对美好人生的建构应引导个体树立超越意识,激活其自觉创造美好人生的内在动力。一方面,教育应使个体生命"清楚地意识到要成为完整的人全在于自身的不懈努力和对自身的不断超越,并取决于日常生活的指向、生命的每一瞬间和来自灵魂的每一冲动"③。教育者应指引个体生命不断走向澄明、丰盈、完满而无限的境界,以超越性的生命冲动生成无限的生命可能。另一方面,教育应唤醒学生创造美好人生的内在超越性动力,引导学生学会进行自我教育,由外在强迫式的学习转向内在自主性的追求,以生命自觉意识,坚守对美好人生的向往与追寻。"真正的教育是自我教育"④,个体生命的主动性、能动性是其自觉超越现实生存、实现美好人生的内在性、持续性动力。"教育活动关注的是,人的潜力如何最大限度地调动起来并加以实现,以及人的内部灵性与可能性如何充分生成,质言之,教育是人的灵魂的教育,而非理智知识和认识的堆集。通过教育使具有天资的人,自己选择决定成为什么样的人以及自己把握安身立命之根。"⑤教育者应充分调动个体生命的内在自觉,引领个体生命自己积极筹划美好人生,在超越意识的引导下不断创造美好人生,实现诗意的栖居。

(二) 培育创造精神,焕发建构美好人生的无限活力

兰德曼在《哲学人类学》中写道,"人必须靠自己完成自己,必须决定自己要成为某种特定的东西,必须力求解决他要靠自己的努力解决自己的问题。他不仅可能,而且必须是创造性的"⑥。人的未特定化需要依靠自身的努力去积极筹划、生成,同时这一过程是富有创造性的。人置身于天地之中,一方面通过自己的创造活动来"完成自己",另一方面也创造着所处的世界,以"赞天地之化育"。"人创造了自己,并永远创造着自己,人永远是超越自身存在的未完成的存在;人创造了自己的世界,并永远创造着自己的世界,人的世界永远是超越既成状态的未完成的存在"⑦。与此同时,创造性并非少数人的特权,而是内在于每个人的生命能量之中。"创造性完全不限于少数人的少数活动;它作为一种必然性,根植于人本身存在的结构之中。"⑧"人的生活(life)与其他生物的生存(survival)真正具有决定性的区别之处就在于人的生活是创造性的,只有创造性才能使人的生活具有不可还原的意义,才能使生活超越生存。"⑨可以说,创造性是人之为人的基本特性,是人区别于动物的天然的分界线,人的生命不同于动物之处就在于人探寻生命的目的、追寻生活的意义、创造生命的价值、实现生命的辉煌,在不断地超越中发掘生命的无限美好、无限可

---

① [德] 雅斯贝尔斯.什么是教育[M].邹进,译.北京:生活·读书·新知三联书店,1991:36.
② [德] 雅斯贝尔斯.时代的精神状况[M].王德峰,译.上海:上海译文出版社,2013:224.
③ [德] 雅斯贝尔斯.什么是教育[M].邹进,译.北京:生活·读书·新知三联书店,1991:1.
④ [苏] 苏霍姆林斯基.给教师的一百条建议[M].周蕖,等译.天津:天津人民出版社,1981:269.
⑤ [德] 雅斯贝尔斯.什么是教育[M].邹进,译.北京:生活·读书·新知三联书店,1991:4.
⑥ [德] 兰德曼.哲学人类学[M].阎嘉,译.贵阳:贵州人民出版社,2006:192.
⑦ 孙正聿.生命意义研究[M].北京:北京师范大学出版社,2020:336.
⑧ [德] 兰德曼.哲学人类学[M].阎嘉,译.贵阳:贵州人民出版社,2006:192.
⑨ 赵汀阳.论可能生活[M].2版.北京:中国人民大学出版社,2009:95.

能、无限风光。人所独有的创造精神彰显着人的生命境界,正如帕斯卡尔所说,"一个人的精神越伟大,就越能发现人类具有的创造性"①。

与人的未特定化一样,美好人生也并非现成的、特性化的、自发产生的,它依赖于人的主动创造。基于此,教育应当注重培育学生的创造精神,引导学生在创造价值、创造意义的过程中,追求生命的超越、实现生命的升华,焕发建构美好人生的无限活力,从而收获并享受美好的人生。一方面,教育者应树立尊重生命创造的意识,尊重个体生命发展的多种可能性和自主创造性。"人是面向整个世界的存在,作为人,还需要能够超越整个'生命'和一切'物种'的局限,通过人的创造活动,运用人的超物种尺度,开发一切存在的潜能,赋予世界以新的价值和意义,这才算实现了人的天职和使命。"②生命创造的过程即实现自己的过程,旨在实现个体美好人生的教育不应成为限制个体生命发展、阻碍个体生命进行创造性活动的"牢笼",而应成为"孵化"生命理想的美好家园。另一方面,教育者应引导学生意识到人的生命价值与意义需要自己去寻找、去发现、去创造,意识到只有通过人的创造性的生命实践才能实现生命之整全与自由的发展,教育者应激励学生在生命实践活动中主动寻找、发现并创造属于自己的生命意义,在自我创造中获得精神品格的整体性成长,超越庸常、重复而无意义的机械式生存,唤醒个体生命的生命激情与活力,以新的展望不断创造、拓展已有的意义世界,激活生命的无限灵感、释放生命的无限活力,推动个体生命在创造性的生命实践中谱写动人而独特的生命之歌,描绘属于自己的美好人生图景。

(三) 陶冶艺术素养,养成享受美好人生的内在修养

艺术是人生命存在所追求和实现的最高形式,也是美好人生的最完美的表达。所以,通过艺术形式来追求美好人生、实现美好人生是人的生命存在的最高境界。反过来,艺术是人类的艺术,艺术如果离开了人的生命、人的生活也就失去了它的意义和价值。所以,"艺术,只有显示生命的欢乐与悲哀、生命的渴望与追求、生命的活力与创造,才有艺术之美;欣赏艺术作品,只有体验到生命的广大与深邃、生命的空灵与充实,才能进入艺术的世界,才能以艺术滋润生命,涵盖生命,激发生命的创造,创造美的生活"③。为此,教育就要注意引导学生通过艺术来陶冶性情,升华人格,完善人生,追求美好的生活。因此,"为了中国的今天和明天,我们有必要在青少年群体中大力提倡生命美育,不仅要求青少年善待生命、珍惜生命和呵护生命,而且要求青少年完善生命、展示生命和激扬生命"④。通过对生命的珍爱、关怀和呵护,来享受美好的人生。

(四) 追寻"美美与共",以美好学校生活凝聚合力

教育作为通向美好人生的通途,始终发生于师生、生生之间的公共交往之中。"教育在任何时候都是人的活动,是人与人之间的活动,是生动的人与人之间的交往。"⑤人只有在属人的交往世界中才能"成为人",才能发挥出教育指导个体生命实现美好人生的重要作用。"好的教育实践从来就不是个人孤立的活动,而永远是发生在人与人之间,共同分享、相互激励,并最终在人与人的相互关系之中彼此成全的活动。"⑥作为一种社会性的存在,对自我的认识总是伴随着对他者、对世界的认知,正如马丁·布伯所说,"人通过'你'而成为'我'"⑦。在这种"我—你"的"相遇"关

---

① [法] 帕斯卡尔.思想录[M].何兆武,译.北京:商务印书馆,1985:7.
② 高清海.人就是"人"[M].沈阳:辽宁人民出版社,2001:13.
③ 孙正聿.超越意识[M].长春:吉林人民出版社,2001:79.
④ 姚全兴.青少年生命的美育[J].社会科学,2002(8):59-62.
⑤ 刘铁芳.什么是好的教育:学校教育的哲学阐释[M].北京:高等教育出版社,2014:30.
⑥ 刘铁芳.什么是好的教育:学校教育的哲学阐释[M].北京:高等教育出版社,2014:48.
⑦ [德] 马丁·布伯.我与你[M].陈维纲,译.北京:商务印书馆,2013:29.

系中,超越传统的"我—他"的对立思维转向由"我们"出发的交往共生的生命存在方式。每个人总是同时作为"自我"与"他者"存在于共同生活的世界之中,每个人的美好人生也都在这一交往过程中形成,教育对美好人生的建构也应立足于个体生命的共生性,引导个体如何在公共生活中追求美好人生,引导个体意识到美好人生既需要关注自我的生命状态,也需要避免对他者的"存在的遗忘"。

美好人生是人类的共同向往,但朝向美好的追寻之路是多元的,每个人所追寻的美好人生、追寻美好人生的方式有所不同。美好人生的多样态是人类社会得以发展的必要条件,这也意味着我们对他者的美好人生追寻也应葆有基本的理解与尊重。一方面,教育应帮助学生树立共生意识,尊重多样性、差异化的美好人生图景。个体生命的共生性并非吞噬差异性,而是在尊重差异性的基础之上寻求由"各美其美"到"美美与共"的超越境界。"共生主体中的公共性,是差异性主体之间的交互共生,'差异'与'共生'并在。正因为差异性的主体存在,所以,主体间才需要共生,才可能共生。共生的理念在于差异主体间的'一起',即共在、共生、共享、共育,具有多边的共生关系。"①"各美其美"的共在是"美美与共"的共生的前提,每个人都在共同生活、公共交往中追寻着各自的美好人生,世界呈现出绚丽的光景与无限的生机;"美美与共"的共生是"各美其美"的共在的保障,人与人之间的对话理解、共同分享、相互激励和彼此成全,才使得每个人美好人生的实现成为可能。另一方面,教育应构建温情而诗意的人文氛围,营造美好的学校生活,为实现师生、生生彼此间生命"在场"的"美美与共"的和谐交往创造条件,从而凝聚实现美好人生的共同合力。教育对个体建构美好人生的引导多是在学校场域中进行的,作为师生、生生共同生活的精神家园,学校这一精神家园承担着启迪心智、涵养德性、丰富精神、完善人格、坚定信仰、焕发美好的想象和自由的创造,激活对美好的向往和创造的热情等重要育人使命,富有人文关怀的校园氛围能够促进师生的共同成长。这种美好的学校生活承载着个体对于美好的初步体验,并能够激活个体对于美好人生的追求与向往。教育应朝向构建理想的美好学校生活而努力,旨在促进师生、生生在共同生活中实现彼此的生命成长,启迪并孕育个体的精神追寻,丰富个体关涉美好的生命体验,将个体引向美好人生之路途中,为个体生命的持续发展提供绵延不绝的精神动力。

二、具体的教育建构

教育在实现个体成人、引领个体生命追求美好人生的过程中发挥着至关重要的作用,这一作用的发挥依赖于具体的教育建构。"人之为人,不仅在于生物学意义上的遗传性的获得,而且在于社会学意义上获得性的遗传。每个时代都以教育的方式使个人掌握前人的经验、常识以及各种特殊的知识与技能;以教育的方式使个人掌握该时代的价值观念、道德规范和各种行为准则;以教育的方式使个体丰富自己的情感,陶冶自己的情趣和开发自己的潜能;以教育的方式使个人树立人生的信念和理想,形成健全的人格。"②"教育就是在培植未来于当下的现实之中,就是在创造着未来。"③教育深刻地影响着个体生命的发展,而每一个个体生命的发展又影响着民族和国家的未来。理想的教育应是引导人走向美好和完善的教育,凭借当下充实、幸福而美好的教育生活

---

① 冯建军.从主体间性、他者性到公共性:兼论教育中的主体间关系[J].南京社会科学,2016(9):123-130.
② 孙正聿.生命意义研究[M].北京:北京师范大学出版社,2020:424.
③ 刘铁芳.什么是好的教育:学校教育的哲学阐释[M].北京:高等教育出版社,2014:283.

实现每个人的美好人生,从而展现出每个生命个体的别样动姿、无限活力,彰显人性美好而高尚的光辉形象。

美好人生的意蕴是丰富而多维的,教育对美好人生的建构也应是具体的、多角度的。教育对美好人生的建构既需要科学真知的奠基,亦需要人文精神的烛照;既需要涵养哲学智慧,亦需要提升道德品质;既需要从生命的视角去探索价值、锤炼意志、坚定信仰、追寻幸福,亦需要由"死"观"生",引领个体生命觉察人生的全景与限度,从生命的消极之维探讨人生的价值与意义,积极地应对人生中的挫折与挑战;既需要丰富个体的情感体验、促进个体的心理健康,亦需要激励个体形成健康体魄、提升艺术素养,最终达成自由而整全发展的美好生命景象。具体而言,教育对美好人生的建构主要包括"教育如何激发求真乐趣""教育如何提升道德境界""教育如何培养价值观念""教育如何形成健康体魄""教育如何丰富人生情感""教育如何珍惜挫折价值""教育如何塑造意志品质""教育如何涵养哲学智慧""教育如何守望人文精神""教育学生正确认识死亡""教育如何坚定人生信仰""教育如何促进心理健康""教育如何提升艺术素养""教育如何达成人生幸福"等十四个方面。

思考题

1. 如何全面理解美好人生的内涵?
2. 请结合具体案例,谈一谈你对美好人生意蕴的理解。
3. 请联系实际,谈一谈你对教育与美好人生的关系的理解。
4. 请联系实际,谈一谈你认为学校教育该如何引导学生追求美好人生。

拓展阅读

1. [英]伯特兰·罗素.教育与美好生活[M].张鑫毅,译.上海:上海人民出版社,2019.
2. [英]怀特海.教育的目的[M].庄莲平,王立中,译.上海:文汇出版社,2012.
3. [加]克里夫·贝克.学会过美好生活:人的价值世界[M].詹万生,等译.北京:中央编译出版社,1997.
4. 赵汀阳.论可能生活[M].2版.北京:中国人民大学出版社,2009.
5. 刘铁芳.什么是好的教育:学校教育的哲学阐释[M].北京:高等教育出版社,2014.
6. 阮成武.朝向美好生活的教育寻绎[J].教育研究,2021(4).
7. 杨进,柳海民.论美好生活与学校教育[J].教育研究,2012(11).

第二章 教育如何激发求真乐趣

思维导图

- 教育如何激发求真乐趣
  - 知识及求真乐趣的意蕴
    - 知识的含义与价值
    - 求真精神是科学精神
    - 求真活动是乐学过程
  - 教育激发学生求真乐趣
    - 在寓教于乐中培养求知乐趣
    - 在反思超越中体悟求真乐趣

学习目标

知识目标	掌握知识的基本概念和重要性 掌握"求真精神"的本质内涵 掌握"乐学精神"的教育意义
能力目标	学会保持积极向上的学习态度 学会利用"乐学思想"迅速进入学习状态 学会始终以良好的精神状态和饱满的学习热情投入学习中
素质目标	培养"乐学精神",挖掘优势潜能,提高基本素质 学有所成、学有所用,促进全面发展
思政目标	树立正确的"三观",塑造良好人格 提高使命感和责任感,增强社会实践能力

第一节 知识及求真乐趣的意蕴

教育要激发受教育者或者学习者的求真乐趣,其前提在于知识的获得。没有知识的获得,人类便没有了认识客观世界的工具;没有知识的获得,人类便丧失了主动改造世界的可能;没有知识的获得,人类便难以体会到究诘世界真相的美好。所以,知识是成就美好人生的重要源泉,获得或获取知识是我们安身立命之本，是通达幸福人生的"不二法门"，是人类一生中最需要做、最值得做，也是最应当做的一件要事。

一、知识的含义与价值

（一）知识的含义

千百年前，古希腊著名哲学家苏格拉底就曾诉说过他对智慧、真理、心灵的重视，并将它们视为比金钱名位更重要的东西。他曾说："雅典人啊！我尊敬你们，并且爱你们；只要我还有生命和气力，我将永不停止哲学的实践，教诲、劝勉我所遇到的任何一个人，照我的方式对他说：你，我的朋友，伟大、强盛而且智慧的城市——雅典的一个公民，像你这样只注意金钱名位，而不注意智慧、真理和改进你的心灵，你不觉得羞耻吗？……不论老少，都不要老想着你们的人身或财产，而首先并且主要地要注意到心灵的最大程度的改善。我告诉你们美德并不是用金钱能买来的，却是从美德产生出金钱及人的其他一切公的方面和私的方面的好东西。这就是我的教义。"①苏格拉底认为"知识即美德"。一个人要想成为令人尊敬、有良好道德品质的人，一定离不开有关善的知识的指导和引领。如果一个人学富五车、博古通今，那么，他就应该是一个品德高尚、为人和善、通情达理之人。

当然，有知识的人不一定就具有高尚的品德与善良的心灵，如钱理群老师所讲的，"我们的一些大学，包括北京大学，正在培养一些'精致的利己主义者'，他们高智商，世俗，老到，善于表演，懂得配合，更善于利用体制达到自己的目的。这种人一旦掌握权力，比一般的贪官污吏危害更大"②。其实，我们对"知识即美德"命题的理解不应过于偏执和狭隘，而应当更为辩证地来看。苏格拉底想强调的是，知识的获得与占有更有利于人们的道德养成。如果一个人拥有了辨别是非、善恶、美丑的知识、经验与技能，他就会更有可能约束、控制自身的行为，从而成为一个对社会、对他人都有帮助或贡献的人。

《辞海》将知识界定为"人类认识的成果或结晶……从总体上说，人的一切知识都是在社会实践中形成的，是对现实的能动反映"③。《教育大辞典》对知识的定义是知识是对事物属性和联系的认识，表现为对事物的知觉、表象、概念、法则等心理形式。总的来说，知识是我们认识、改造宇宙世界所形成的文化符号体系。人类在整个对外在世界的探求活动中，形成了种种关于客观事物的确定性、合法性知识，这类知识构成了我们认识世界、改造世界的重要工具和手段。反映在当下的学校教育中，知识的传授或传承遂被视为毋庸置疑、理所当然的教育实践活动。

（二）知识的价值

著名哲学家尼采指出："现代学校教育的目的将必须是：让每个人获得进步，让所有的个体都能得到发展。通过这种方式可以增加知识，并从中知晓，他们可以获得最大可能的幸福和收益。"④在尼采看来，学校教育的目的是让每个人获得成长与提升，即通过受教育来不断地改变自己，增加自己的知识储备，进而使自身的创造潜能得以充分释放，使个人才华得到充分施展，从而获得最大可能的幸福和收益。

---

① 北京大学哲学系外国哲学史教研室.古希腊罗马哲学[M].北京：商务印书馆，1961：148-149.
② 钱理群.北大清华再争状元就没有希望[N].中国青年报，2012-05-03.
③ 辞海编辑委员会.辞海：缩印本[M].7版.上海：上海辞书出版社，2022：2913.
④ 转引自凌宗伟.不成熟才有可能生长——"养成教育"漫谈之开篇[J].班主任之友(中学版)，2016(9)：58-59.

知识带来的价值主要包括物质价值与精神价值。

知识的物质价值是指知识对于人类物质生产所具有的价值。随着知识经济的到来,科学技术的突飞猛进,知识在日常生活中的地位日益突出。知识的物质价值之所以能够引起人们的广泛关注,在很大程度上取决于知识的生产和应用对经济增长所作出的巨大贡献,取决于科学技术成为第一生产力,取决于知识这种无形资产的重要作用。① 在市场经济的条件下,知识作为一种可以买卖的、特殊的商品,逐渐成为推动社会发展的第一生产力,比如芯片制造技术、卫星定位系统、载人航天飞船等,都是知识经济催化下的产物,是知识物质价值的真实写照。被授予"国家杰出贡献科学家"荣誉称号和"两弹一星"勋章的我国学者钱学森,在求学时一直受到老师的鼓励,要学习各种有用的实践知识,掌握高深的理论知识,要站在科学研究的最前沿,为祖国的建设发展贡献自己的智慧和力量。钱学森便经常到学校的物理系、生物系、化学系旁听,随后又前往美国麻省理工学院、加州理工学院航天系深造学习。1950年,钱学森决定归国,投身于祖国科技发展事业。由于他掌握了重要的技术信息,拥有前沿性的航天知识,遭到了美国联邦调查局的阻拦。面对美国的威逼利诱,钱学森毅然决然地踏上了归国的旅途。从"两弹一星"起步的中国航天航空事业,到如今的"神舟十五号""中国空间站""嫦娥探月工程"……是几代人求学、求知、求真,不懈努力的结果,是知识资源的价值体现,更是一个国家国力强弱的决定性因素。总之,不断地积累知识是现代人求得生存,进而谋取发展的根本路径和重要策略,尤其对于青少年来说,知识的决定性价值与意义更是显而易见。具有扎实的知识积累,以及良好的持续学习和研究的能力,已成为一个人适应当下社会生活所不可或缺的核心素养与良好品质。

作为知识价值的另一方面,知识的精神价值是指知识满足人类精神需求的价值。知识能够满足人们精神上的需要,首先表现在"获得知识在一定程度上本身就是人的一种目的,达到这种目的,就具有精神享受价值"②。无论是自然界,还是人类社会都存在无数个未被发现、探索、开发的奥秘,生存的需要驱动着人类去获得最基本的物质资料,而发展的需要促使我们渴望走进世界、了解世界。知识作为人类认识世界的一种结果,不仅带来了客观需要的满足,而且也推动着人们在理想与抱负上的自我实现。其次,知识能够帮助我们树立正确的价值观念。一个人掌握知识的多与少、深与浅影响着他对客观事物的价值判断与价值选择,决定着他终将会成为什么样的人。纵观古今,有的人以"人生自古谁无死,留取丹心照汗青"为己任,展现出强烈的历史责任感;有的人以"路漫漫其修远兮,吾将上下而求索"为追寻,表现出强大的毅力与韧性;有的人以"非淡泊无以明志,非宁静无以致远"为修养,体现出高尚的道德品行。这些人生的体悟、境界的升华均与知识的掌握、积累、内化有着密不可分的联系。总之,知识的精神价值不仅为我们提供了辨别客观世界与自我的内在尺度,使人们能够在纷繁复杂的关系中洞察事物的本质和规律,而且还增强了人们对事物的美的感受力和创造力,丰富人类的精神世界,促进生命活动的圆满。对于双目失明、双耳失聪、无法说话的海伦·凯勒来说,这个世界曾是那么的残酷、陌生、恐惧,但当她接触了文字,体悟了知识的力量,孤独的海伦·凯勒明白只有求知才能铺就一条通向光明之路,才能体会正常人所能感受到的一切,其精神世界才会更加富足和充盈。

可见,知识的获得是人类"求知需求和审美需求"的客观诉求,是人类探寻宇宙奥秘最根本的驱动力。人类正是凭借知识的获得才真正走向了自我实现和自我超越,才真正开启了幸福、充满

---

① 刘则渊.知识经济学和知识价值论[J].中国科技论坛,1998(5):37-40.
② 李德顺.价值论:一种主体性的研究[M].3版.北京:中国人民大学出版社,2020:109.

诗意的美好人生。

二、求真精神是科学精神

求知是学习者对知识的渴望与渴求,是为了满足自己的学习欲望去寻求知识、体悟知识的过程。而求真旨在追求世间万物发展的真理及内在客观规律,是建立在求知基础上的对已有知识的超越、突破与创新,是更高级形式的求知。求真是人类不断追求完善自我与推动社会进步的历史性行为,是一种科学的观念与信念,更是几千年人类文明得以延续的强大动力。

求真精神在本质上就是一种科学精神,求真就是不断地发掘事情的真相,不断探寻事物的本质及其内在的规定性,而不是被这个事物的表象或乱象所迷惑,这在古今中外的科学家身上体现得淋漓尽致。哥白尼是文艺复兴时期著名的天文学家、数学家。在哥白尼的"日心说"发表之前,由于"地心说"与基督教《圣经》中关于天堂、人间、地狱的说法相吻合,处于统治地位的教廷便大力支持"地心说",并把"地心说"和上帝创造世界的观念融为一体,用来束缚人们的思想,维护自己的统治。在黑暗的欧洲中世纪末期,哥白尼对这种缺乏科学依据的学说感到极其不满,受毕达哥拉斯学派治学精神的影响,哥白尼花费了将近4年9个月的时间去检验、修订、证明他的学说,最终建立起一个新的宇宙体系——日心说,并对"地心说"进行了系统的批判。哥白尼为坚守真理的科学性,毅然冲破愚昧的罗马教廷对科学进步的羁绊,坚持探寻世界的本真,并在观察实验中总结科学规律,尊重科学事实。"日心说"可以被视为一个富有革命性的理论,该学说的提出实现了天文学发展史上的根本性变革。

另一位是与哥白尼同一时期的意大利著名物理学家伽利略。古希腊哲学家亚里士多德认为重的物体下落速度比轻的物体下落速度快,落体速度与重量成正比。由于亚里士多德在西方哲学中的重要地位和杰出成就,此观点在后续的近两千年时间内,并没有受到批判性的质疑。针对此观点,伽利略基于自身的科学研究和学术判断,对此展开了相关实验。1590年,伽利略在比萨铁塔上进行了著名的"铁球坠落"实验,实验结果纠正了亚里士多德的错误论断,提出了被人们奉为经典的自由落体定律。

在我国著名医药学家李时珍身上同样体现了求真务实的科学精神。他在编纂《本草纲目》时,阅读到了另一位医药学家所著的《本草经集注》里面的一个记载,说穿山甲是"张开鳞甲如死状,诱蚁入甲,即闭而入水,开甲蚁皆浮出,围接而食之"[①]。对此描述,李时珍提出了质疑,穿山甲是这样诱食蚂蚁的吗?有了这么一个疑问之后,李时珍走进深山,进行了实地考察和研究,最终发现穿山甲不是由鳞片张开来诱捕蚂蚁的,而是"常吐舌诱蚁食之",也就是张开嘴伸出长舌头置于地上,让嗅觉灵敏的蚂蚁爬满舌头,然后将舌头突然一缩,便将贪腥的蚂蚁全部吞入肚腹内。基于此实践发现,他修正了《本草经集注》中关于穿山甲捕食的错误记载,影响了后世。[②]

这三个故事都是科学家秉持求真精神、探寻世界真理的典范。它告诉我们一个道理,求真精神是在我们遇到一些可疑的问题时,一定要提出疑问,然后通过调查研究去发现这个事情的真相,也就是不唯书、不唯上,只唯真与实。其实,在求真的道路上,在科学研究的道路上,是没有所谓的权威存在的。可能一个命题在当下被认为是正确的,但随着人们认识的提高和研究的深化,

---

① 赵元波.李时珍的求真精神[J].高中生,2014(13):46.
② 赵元波.李时珍的求真精神[J].高中生,2014(13):46.

这个现在既成的结论有可能会被新的发现所推翻,而求真精神其内在的规定性就是实事求是,尊重事物的本质和真相。亚里士多德有一句名言:吾爱吾师,吾更爱真理。在他的求学过程中,他的很多学术观点,其实和他的老师柏拉图并不一致,尽管他非常尊敬他的老师,但是,如果把真理和他的老师摆在一起的话,他可能更愿意尊重真理。我国著名经济学家马寅初的著作《新人口论》在当时受到了不公正的批判。他在面临这些不公正时写道:"我虽年近八十,明知寡不敌众,自当单枪匹马,出来应战,决不向专以压服不以理说服的那种批判者们投降。"[①]从这些字里行间,我们可以体会到马寅初先生这种绝不向所谓的权威屈服的求真精神。

求真精神是我们每一个人都应当具有的高尚品质。反观当下,受功利主义思潮的影响和驱动,有部分学者冒天下之大不韪,在自己的科研论文中作假。如2017年施普林格(Springer)出版社发表撤稿声明,旗下期刊《肿瘤生物学》(Tumor Biology)宣布撤回107篇中国作者发表于2012年至2015年的论文。[②] 此事件带来了极坏的国际影响,不能不引起我们的高度重视与反思。因此,无论做任何事情,都应恪守求真精神、实事求是,不能给弄虚作假等不良行为留下任何的空间与机会,否则只能是害人害己、身败名裂。

三、求真活动是乐学过程

人类的求知求真活动绝不是一个痛苦的过程,而应当是充满欢乐和鼓舞的。被誉为"哥德巴赫猜想第一人"的中国当代数学家陈景润先生,为探寻世界级数学难题,经常处于忘我的状态。有一次,陈景润到理发店理发,大家按照理发店老板发的手牌依次排队。陈景润拿到的牌子是38号,他觉得前面的队伍那么长,时间又是极其宝贵的,于是赶忙走出理发店,找了个相对安静的地方背起了外文生字。刚背没一会儿,他便想起了上午在读外文生字时,有个地方使他难以理解。他看了一眼手表,觉得查完资料再回来理发也来得及,于是便装好自己的小本子,快马加鞭地向图书馆走去。陈景润在图书馆里不仅解决了自己的困惑,还翻阅、浏览了各式各样的新书。不知过了多久,天色渐渐暗了下去,陈景润不经意间摸了一下口袋,看到那张38号的手牌才猛地想起自己今天是来理发的。求学、求知、求真究竟有怎样的乐趣,让陈景润能够沉迷其中?

求真是一种"最高级的娱乐",是一种"享受"式的学习,在不断拨开层层认知的迷雾中,探寻到事物真相的过程,是一个遭遇到巨大困扰或困惑的心灵,经过思想与思想的沟通、交流和对话,而逐渐得以澄明与敞开的过程,获得的是纯粹性内在的满足。它不止于学习者习得某种实用性技能后的成就感,更为重要的是,它触动了学习者的心灵与情愫,使其感受到了理智思考的美好和超越,进而也就极大丰富与充实了学习者的精神世界。"学习的魅力足以使那些真正走进它的人把它看成是人类的文化活动,而且是一种最能给人带来快乐的文化活动,通过这种活动,学习者能够将自身的创造力与优秀品质尽情释放出来,成就一种其他活动难以获得的自由与幸福。"[③]因此,学习对于真心向学、矢志探求真理的人来说,的确是一种莫大的享受。这里,学习成为一种"最高级的娱乐",成为一种最为纯粹的精神快乐,成为一种人之为人最有价值、最值得过的生活方式。

---

① 晋浩天.马寅初:热爱祖国 献计献策[N].光明日报,2019-09-18.
② 王灿.《肿瘤生物学》被SCI除名,曾撤稿107篇中国医学论文[EB/OL].(2017-07-18)[2022-04-25].https://www.thepaper.cn/newsDetail_forward_1736098.
③ 周勇.学习文化研究与教师的专业生活挑战[J].全球教育展望,2006(11):43-46.

罗素在《我为什么而活着》中写道："对爱情的渴望，对知识的追求，对人类苦难不可遏制的同情心，这三种纯洁但无比强烈的激情支配着我的一生。这三种激情，就像飓风一样，在深深的苦海上，肆意地把我吹来吹去，吹到濒临绝望的边缘。"①"我以同样的热情寻求知识，我希望了解人的心灵。我希望知道星星为什么闪闪发光，我试图理解毕达哥拉斯的思想威力，即数字支配着万物流转。"②罗素将对知识的探索、对真理的渴求作为自己人生中最重要的三件事情之一，他认为在人的一生中，没有什么比对知识的探索更为重要的。纵观罗素的一生，他的研究涉及哲学、数学、科学、社会学、政治、历史、宗教等诸多方面，享有"百科全书"式思想家美誉。可以说，追求知识是其生命的底色。如果我们也有一颗探究知识、寻求真理、体悟反思之心，也一定能够洞察到人类心灵的神奇与奥秘，一定能够看到星光的浩瀚和璀璨，一个美好的人生便会随之而来。

第二节　教育激发学生求真乐趣

一、在寓教于乐中培养求知乐趣

教育激发学生求真乐趣得先让学习变成快乐的事。在西方，早在古罗马时代，贺拉斯就提出"寓教于乐"的思想，强调把教育的过程变成一个快乐的过程，使学生在娱乐中接受教育，培养求知乐趣。意大利教育家维多利诺坚持把学校办成"快乐之家"，使教学生动有趣，以利于学生个性的发展。捷克教育家夸美纽斯认为学校"应当是一个快乐的场所"。首次提出自由教育思想的卢梭也指出教育要尊重儿童的个性和自由，让儿童在受教育的同时赢得进步和快乐。到现当代，更是涌现出一批具有世界影响力的教育家，他们的教育主张极大地丰富了"乐学"思想。随着教育研究的深入、教学实践的检验，人们越来越清醒地认识到，教学改革的使命就是变"苦学"为"乐学"③，使学生在寓教于乐中发现知识的有趣、学习的快乐。

学者周勇教授指出："人生活在现实世界中有许多事情可以做，在所能想到的事情当中，求知是最令人激动的，是一种比从政、经商或其他事情更能带来自由与幸福、更能展现人的创造力与人性品质的文化活动。这种学习文化无疑一直延续到了今天，在各种充满热情、兴趣及使命感的学习经验中依然可以看到它的精神火花，而且它仍将引导未来的学习者超越制度与功利的限制来建构自己的永无止境的学习生活，塑造一代又一代的'爱智者'。"④在我国悠久的学习文化传统中，有着十分深厚、浓郁的乐学思想积淀。如在《论语》中有"学而时习之，不亦说乎""知之者不如好之者，好之者不如乐之者"的乐学定位；在《学记》中有"不兴其艺，不能乐学"的乐学方法阐释；明代王艮的《乐学歌》更是主张将学习与快乐"等价齐观"——"乐是乐此学，学是学此乐；不乐不是学，不学不是乐；乐便然后学，学便然后乐。乐是学，学是乐。呜呼！天下之乐，何如此学！天下之学，何如此乐"⑤，将乐学思想发挥得淋漓尽致。

---

① ［英］伯特兰·罗素.罗素自传：第1卷[M].胡作玄、赵慧琪译.北京：商务印书馆，2002：序1.
② ［英］伯特兰·罗素.罗素自传：第1卷[M].胡作玄、赵慧琪译.北京：商务印书馆，2002：序1.
③ 李金枝.愉悦式教学的思考与实践[J].教育理论与实践，2006(7)：44-46.
④ 周勇.学习文化研究与教师的专业生活挑战[J].全球教育展望，2006(11)：43-46.
⑤ 王艮.王心斋家训译注[M].杨鑫，译注.上海：上海古籍出版社，2020：791.

总之,通过教育的求知是一件非常快乐的事,我们要接受教育的洗礼、享受求知的快乐,要从享受、对话、探究、反思、关系、际遇的视角来体认、理解人类的学习本质,努力让自己在乐学的文化氛围中涵濡浸渍,进而养成"趣学""好学""爱学"的行为习惯和精神品质。如果受教育者普遍"敏而好学",并"学而不厌",那么学习力与研究力的丰富和充盈也就自然而然了。

二、在反思超越中体悟求真乐趣

反思超越的过程即学习者主动回顾过往、总结经验、改进提升的过程,其目的在于从最初相对匮乏的状态,到后来让自己内心所需得以满足的状态,以更好地把握人生,实现自我价值。学习者对知识的深度反思与理性超越离不开教育的沁润与指引。陶行知曾言:"千教万教教人求真,千学万学学做真人。"[1]此言不虚,教育的力量就是要使人具有独立思考的能力,具有独立判断的立场,教师要更多地引导学生在实际情境中去发现和探究真理,而不只是一味地膜拜"真理"、机械地服从僵化知识的教条。受本质主义知识论的宰制与规约,我们往往将知识理解、定位为一套等待传递、灌输的真理化的"符号体系"。在传统的教育观念中,学习等同于记忆、背诵、默写与复述。其中没有学习者的思考、质疑、反问和批判,也就是说,"学习者只能认同、服从教育者信条,并按照教育者的要求进行学习。对于为什么学、学什么、怎么学等问题,学习者没有决定权,甚至没有发言权"[2]。教师的职业使命在于"传道、授业、解惑",学生的作为在于要机械接受、硬性服膺现行的理论观点和解释框架,而不能有任何的发挥、想象与创造。"标准答案"早已被预设,且具有唯一性和"权威性"。与此不符的,就只能被打上"错误"的标签,接受"理所当然"的惩罚。很明显,这种学习行为丧失了学习自身的超越性品性、旨趣与逻辑,不具有辩护性,同时也与"以人为本"的教育理念背道而驰。事实上,好的教育应当是引导学生"学而不思则罔,思而不学则殆",因此,若将受教育者的学习看作是一种对知识材料的机械加工与硬性记忆,也就严重消解和去除了受教育者反思性品质的培养,使其难以在反思中体悟求真的乐趣。

在探寻真理、揭示世界奥秘的征途中,教育给予了人类学习行为多种多样的可能性、随机性和不确定性。教育之所以充满了迷人的魅力,就在于它鼓舞着受教育者一次又一次地踏上求真的探索之路。学习者可以凭借已有的探索基础和经验,并在融汇个人智慧与想象力的基础上,进而生发出历险之旅和创造之花。"真正的学习,涉及人之所以为人此一意义的核心。透过学习,我们重新创造自我。透过学习,我们能够做到从未能做到的事情,重新认识这个世界及我们跟它的关系,以及扩展创造未来的能量。"[3]因此,学习是一种智力突破和精神超越,学习之路就是在教育者的引领下不断收获求真愉悦的享受之旅和持续开拓、进取、变革与创新的拓荒之路。

思考题

1. 根据下面罗素的两段话论述自己对"知识探索"的认识。

"对爱情的渴望,对知识的追求,对人类苦难不可遏制的同情心,这三种纯洁但无比强烈的激

---

[1] 王蕊.千教万教教人求真 千学万学学做真人——纪念陶行知先生诞辰130周年"学陶师陶"办人民满意教育[N].新民晚报,2021-10-18.
[2] 郝德永.快乐学习:愿景与路径[J].全球教育展望,2006(7):7-11.
[3] [美]彼得·圣吉.第五项修炼——学习型组织的艺术与实务[M].郭进隆,译.上海:上海三联书店,1994:14.

情支配着我的一生。这三种激情,就像飓风一样,在深深的苦海上,肆意地把我吹来吹去,吹到濒临绝望的边缘。"

"我以同样的热情寻求知识,我渴望了解人的心灵。我希望知道星星为什么闪闪发光,我试图理解毕达哥拉斯的思想威力,即数字支配着万物流转。"

2. 从"乐学"的思想中,你能学到什么?有哪些感悟与体会?

3. 教育能够激发求真乐趣,作为受教育者应对学习持有怎样的态度?

拓展阅读

1. 马来平.试论科学精神的核心与内容[J].文史哲,2001(4).
2. 刘建军,孙国梁."求真务实"的科学内涵与精神实质研究述要[J].高校理论战线,2005(10).
3. 詹文杰.论求真精神与希腊哲学之成型[J].哲学研究,2007(3).
4. 张克松.中学信息技术教学中的"乐学"策略[J].中国电化教育,2010(4).
5. 郭戈.我国的乐学思想传统[J].课程·教材·教法,2014(5).
6. 曹叔亮.乐学教育:核心内涵、价值旨归及实践矛盾[J].教育理论与实践,2015(20).
7. 郭戈.中西方乐学理念下的教学观[J].中国教育科学,2017(3).
8. 谢振.教育求"真"[J].人民教育,2019(24).
9. 莫郁然,黄伟.学乐:还原学习本真[J].中国教育科学(中英文),2020(1).
10. 毕文健,顾建军.乐学思想与新时代劳动教育课程建设策略探析[J].中国教育科学(中英文),2020(1).

第三章　教育如何提升道德境界

思维导图

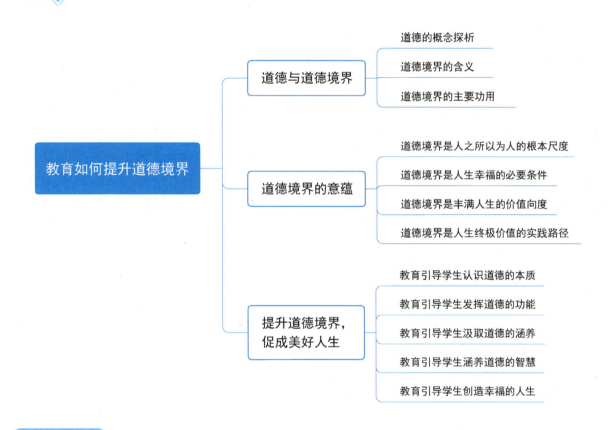

学习目标

知识目标	理解道德境界的意蕴；区分道德与道德境界，把握道德境界的功用
能力目标	掌握提升道德境界的方式和途径
素质目标	树立正确的道德观，丰富精神生活，创造幸福人生
思政目标	体会生命的意义与价值；培育社会主义核心价值观

生命是人生最珍贵且最有价值的财富，是人和其他一切生物存在和发展的根本源泉，但生命

同时又是短暂的,如白驹过隙。如何超越生命的短暂,让生命获得永恒的价值,就成为古往今来热议的话题。《左传·襄公二十四年》中写道:"太上有立德,其次有立功,其次有立言,虽久不废,此之谓不朽。"①这三者是儒家确立的人生"三不朽",也是实现人生价值永恒的三种方式,儒家将树立德行作为人生的最高目标,显示出道德追求是人生的核心价值。立德是心灵、灵魂的事业,立德需要人付诸一生的努力,立德是伴随一生的修行,立德是惠及自身当代、泽被后世的生命的事业。

第一节 道德与道德境界

一、道德的概念探析

(一)我国传统文化中关于道德的探析

"道""德"在我国古代典籍著作中,常以分开的形式出现。

"道"在中国传统文化中具有丰富且深厚的内涵。"道"从其字形来看,指道路,"道,所行道也,从行从首"②,其含义是指辨明方向、引道而行,也指具有方向性的道路,后进一步引申为哲学层面的"道"。③ 我们当今所谈论的"道"更多的是指向后者。《道德经》中指出,"道冲而用之或不盈,渊兮似万物之宗"④,认为"道"是不可见的虚物,它空虚无形,但具有无穷无尽的能量,是万事万物产生和生存的根源。"道生一,一生二,二生三,三生万物"⑤也具有异曲同工之意,认为"道"是万物之根本、万物之源,其内涵丰富,作用无限。荀子认为,"夫道者,所以变化遂成万物也"⑥,世间万物皆由道变换而来,是万物的根源,也称为"万物之母",是万物的起源。"有物混成,先天地生,寂兮寥兮,独立而不改,周行而不殆,可以为天下母。吾不知其名,字之曰道"⑦强调"道"是"天下母",是先于天地而存在的。从中可以看出在中国传统文化中,"道"经常作为一种超自然概念出现,它无形无状,变化无常,无实体却又主宰着万物的生长和繁衍,它居于社会、自然现象之上,是一种最高层次的道德追求。随后,"道"又发展为个体的行为规范方式和准则。《易经》中提到,"立天之道曰阴阳,立地之道曰柔刚,立人之道曰仁义"⑧,将阴阳、柔刚和仁义作为世间万物运行发展的规则和秩序,"道"由抽象、宏观层面转为具体、直观且可操作的行为规范和准则。我国传统文化中,"道"的内涵极其丰富,它既是人生最高的价值追求,又是人的日常道德行为方式,与个体息息相关。

"德"含义的发展经历了一个演化的过程。起初,"德"作为划分氏族的准则,同一氏族信仰同样的"德",各氏族之间的"德"又存在区别和差异。由于其具有的抽象性和神秘性,"德"逐渐成为

---

① 左丘明.左传[M].北京:中华书局,2012:472.
② 许慎.说文解字[M].北京:中华书局,1963:176.
③ 高恒天.道德与人的幸福[D].上海:复旦大学,2003.
④ 张景,张松辉.道德经译注[M].北京:中华书局,2021:51.
⑤ 张景,张松辉.道德经译注[M].北京:中华书局,2021:79.
⑥ 方勇,李波.荀子译注[M].北京:中华书局,2011:182.
⑦ 陈鼓应.老子今注今译[M].北京:商务印书馆,2016:194.
⑧ 臧守虎.易经读本[M].北京:中华书局,2007:248.

权力的象征,为氏族部落首领所独享,成为首领的专属,如"以德配天"。① 之后,随着社会进步和发展,"德"的含义转变为"伦理道德",逐渐成为大众所普遍拥有的行为规范准则以及伦理意义上的"德"。正如孔子所说,"主忠信,徙义,崇德也"②,它指的是人的品质和行为规范。《说文解字》中有关"德"的描述是"德者得也"③,"内得于己,谓身心所自得也;外得于人,谓惠泽使人得之也"④。这种观点把道德规范与人的品德结合起来,要求个体在道德规范的约束下生活,正确处理人与人之间的关系,进而能各有所得,向内使自己的内在道德获得提升,向外又能帮助他人。因此,"德"在我国古代经历了由划分氏族的标准向个体品德和普遍的行为准则转变,与个体的关系逐渐密切。

我国古代道德的内涵具体来说就是指个体的道德修养。最早"道德"二字合在一起出现是在战国时期的文献中,如"道德仁义,非礼不成"⑤,意思是道、德、仁、义四种美德,必须在礼的约束下才能实现,强调礼的重要性。究其本质,在该书中,"道"和"德"仍然是作为两种理念而出现,并未合为一体。"恬淡寂寞,虚无无为,此天地之平而道德之质也"⑥,认为恬淡、寂寞、虚空和无为是天地和谐均衡的基准,也是道德修养的本质和精神所在。这里将"道"和"德"真正结合在一起,作为一个完整的词语出现,指的是人修养的最高境界,是人生的终极追求。同时,"上古竞于道德,中世出于智谋,当今争于气力"⑦中的"道德"也侧重于人的德性和修养。

(二) 西方文化中关于道德的探析

在西方,道德一词最早源于希腊文"ethos",意为"本质""人格",在之后可考察的早期英文文献中,道德一词指的是该文献所要教导的实践性训诫。⑧ 西方道德的含义偏向于实践性,正如康德的道德哲学强调实践经验和实践理性,以及马克思提出的掌握世界的方式,即"实践-精神"。在西方,谈论道德时,不可避免地要提到伦理,黑格尔曾区别伦理和道德,认为伦理是客观的,道德是个人的修养品性,是主观的。

通过对古今中外道德一词的梳理,可以发现,道德一词由来已久并随着时代的发展和变化呈现出时代的内涵。在中国文化的语境中,道德更多的是指向个体的品德修养和社会的规章制度,既是个体追求人生目标的价值取向,也是维护社会团结和谐的准则。西方的道德侧重于道德的实践性和伦理性。但二者皆是从社会和个体这两大主体展开分析和研究的。

二、道德境界的含义

(一) 境界的含义

"从我国历史上来看,两汉以来就开始使用'境界'这一概念。最早它只有'疆界''地域'的意义,以后引申为人们所处的境况。"⑨佛教将境界视为每个人对佛经的理解和造诣程度。中国古代

---

① 高恒天.道德与人的幸福[D].上海:复旦大学,2003.
② 杨伯峻.论语译注[M].北京:中华书局,2018:248.
③ 许慎.说文解字[M].北京:中华书局,1963:68.
④ 许慎.说文解字[M].北京:中华书局,1963:76.
⑤ 王文锦.礼记译解[M].北京:中华书局,2016:493.
⑥ 陈鼓应.庄子今注今译[M].北京:中华书局,2016:579.
⑦ 王先慎.韩非子集解[M].北京:中华书局,2013:65.
⑧ 高恒天.道德与人的幸福[D].上海:复旦大学,2003.
⑨ 罗国杰.论道德境界[J].哲学研究,1981(3):3-8.

的一些思想家将诗词中的各类意境称为不同的境界,或将在文学、艺术、道德修养等方面下的锤炼功夫称为境界。刘惊铎认为,"'境界'在中国传统文化中多用来指示人的精神境界,是指人的精神世界或精神品质的某种层次、状态水准,特指人的内在精神修养所达到的水准或地"①。

总之,境界是一个集价值信念、生活态度、行为习惯、精神修养、思维方式等内容在内的统一的整体,是个体生命的有机呈现形式。每一个个体都在各自境界的基础上去思考问题和感受生活,从某种意义上说,"境界决定了你的存在"②。但人是不满足于现状的,个体在不断思考、感受和追求的过程中,不断超越现有的局限,感受更加广阔的世界,进而突破当下的境界,获得更高层次和水平的境界,探寻终极的人生价值,使个体的生命实现永恒的价值。

(二) 道德境界的含义

刘惊铎认为:"一个人,无论他取得了道德意识、道德智慧与道德行为方式的综合性显示,还是只产生了一定的道德成就感,或只有实际的道德行为而无意义的觉解,都是一种道德境界,即标志他达到了自己独特的道德境界。"③林建初认为:"所谓道德境界,就是社会生活的人,在一定的社会关系中形成的道德品质基础上,在实现一定的道德理想的实践过程中,由于对自己的道德行为意义的理解而形成的一定道德觉悟水平和精神情操的'综合效应'。"④

基于上述观点,道德境界的性质可归纳为多元性、开放性、层级性和动态性这四大特征。多元性体现在道德境界是基于个体自身的生活阅历和独特生活经验之上的,承载个体具体的生活阅历和道德体验价值。由于生活环境、人际交往关系和文化传统等的差别,生活在不同背景下的个体在道德实践和道德体验中具有各自独特的感受和收获,塑造属于自己独特的道德境界。在各自独特的生活圈中,每一个受教育者的道德境界便呈现出具有该生活领域内独特特征的质量规格、发展水平和状态风格。开放性是指每个个体所经历的事件、生活的背景、人际的交往等所有实践都会对个体的道德境界的形成产生或多或少的影响,这里的实践既包括个体与外界环境交往所进行的实际活动,也包括个体向内探索所产生的心理活动。每个人的道德境界都反映其所经历的生活和成长环境。道德境界具有层级性,有学者根据"历代道德境界生成之实际状况,把个体人的道德境界按其存在的综合状态及表现出的特色,类分为应然境界和实然境界:从应然境界上,又区分为四种境界,即灵人境界、真人境界、善人境界和凡人境界。在实然境界上,区分为三种境界,即:俗人境界、假人境界和歹人境界"⑤,也有学者概括性地将道德境界分成"极端的自私自利"境界、"合理的利己主义"境界、"先公后私"境界和"大公无私"境界。⑥ 总体来看,当前学术界对道德境界的层级划分主要从个体和社会这两大主体入手。动态性是指每个个体的道德境界不是固定不可变的,而是可以随个体的实践体验和道德修养的提升而提升的。每个个体的道德境界是处在不断发展变化过程中的,个体独特的生活阅历和内心感悟会进一步诱发新的道德情感,唤醒新的道德德性,达成新的道德境界。道德境界伴随着个体自身及其社会关系的变化而变化,这种变化是主观的、能动的,而不是自然发生的,是个体在与人和环境交往过程中对事物产生新的感受、新的理解和新的共识,超越已有的道德水平,到达更高层次的道德境界。道德境

---

① 刘惊铎.道德体验论[D].南京:南京师范大学,2002.
② 陈鹏.执有与空无——中国人的境界观[M].昆明:云南人民出版社,2000:51.
③ 刘惊铎.道德体验论[D].南京:南京师范大学,2002.
④ 林建初.谈谈道德境界[J].学术论坛,1981(5):14-17.
⑤ 刘惊铎.道德体验论[D].南京:南京师范大学,2002.
⑥ 林建初.谈谈道德境界[J].学术论坛,1981(5):14-17.

界的高下通常表现在其德(得)道程度,能否遵循规律、顺应自然、不违天性,能否正确处理天、地、人、物、心的关系。简言之,个体能够正确恰当处理自己与世间万物的关系,那就说明其具有较高层次的道德境界,终极目标是要实现天人合一。

三、道德境界的主要功用

(一)道德境界的提升功用

提升人的道德境界不是使人修炼成"神",更不是让人变成魔鬼,而是让人更像一个"人"的生命状态。道德境界本质上是个体在道德上的自我超越,使个体能够更好融入社会大集体中,同时又保持自身独特的品性,使个体在天、地、人、物、心之间达到均衡。道德境界的提升是让个体以一种更加宏观、欣赏的态度去看待和解决身边的事情,以更加饱满积极的态度对待他人,对内则表现为更加深刻地反思和提升自己的素养,树立远大且有价值的人生目标。道德境界以道德理想目标为中介和手段,充分调动个体的认知、情感、意志和行动因素,激发个体追求道德理想目标,提升个体的道德修养水平,使个体成为一个充满智慧和素养的道德之人。

(二)道德境界的塑造功用

人最高的道德境界不是在面对他人而是面对自己时体现出来,尤其是在和自己的灵魂相处的时候。道德境界高的人通常会过一种人道的生活,有同情心、有爱心、有善心,多做好事善事,能够从善如流,做到无愧我心。道德境界高的人会在日常生活中关注到自身所要承担的道德责任和道德义务,并且坚持不懈地追求更高层次的道德理想目标和人生价值,在这一过程中潜移默化地塑造全新的个体,明确做人的准则和人生价值。人的道德境界使个体充分挖掘自身的潜能、丰富完善自身的内心精神世界以及形成符合自身追求的道德品质。人格的塑造与道德境界的发展是密不可分的,它体现着个体当下的道德水平,是个体认识到自己的道德责任和义务,以及追求人生价值的基础和前提。

(三)道德境界的动力功用

康德曾说过:"对于道德法则的敬重是唯一而同时无可置疑的道德动力。"[1]有学者认为,"道德行为的价值依据是动机,善良动机的稳定策源地是人的良心,良心和人的道德信仰密不可分,而且,道德信仰是良心的根基"[2]。道德行为的产生源自道德动机。道德境界高的人,其道德动机更多出于对人的关怀,无论是对自己还是对他人,都能做到真诚善良,不违背自己的良心,是道德行为的可靠又稳定的动力来源。道德境界低的人在面对纷繁复杂的万千世界时,心中没有支持其做出良好道德行为的动机,很容易误入歧途,对个体发展产生负面效应,不利于个体追求真善美和完善自身道德素养。道德境界是个体追求人生价值和实现完满人生的助推剂。

(四)道德境界的定向功用

人的道德境界应充分体现人性内涵、人性关怀、人性光辉,不是纵欲,亦不是禁欲,而是使人在面临种种诱惑和欲望的时候能够正确对待,能够"拿得起""放得下",能够保持灵魂的安宁。道德境界的定向功用主要体现在它可以为个体追求人生目标、实现自身价值指明方向,也可以指引处于迷茫和困惑处境的人找到新的人生追求。人通过不断实践和反思逐渐形成相对

---

[1] [德]康德.实践理性批判[M].韩水法,译.北京:商务印书馆,1999:85.
[2] 魏长领.论道德信仰及其功能[J].道德与文明,2003(6):14-17.

稳定的人生目标和生活方式,道德境界会指引个体选择并确定自己的终极人生目标和方向,它能充分激发和调动人的意志潜能,并协调各类需求之间的关系,达到身心合一、人格完善。道德境界低的个体在面对关乎人生的重大问题面前,缺乏坚定的道德信仰,无法作出适合自己的道德选择,难以调节自身与社会和内心的矛盾与关系,往往墨守成规,排斥一切新思想、新意识和新道德行为方式。人的良好的道德境界会指引个体接纳新思想,不断完善自己的道德素养,坚守终极的道德目标和人生追求,实现人生价值。

第二节　道德境界的意蕴

一、道德境界是人之所以为人的根本尺度

人之所以为人,首先在于人是一个道德的存在。

在教育史上,有很长一个时期,道德的完善几乎是教育的唯一目的,教育就是道德教育。中国儒家的教育理想是"成德""成人",古希腊的教育理想与此相通,是"美德"与"至善"。教育史上的这一现象有其自身的原因:一是古人对宇宙万物没有现代人自信,认为那是"不取决于人"的,人所有努力的方向是那些"取决于我"的领域,于是更多地"反求诸己",通过提升自身道德境界来获得作为人的尊严与幸福。二是道德与教育都是统治阶级维护自身统治的手段,统治者总是寄希望于道德和教育给自己的统治带来服从与稳定。

此外,教育永远都应该是道德的。道德与教育是人之为人的两个关键所在,人是需要教育的,人只有受过教育才能成为人。人是教育的产物,道德是教育的前提,不道德的教育不是真正的教育,社会中只有人才需要受教育,也只有人的教育才必须思考道德的问题。在人的自然层面上,一个没有道德的人不是真正的人;在社会构成的层面上,一个没有受过任何教育的人也不是真正的人。一个真正的人一定是受过教育且有道德的人,即做一种理念的"好人"。

道德境界最终体现个体的素质修养。儒家认为,人的思想道德水平不是整齐划一的,而是有高低之分。道德境界的层次结构有助于个体以此作为道德标准来逐步提高自身的道德境界,进而使人能够积极向上。孔子将道德境界规范总括为"仁",意思是要爱人。"仁"的低层次是爱敬双亲,最高层次是敬爱社会大众。因此,道德境界是个体为人的根本,体现个体的道德素养发展水平。

二、道德境界是人生幸福的必要条件

道德境界代表个体的道德修养水准,是个体在与自己相处和与他人交往过程中自觉培养和塑造的道德素养和道德情操,它表征人类关于对象的价值关系和改造程度,并在不同时期反映出不一样的特征。道德境界的培养依赖于个体的社会实践活动,个体在与周围世界的互动过程中感知生命、寻求人生价值并改造世界。这是人类自身生存和发展的必经过程,是人类对世界的特殊需要。

人类生命是独特的存在,其幸福生活建立在对道德的追求、对真善美的向往的基础之上。道

德境界的提升可有效帮助个体树立正确的人生价值取向,明确生活的意义和价值,让人对生活充满希望,并能依需要改造世界,进而来满足人类对美好幸福生活的追求和向往。人生的幸福不应局限在外在物质条件中,而应该将追求更多地放在精神价值的需求上,道德境界的提升会引导个体对精神价值的需求得到满足,是个体追求幸福的必要条件。

三、道德境界是丰满人生的价值向度

丰满的人生不只是满足物质层面的需求,更重要的是满足精神层面的需求。高层次的道德境界引导个体正确看待物质需求,将更多的时间和精力用来追求精神世界、充实道德精神、丰富人生价值。道德境界是丰满人生的价值向度,它指引个体寻找人生的终极价值,明白人生的意义和存在的境界。道德境界可以为我们的道德追求指引方向,指引我们追求真善美,明确道德的精神内涵,让个体树立远大的人生理想和奋斗目标,并为其奋斗终身。

道德境界是个体善良心灵的标志和体现,它能让个体学会感受生活、感受有德性生活的快乐和价值,不断丰满人生的意义。道德境界高的人,其道德动机更多出于对人的关怀,无论是对自己还是对他人,都能做到真诚善良,不违背自己的良心,是道德行为可靠又稳定的动力来源,是丰满人生的价值向度。道德境界高的人能站在更高的角度关切大众的命运,扩大道德眼界,使个体的人生追求与人类、与历史相联系,直面人类的命运和存在的意义,并充实自身的人生价值,掌握终极的人生真理。

四、道德境界是人生终极价值的实践路径

人对道德境界的追求是无止境的。道德境界的提升是伴随人一生的过程,不断提升道德境界是一生中重要的修行,需要人终其一生的努力。生命是每个个体进行道德活动的基础和前提,但每一个个体都不可避免地要走到生命的终点,生命是短暂的。如何让短暂的生命实现更高层次的价值?那就是不断提升道德境界,让自己能够真正实现内心的平静,突破生命的局限,追求人生的终极价值。道德境界的提升会使个体注意到生命的绵延与生命的现实,并将二者进行内在的、本质的统一。[1] 道德境界可以引导个体释怀生命的短暂、消除对死亡的恐惧、正视生命的精彩和意义,以更加积极的态度面对人生,并找到人生的意义和价值。

人是一种文化的存在,这也就决定人的生命是要有意义和有价值的。在整个人类历史长河中,每一个个体作为文化的存在既延续前辈丰富的文化遗产,又结合自身的经历和体验创造新的文化成果,为后代提供新的文化精神。一个人如果能真正掌握道德的精华,不断提升道德境界,追求道德的完善,努力在精神领域贡献自己的力量,坚持提升道德境界,向世人展示自己的道德人格魅力,那生命的终结对其而言就不意味着消亡。人要实现自己的人生价值,这是每一个个体的需求。人生价值的实现需要道德境界的提升,需要个体从精神层面和宏观层面把握生命的意义,明确自己的道德价值取向,积极投身道德实践,把握生命的真谛。道德境界的提升是个体心灵和灵魂的修养,道德教育不是政治教育,不是说教,不是让人成为遥不可及的神,更不是让人成为人人喊打的魔鬼,而是让人成为一个有道德良知、追求真善美和公平正义的真正有道德修养的人。

---

[1] 马广先.试论道德境界的特质[J].殷都学刊,1997(4):88-90,113.

第三节 提升道德境界,促成美好人生

一、教育引导学生认识道德的本质

近代以来,随着科学技术的发展,社会和个体越来越重视实用技术,重视效率和收益,而道德教育作为需要长期训练和培养的教育活动受到轻视。"毒奶粉"等事件昭示存在的并不一定是合理的,教育永远都应该有道德目的,教育不能因为任何理由而放弃对人心灵的陶冶、对人道德素养的熏陶。

教育作为提升青少年甚至是全体公民道德素质的最基础也是最有效的手段,应该得到社会和个体的重视。在教育活动过程中,必须向受教育者传递正确的价值理念,帮助他们梳理道德的本质,认清道德是我们生活的准则,道德可以调节人与人、人与社会、人与自然之间的关系,是我们生产和生活不可或缺的精神支撑。道德虽然可以对个体的行为等进行内在的约束,"但它是调节社会关系的必要手段之一,其发挥的作用是法律和行政管理等手段所不能替代的"①。道德是让人心悦诚服、发自内心地去遵守社会的规章制度,能从社会的角度思考其存在的合理性和必要性。道德教育应该引导受教育者确立正确的道德价值取向,明确道德的本质理念,并将理念转化为个人的内在自觉行为,把道德认知和道德实践结合起来,做一个知行合一的人,做一个道德境界高的人。

二、教育引导学生发挥道德的功能

社会生活中的每一个个体都有属于自己的道德价值取向和道德观。道德观是人们日常道德行为的指挥棒,影响人的道德品质的形成及人所处的道德水平,决定个体的人生目标和生活追求,也决定个体的理想信念。每一个个体都是自己过去、现在、未来的集合体,道德境界低的人只注重"现在"这一刹那,满足当下的欲望和生活,而道德境界高的人则把自己的过去、现在、未来连接在一起,由此产生责任感。这也是必须通过教育进行道德培养的原因——通过接受教育,发挥道德的功能,使个体能更加科学客观地树立正确的道德取向,明确人生的终极目标,能够以更加宏观的视角去审视自己的一生。

道德教育是引导受教育者树立正确政治意识、坚定道德信仰的教育。通过道德教育,把受教育者引向既定德育目标,启发学生进行自我反思、自我判断、自我选择,提升自我修养,培养学生敏感的道德认知能力、情感素养和道德行为,充分发挥道德教育的育人价值。道德教育应通过实践活动,培养学生的道德实践能力,做到知行合一。学生在道德实践活动中,能够缩短道德理论与道德实践、道德内容与道德需求之间的距离,进而能够真正领会教学内容的要求,把握教学实践的标准,坚定道德意志并增加道德意识,提升自我教育、自我反思、自我管理、自我服务的意识和能力,从而做到知行统一、言行一致,塑造良好的道德人格。

---

① 向咏.当代大学生道德境界亟待升华[J].四川教育学院学报,2003(S2):78-81.

三、教育引导学生汲取道德的涵养

我们是活生生的人，人有精神追求，需要过一种精神富足、有道德、有高尚德性的生活。因此，我们需要道德教育，需要道德教育为我们指引生活的方向，需要道德教育提升我们的道德素养。

道德教育是塑造灵魂的教育，是让人成为具有深厚道德涵养的人的教育，成为有人生追求的人的教育。道德教育让我们在世俗世界与精神世界之间寻求平衡和安慰，避免让自己陷入两难境地。教育会引导个体倾听内在世界的声音，寻找自己内在的良知，引导个体追求精神价值，启迪个体对真善美的思考，提升个体的道德修养。对人精神世界的启迪是道德教育的终极目标，教育应该关注人的内在精神，平衡个体与社会之间的冲突和矛盾，将道德所蕴含的丰富内涵传授给学生，让学生能够真正了解和掌握道德的精髓，提升道德境界。

四、教育引导学生涵养道德的智慧

道德教育是一种生活方式，一种有灵魂、有修养的生活方式。每个人都有追求真善美的权利，也都有向往真善美的愿景，即使没有道德方面的问题、没有生活的困境、没有社会危机，我们仍然需要道德教育，需要它为我们的道德追求指引方向，指引我们追求真善美。道德教育的任务，不是灌输理论知识和概念，而是将道德所蕴含的丰富的智慧带给学生，让学生树立远大的人生理想和奋斗目标，并引导学生为其奋斗终身。

道德教育是培育善良的心灵的关键手段，它能让学生学会感受生活、感受有德性生活的快乐和价值。道德教育应该站在精神层面高度去审视教育过程，帮助学生提升道德境界，贴近学生的生活和生命，让学生通过道德教育寻找到生命的意义和价值，而不是以一种功利、浮躁的心态去面对教育、面对生活。人的道德境界提升的标准就在于不再停留在对生命本身的关注，而是站在更加宏观的视角，引导个体寻找超越生命之外更为珍贵的内容，这就是道德的本质。

五、教育引导学生创造幸福的人生

在现实生活中，虽然有道德的人总是受过某种教育，但受过教育的人并不总是有道德的。同时，现实道德教育又处于非常尴尬的境地，道德教育的不道德性，道德教育被异化为分数、说教、灌输，既不可爱也不可信。要通过道德教育不断提升个体的道德素养和道德境界，使个体做到知行合一，成为表里如一的有德性的人，就要坚持德育为先，能力为重，全面发展。教育广大青少年时刻把祖国和人民放在心中最高的位置，勤学、修德、明辨、笃实，不断增强社会责任感、创新精神和实践能力，成为德智体美劳全面发展的社会主义建设者和接班人。同时，用多种形式提高学生道德实践能力，要彻底改变传统"闭门读书"的习惯，真正落实教育与生产劳动和社会实践相结合，引导青少年树立正确的道德观，明确人生价值追求，创造幸福美好的人生。

思考题

1. 如何超越短暂生命，实现永恒价值？

2. 结合所学并联系实际,试论述教育如何提升道德境界。

3.《左传·襄公二十四年》载:"太上有立德,其次有立功,其次有立言,虽久不废,此之谓不朽。"请先对此进行书面解释,再基于自己的理解,谈一谈为何我们要提升道德境界。

拓展阅读

1. [德]康德.实践理性批判[M].韩水法,译.北京:商务印书馆,1999.
2. 老子.道德经[M].李若水译评.北京:中国华侨出版社,2014.
3. 高恒天.道德与人的幸福[D].上海:复旦大学,2003.
4. 杨伯峻.论语译注[M].北京:中华书局,2018.
5. 臧守虎.易经读本[M].北京:中华书局,2007.
6. 罗国杰.论道德境界[J].哲学研究,1981(3).
7. 刘惊铎.道德体验论[D].南京:南京师范大学,2002.

第四章 教育如何培养价值观念

思维导图

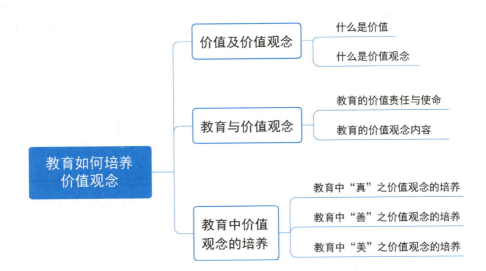

学习目标

知识目标	了解教育与价值观念的内在关系,掌握教育培养价值观念的内容和方式
能力目标	能够辩证看待教育与价值观念
素质目标	具有较高的在教育活动中正确认知价值观念、积极践行正确价值观的基本素质
思政目标	成为一个具有坚定的社会主义核心价值观的合格接班人

教育与价值的关系是教育理论中最基本的命题之一。教育的价值研究是一个关系到教育理念、教育评价、教育实践等一系列问题的重要领域。① 由一系列价值取向体系所构成的价值观念与教育的关系则是内隐而坚定的。教育活动本质上是育人和完人的实践活动,同时它又和社会的努力方向与人才培养需求密切相关,所以说,研究教育与价值观念的生成关系就成为教育塑造美好人生的核心主题之一。

---

① 檀传宝.教育是人类价值生命的中介——论价值与教育中的价值问题[J].教育研究,2000(03):14-20.

第一节 价值及价值观念

人生既是庄重的,又是丰富多彩的,支配我们各种抉择的动机和成因是什么呢?答案是价值倾向和价值观念,它让我们作出一定的选择,并让我们为此毅然前行。当一个人合理确定了自己的价值立场,心中充满了积极的价值观念,他的人生就会富含激情与诗意,就有可能就此铺开自己华丽的人生篇章。

一、什么是价值

价值一词由来已久,它最初和经济学相关,主要是指经济活动中的"物"的价格,后来哲学家叔本华、尼采、狄尔泰和李凯尔特等针对近代自然科学在科学研究中的垄断地位,提出要高扬人类生活的意义和存在价值,试图区分和建立起完全不同于自然科学的文化科学的范畴和地位,价值的概念与范畴得到了进一步的丰富和发展。在他们看来,"我们正常的经验世界并不是毫无偏见的科学家们的中性世界:它就像人们有时候所做的那样,抹上了许多价值论的色彩。因此,我们必须考虑如何最恰当地描述这些色彩"①。所以说,此时"价值"一词的内涵就转变为个体的人生意义和自我实现。

李凯尔特认为,"没有价值,我们便不复'生活',这就是说,没有价值,我们便不复意欲和行动,因为它给我们的意欲和行动提供方向"②。当代中国正处于关键的社会转型期,多元价值的纷繁呈现甚至冲突是社会转型期的重要标志之一。在逻辑关系上,社会转型必然会引起价值的嬗变和重构,价值的嬗变和重构则能够深化社会转型。然而,在这个宏大叙事的时代里,那些代表了时代发展方向和人类文明进步的相对稳定的价值原则和价值体系,为人类社会活动提供了基本的价值评价标准以及价值选择的依据,是人类社会活动努力追求的价值目标和价值方向,进而构成了人们所从事的社会公共活动所赖以存在和发展的价值基础。

具体到个人来说,一个人的人生价值可分为个体价值和社会价值两种。人的相对独立性决定了人的个体价值的存在。人的个体价值是指作为一个独特生命体,他在自身的性格、思维、情感等人格特征基础上,通过努力奋斗所呈现出来的合乎自身生活情趣和生活追求的价值愿望和价值内容。

人的社会性决定了人的社会价值是人生价值的基本内容之一。一个人的生活具有什么样的价值从根本上说是由社会所规定的,而社会对于一个人的价值评判,也主要是以他对社会所作的贡献为标准的。个体对社会和他人的生存和发展贡献越大,其人生的社会价值也就越大。反之,人生的社会价值就越小。如果个体的人生活动对社会和他人的生存和发展不仅没有贡献,反而起到某种反作用,那么,这种人生的社会价值就表现为负价值。

无论是人的个体价值还是社会价值,其评价尺度,主要是看一个人的人生活动是否符合社会

---

① [美] 芬德莱.价值论伦理学:从布伦坦诺到哈特曼[M].刘继,译.北京:中国人民大学出版社,1985:13.
② 程金生.价值哲学的视野转向:从知识逻辑到问题意识[J].中国海洋大学学报(社会科学版),2003(3):6-10.

发展的客观规律,是否通过实践促进了历史的进步。人生价值评价的普遍标准,是劳动以及通过劳动对自我、他人、社会作出的贡献。一个人对自我、他人、社会所作的贡献越大,他在社会中获得的人生价值的评价就越高。

二、什么是价值观念

价值观念又称价值观。一般而言,价值观是人(个体、群体)所具有的稳定的价值判断标准体系,是主体对于客体对象价值的总的认识。价值观是基于人的一定的思维感官而作出的认知、理解、判断或抉择,也就是人认定事物、辨定是非的一种思维或取向,从而体现出人、事、物一定的价值或作用。

价值观具有相对的稳定性和持久性、历史性和选择性以及主观能动性。在特定的时间、地点、条件下,人们的价值观总是相对稳定和持久的。比如,对某种人或事物的好坏总有一个看法和评价,在条件不变的情况下这种看法不会改变。同时,在不同时代、不同社会生活环境中形成的价值观是不同的。一个人的价值观是从出生开始,在家庭和社会的影响下逐步形成的。一个人所处的社会的生产方式及这个人所处的经济地位,对其价值观的形成有决定性的影响。当然,报刊、电视和广播等宣传的观点以及父母、老师、朋友和公众人物的观点与行为,对一个人的价值观也有不可忽视的影响。另外,价值观是区分好与坏的标准,是根据个人内心的尺度进行衡量和评价的,价值观对于个人自身行为的定向和调节起着非常重要的作用。价值观决定人的自我认识,它直接影响和决定一个人的理想、信念、生活目标和追求方向的性质。一般而言,具有一般性和终极性的价值观念主要包括真、善、美等。

就哲学而言,价值观念作为一种指向个人或社会向往的行为或目标的信念,具有以下几个主要特征。

(一) 价值观念具有理想性

价值观念是价值主体之于价值客体的美好认识和预期梦想,所承载的是价值主体本身根据自我的生活经验和人生历练,对其认为具有价值感的价值客体所提出的意义追问和精神追求,具有强烈的理想主义特点。价值观念的理想性不是一种抽象的存在,它蕴含着人对未来自身发展和社会发展的美好期许和内在认同,所以说,这种理想性是人类社会必需的,是人类社会朝向未来发展的内部心理基础。

(二) 价值观念具有相对稳定性

价值观念具有相对稳定性,价值观念的相对稳定性意味着在一定的社会结构和运行制度下,价值观念的精神内核和基本诉求具有相对持久性。在某种程度上,它是一种源于社会秩序的社会存在,发挥着思想引领的社会功能,为人类社会的精神文化建设和心理文明塑造提供观照和统筹。需要看到,价值观念的相对稳定性是基于社会的稳定性。若社会整体长期处于混乱状态,价值观念的稳定性就会遭受破坏,价值观念和价值体系也会长期处于消解、断裂和分散状态。这是我们都不愿意看到的,它会给人类社会带来极强的破坏力甚至会引起社会倒退。

(三) 价值观念具有情境性

在人类发展的不同历史时期,社会中的个体或人群对不同活动和事物所持的价值认知、意义感受是不一样的,并彰显出鲜明的情境性。一般而言,价值观念的情境性是价值之所以具有鲜活具体性的主要来源。价值观念不是一成不变的。在不同的社会生产力水平和物质基础上,人的认知观念、思维模式、个体需要会相应发生变化,对事物价值的界定亦会有不同的描述。基于此,价值观念所具有的情境性就成为其解释社会变迁的主要维度。

(四)价值观念具有引领性

价值观念能够对人类社会进行精神引领,这也是价值观念本身最大的功能。美好及良善的价值观念是人类的文明灯塔,照耀着每一个渴望进步的人(群)。价值观念的引领性主要体现在以下几个维度:一是对人类发展动机的引领。动机是实践活动的思想缘起,社会发展动机是一个社会发展的意识倾向和动力走向。在社会发展动机萌生之初,价值起到定性和定向的作用,由此生发出动机的思维倾向和意识品格。二是对社会心理基础的引领。社会心理基础是一个社会在一定时期的公众认知结构、思维发展样态和行为取向的集合,价值和心理是密切相关的,正确的价值观往往是良好心理的前提和基础,起到提纲挈领式的引领作用。三是对社会发展信念的引领。社会发展信念集中体现着一个社会稳定性的内隐逻辑和精神追求。价值观念是信念形成的决定性因素之一,它决定着信念的评价结构和思想秩序,彰显着信念的实质内涵。

第二节 教育与价值观念

德国著名存在主义哲学家雅斯贝尔斯说:"真正的教育是用一棵树去摇动另一棵树,用一朵云去推动另一朵云,用一个灵魂去唤醒另一个灵魂。"它告诉我们教育是"慢"的事业,容不得我们急功近利、揠苗助长;教育是静静的陪伴,是教师和学生共同成长的过程;教育是春风化雨、潜移默化的影响。这种春风化雨、潜移默化是教育的特征与本质所在,教育通过对受教育者价值观念的陶冶与塑造,达成教育完善人心、使世界美好的终极愿望。

一、教育的价值责任与使命

科学活动一般要解决人类认识的两大问题:事实问题和价值问题。前者是解决"是什么"的问题,后者是解决"应该如何"的问题。各门实证科学以客观事实为研究对象,分别从不同的角度和层次回答"世界是什么"和"怎样存在"的问题。各类人文学科所要探讨的则是价值问题,如"人应该追求什么""社会应该如何发展"等。价值问题是人文社会科学活动的核心问题。教育活动是社会公共活动的重要组成部分,关乎人心善恶,关乎社会发展的精神状态和品质。就教育而言,对人之价值观念的引导与塑造是应对社会转型的迫切需要,是提升教育活动的合法性、有效性、科学性和发展性的有效路径。同时,在社会转型期的宏大背景下,教育要想实现自身的伟大使命,其最终归宿也要落实在对人之价值观念的正确影响与作用上。因为只有人格整全、积极向上的人,才会去追求真知、磨砺善性、向往美好,才会让自己的生活充满阳光、温暖与积极能量。

教育的价值性主要体现在以下几点:

(一)教育是一种主动的价值选择过程

教育是一项公益性事业,它所追求的是公共教育利益的最大化,其实质是处于教育活动中的每一个人都得到自身潜能的最大实现,从而步入幸福美好的生活。这种选择本身就意味着美好价值的界定和衡量。因此，明确教育活动中"人"的价值原则、价值标准和价值目标，在此基础上建构教育活动的内在逻辑就显得尤为重要。可以这么说，主动的符合人的全面发展的价值标准的确立直接决定着教育活动的性质、方向、合法性、有效性和社会公正的程度。

（二）教育是社会活动的有机组成部分

教育是社会活动的有机组成部分，这就意味着教育活动同一定时期的国家和社会的背景、条件存在着紧密的联系，不同时期、不同国家和不同社会所要解决的是不同的教育问题。为此，教育活动具有深刻的价值内化特性，任何教育都必须建立在与本国的历史沿革、文化传统、政治经济体制和公众心理特征相适应的价值内涵之上。由此，教育就要关注人生，关注人之生活的世界。教育的生活价值可分为两个维度：个体生活价值和公共生活价值。教育的个体生活价值是指教育要基于个体的经验境遇和知识结构，去研究和重构个体的人格理想、价值观念、人生态度，进而提升个体的精神追求和生活品质；教育的公共生活价值是指教育在基于公共世界的多元性、丰富性的前提下，深入公共生活，去研究和构建教育生活世界，确立教育的生活理念，重塑教育的生活特征，行使教育的生活职能，完成教育的生活使命。

（三）教育是关爱人心、呵护生命的伟大事业

关注个体生命价值的实现是教育的终极追求。教育的生命立场的确立可以分为两个维度：理论维度和实践维度。生命立场的理论维度是指要以一种"生命在场"性的视野去观照教育对象生命的鲜活性、生动性、丰富性、差异性，以此作为教育的元价值取向去看待教育的发生逻辑和展开状态，让教育理论充满生命气息，让教育实践焕发生命活力。生命立场的实践维度是指要以一种"生命实践"的心态和取向去设计、运行和评价教育活动：从宏观上讲，始终把生命意义的建构作为教育规划、教育计划、教育改革设计的根本指导原则；从中观上讲，始终把生命意识的培育作为课程、教学的核心理念和价值；从微观上讲，始终把生命元素的生成作为班级授课、小组学习等学校主要教育方式的内容和策略。同时，需要注意的是，这两个维度之间不是孤立存在的，是相互转化沟通的，这样才是真正的理论和实践共生共通的教育的生命立场。

二、教育的价值观念内容

价值的第一层含义是客体能够满足主体的需要，除此之外，价值还包含对需要的层次和需要的主体进行评价的问题。从不同需要之间包容与被包容的关系来看，整体的需要高于个人的需要，从人所异于禽兽的特有的需要来看，精神的需要高于物质的需要。人类的价值应该就人类与其他物类的比较而言，自我的价值应该就自我与他人、自我与社会、自我与人类的关系而言。

真、善、美是人类社会的核心价值观念。"真"代表着对人类社会发展规律的真理性认识和遵从；"善"意味着符合美好人性的良善追求和发自内心的真诚向往；"美"则彰显着对于愉悦情感和积极体验的高级认知和身心体验。其中，真是认识的价值，善是道德的价值，美是艺术的价值。这就从哲学的高度概括了教育的价值层次性的本质内涵和主要内容。

（一）真

从哲学层面看，"真"是具体事物的组成部分，是具体事情、行为、物体、语言对个人和社会群体的生存发展所具有的公益性能、正面意义和正价值，是人们在密切接触具体事情、行为、物体和

语言的过程中,人脑受其刺激和影响产生强烈情绪感觉后,通过反思这种激动感觉产生的原因,从具体事物中分解和抽取出来的有别于"假"的相对抽象的事物或元实体。

教育中的"真"则是指教育要永远追求不以人的意志为转移的客观教育活动的规律性,要遵循教育的本真含义,即培养人、培育人,要始终坚持和贯彻教育的批判精神和独立品格,教育要同真实的人性、人格站在一起,教育要教会学生做"真人",行"真事"。

(二) 善

哲学认为,"善"是具体事物完好、圆满的组成,是具体事物的运动、行为和存在对社会和绝大多数人完好圆满的生存发展具有的正面意义和正价值,是具体事物完好圆满有利于社会和绝大多数人生存发展的特殊性质和能力,是人们在与具体事物密切接触、受到具体事物影响和作用的过程中,判明具体事物的运动、行为和存在符合自己的意愿和意向,满足(完全达到)了自己的生理和心理需要,产生了称心如意(满意)的美好感觉后,从具体事物中分解和抽取出来的有别于"恶(残缺不完好)"的相对抽象事物或元实体。

教育要以人的发展完善为根本目标。人是万物的尺度,善是万物之一,所以人是善的尺度。这里所谓的"人"不是指社会中的个别人,而是指社会中的绝大多数人,是指占社会多数比例的人民。社会的发展进步是有客观规律的,人是社会发展变化规律的制定者,人们参与创造自己的历史。社会绝大多数人的意愿、意向、意识就是社会发展变化具有的客观规定和客观规律。

人类的生存发展需要是丰富多样的,人不仅有生理的物质需要,而且有心理的精神需要。人的生理需要和心理需要的满足只有维持在一个正常合理的水平上,人才能感到生活的美好,才能感到具体事物的存在、行为和变化对自己具有的善意。因此,教育要为促进人自身的完善和人类社会的文明进步而努力。

(三) 美

哲学认为,"美"是具体事物的组成部分,是具体的环境、现象、事情、行为、物体对人类生存发展具有的功利性能、正面意义和正价值,是个人在接触具体事物的过程中,受其作用、影响和刺激时产生愉悦、满足等美好感觉的原因,是人们通过反思和寻找美感产生的原因,从具体事物中发现、彰显、界定和抽取出来的有别于丑的相对抽象事物或元实体。"美"是人类之所以为人的精神结晶,是在心灵豁达、宽松、洒脱中才明白的人生的体悟与经验的总和。

教育中的"美"意味着个体生命的精神成熟与心灵丰盈,这种美是教育活动的最高境界。它拒斥非正义,坚持正义;它拒斥狭隘,充满包容;它拒斥保守,勇于创造。这些都是教育中美之为美的核心内容,也是教育中培养学生的终极主题。

第三节 教育中价值观念的培养

"教育的伟大之处、教师的光荣所在,就是重塑了一个人乃至几代人的精神世界,帮孩子从小树立积极向上的价值观,让追求真善美、成就自我和家国成为一生的基调"。①

---

① 张贵勇.教育,当为孩子吹散遮蔽身心的尘埃[N].解放军报,2018-05-31.

一、教育中"真"之价值观念的培养

亚里士多德的父亲是马其顿王国的宫廷医生。亚里士多德17岁起,就被父亲送到当时著名的柏拉图学园,在那里他学习了20年。由于他勤奋刻苦,涉猎广泛,很受老师柏拉图看重。可是,柏拉图又说:"要给亚里士多德戴上缰绳。"意思说,亚里士多德非常聪明,思维敏捷,不同于一般人;不加以管教,就不能成为柏拉图期望的人。亚里士多德很尊敬他的老师,但是,在很多问题上,他又有着自己独立的思考和见解。"吾爱吾师,吾更爱真理"代表了亚里士多德对"真"的价值观念的毕生追求,成为其一生矢志不渝的教育信条。

教育家陶行知先生曾说过:"千教万教教人求真,千学万学学做真人。"这句话道出了教育要培养具有"求真"品格的真正的人。生命是有限的,人类却力图追求某种超越有限的人生的意义,而在这种矛盾的发展中,在追求"真"的道路上,以实践方式存在的人类必然会形成客观世界和主观反映相互交融的一切真理。教育作为最"鲜活"的社会资源,扮演着极其重要的角色,在我国追求"两个一百年"奋斗目标的重要历史时期,教育之于个体是为学生,而个体的发展便关系到社会、国家的发展,这便不能离开教育中"真"之价值观念的培养。

(一) 培养学生的真诚品质

教育的主要任务之一就在于拨开浮华的虚假迷雾,探究蕴含其中的真言真行,进而改造于人、改造于事。就层次而言,教育对人之"真"的培养,要着眼于以下三个层次:真言、真行、真性。"真言"就是要通过教育让人掌握真知的话语权,并且敢于表达与呈现。这是最基础的层次。"真行"即要大声疾呼真事,身体力行真事,极力达成真事。这是教育中塑造"真"之学生的核心层面。"真性"即在教育中要让学生最终养成"真"之修养、"真"之修为、"真"之性情。这是最高也是终极的教育中"真"之学生的体现。

总而言之,教育活动要让学生学会追求真知、磨砺真行、修为真性,进而达成内外统一的真境。只有这样的人才能常怀敬真之心,致力行长远之事,为自身人格的完善、为他人良好品格的形成、为静雅脱俗的社会建构献真言献真策。教育要教求真务实之人,要教坚持真理之人。

(二) 教会学生坚持真理

真理是客观事物的真实表达和体现,真理和价值具有辩证统一的关系,真理既是制约实践的客观尺度,又是实践追求的价值目标之一。价值则是实践追求的根本目标,同时又是制约实践的主体尺度。所以说,成功的实践必然是以真理和价值的辩证统一为前提的。任何成功的实践都必然是既遵循真理尺度,又符合价值尺度,并将二者有机地统一起来的结果。价值的形成和实现以坚持真理为前提,而真理又必然是具有价值的。人们对实现价值的追求,构成了实践的动因,但价值的实现必须以对相关真理的正确把握为前提才能成功。

同时,真理和价值在实践和认识活动中是相互制约、相互引导、相互促进的。教育中的真理则主要是指对符合美好人格、社会发展规律的知识、思维、情感、道德等内容的遵循与遵从。教会学生坚持真理意味着教会学生涵养自己的真实性情、淬炼自己的真实理性、认知自己的真实体验、践行自己的真实信仰。

许多时候,我们已经接近了真理,但因为缺少自信而离开了真理。坚持真理的勇气就源于对事实的坚定信念。通往真理的道路不会一帆风顺,要想不被假象所迷惑,关键就看我们是否对真理坚持到底。

所以，在各级各类教育活动中，要鼓励学生不迷信权威，坚持真理，以客观真理作为最终评价的事实与依据，并以此作为自我内心的价值标准和价值取向，从而最终成为一个兼具真心、真性与真知的真诚之人。

二、教育中"善"之价值观念的培养

善属于价值范畴，是价值概念的分类。或者说，善是客体有利于满足主体需要、实现主体欲望、符合主体目的的属性。"善"的原义指事物本身所固有的较之其他事物的特长、品性、用处与功能。在英语语境下译为"good"，中文称之为"好"，特指人所具有的特长、优点、才能和品性。亚里士多德在其著作《尼各马可伦理学》中指出，"人的每种实践与选择，都以某种善为目的。所以有人就说，所有事物都以善为目的"[①]。

《大学》开宗明义道："大学之道，在明明德，在亲民，在止于至善。"教育自古以来与"善"就结下了不解之缘，且相依相随，形同一体。孟子认为人性本"善"，"好善优于天下"（《孟子·告子章句下》），并推己及人，"老吾老，以及人之老，幼吾幼，以及人之幼"（《孟子·梁惠王上》）。故教育可视作"唤醒"，唤醒沉睡的善心，唤醒潜在的良知。荀子认为人性本"恶"，"木直中绳，輮以为轮，其曲中规。虽有槁暴，不复挺者"（《荀子·劝学》）。教育的作用显然是"规训"，导俗为雅，化莠为良。无论持"性善论"或"性恶论"，教育有其教化作用，同时要使受教育者能弃恶扬善、长善救失，这是明白无误的。

（一）教育学生做"善性"的人

"善"作为教育活动追求的最高目标之一，反映了社会对教育者具有应然意义的价值期待，所体现的是教育活动中教育者的教育道德和作为教育者行为准则的教育伦理。也就是说：一方面，善是教育者在教育活动中所理应恪守的作为教育道德中最为根本的道德认知和道德情感；另一方面，善也是教育者在教育活动中所应践行的关乎教育伦理规范和秩序的道德行为和道德实践。这二者是辩证统一，缺一不可的。

首先，教学生做"善性"之人要培养学生具有高尚的家国情怀与社会责任感，这是学生"善性"的前提与基础。其次，教学生做"善性"之人要培养学生具有良好的生命意识和是非观念，这是学生"善性"的主要内容和内在需要。最后，教学生做"善性"之人还要培养学生具有和谐的主客关系和生态理念，这是学生"善性"的运行载体和客观环境。

（二）引导学生"善行"的实现

从应然性的善的价值期待转化为实然性的善的价值实现，即教育中善的实现是教育活动的最终目的与归宿。以善为核心范畴的教育伦理规范的建构则是教育中善的价值原则得以实现的前提条件。具体来说，教育伦理规范作为对教育者行为的应然性规定，其是否具有合理性取决于制定者是否具有辩证的视野：在所关注的问题域中，教育道德之实然和应然是两个必要的视点；在规制对象上，教育伦理规范对教育者个人和社会都应具有调控作用；在功能设定上，教育伦理规范不仅必须抑教育行为之恶，而且也应该扬教育行为之善；在目标向度上，教育者美德与善行是两个重要的方面。只有当教育伦理规范的制定者具备了这种辩证的视野，教育伦理规范才具有内在的合理性，从而善的实现才可能获得人的认识论方面的保证。具有合理性的教育伦理规

---

① ［古希腊］亚里士多德.尼各马可伦理学[M].廖申白，译注.北京：商务印书馆，2003：3-4.

范体系的运行过程本身就是善的实现过程。另外,如果从教育中善的价值原则实现和教育伦理规范来说,教育中善的价值原则的实现过程,就是具有社会所期待的教育道德的主体,自觉追求教育行为准则即教育伦理的过程,前者为后者提供了动力支持,后者规定了前者的具体路径。

实质上,从宏观上讲,引导学生"善行"的实现就是要把关乎人类文明发展进步的价值观念、历史责任和生命意识内嵌在学生心灵深处并实践出来,推而广之、发扬光大并形成巨大的社会效应。这是学生"善性"得以实现的历史基础。从微观上讲,引导学生"善行"的实现就是要学生把自身的良善观念同自我的价值实践紧密结合起来,知行合一。这是学生"善性"得以实现的生活基础。

(三) 构建"善性"的社会

教育活动中的善的价值追求同样包括"个体善"和"社会善"两个方面。教育中善的培养与塑造的要义在于通过一定的教育伦理原则和规范将教育活动中的教育主体和教育对象导向善的境界。这种善的境界一方面得益于个体的发展与完整的个体善的实现,另一方面也得益于社会发展和进步的社会善的实现。教育需要在应然向实然的教育善的转化和实现的基础上,从个体教育善走向社会教育善,即我们的教育是否完全符合人性基础,是否符合社会发展趋势,是否有利于导向美好的人类社会未来等。

良好的教育本质上就是"趋善""求善""行善"的社会活动。培养学生具有上述品格更是教育的重中之重,我们应着力引导学生原初的善心善念,纠正学生的不当言行,使之朝着美好人性的方向发展,这是教育的重大使命,也是求学为学之人的内在要求和行为准则。

三、教育中"美"之价值观念的培养

培养学生"审美""爱美""行美"的价值观念,是教育的根本任务之一。"爱美"之心人皆有之。这个世界丰富多彩、令人陶醉,从名山大川到沉郁文化,从灿烂星空到智炫科技,从艺术瑰宝到最美人心,等等。"审美",即感知、欣赏、评判美和创造美的实践、心理活动,至于"行美",即去做大美之事,则更需要教育的引导与塑造。

实际上,美是分层次的。基础性的美是一种给人精神愉悦的感觉,而最高层次的美则是德性之美。美看似无言,却有着令人难以置信的感染力,它能让坚硬的东西变得柔美,能让颓丧变得充满激情,能让矛盾冲突变为和谐,甚至让邪恶的人性归于和善。推而大之,处理不同文化、不同民族之间的差异,更要以美的价值观念为凭借和原则,实现"美美与共,天下大同"的人类理想。

(一) 培养学生正确的审美观

良好的教育是能让人感知到"美"、亲近于"美"的。教育是种庄稼式的农业,要收获有生命的果实。教育不是流水线上的工业,可以批量生产没有生命的产品。生命与生命的相遇(与老师、与同学、与自我相遇,或通过阅读与古今中外的生命相遇)是美的,学生是活的,是有灵的,是有生气的,是会呼吸的,老师也是个活人,老师也是有生命气息的。教育就是要让人成为新人,成为精神上的、知识上的、心灵上的、行为上的美人。[①] 美是对一个人最高的评价,从里到外。老师与老师的相遇是美的,老师与同学的相遇是美的,学生与自我的相遇是美的,老师与自我的相遇也是美的。

---

① 傅国涌.美的相遇[M].上海:华东师范大学出版社,2017:13-14.

从人生的视角出发,可以这么说:教育就是与美相遇、与诗共舞。教育与美相遇的过程是与善和真相遇的起点与归宿。追寻美好诗意的人生是教育的天然使命与永续梦想。教育让人感知到美的存在,树立积极的人生观;教育让人学会审视美的内涵,做内外皆美的优秀人才;教育让人领悟美的真谛,自觉投身于美好的壮丽事业。

教育要引导学生树立正确的审美观念和审美趣味,获得有关仪表美、语言美、行为美、环境美、气质美、道德美、艺术美等知识,提高学生对美的感知能力、鉴赏能力和创造能力,从而达到陶冶情操、美化人格、促进学生全面发展的目的。法国著名雕塑家罗丹有句名言:"美是到处都有的,对于我们的眼睛,不是缺少美,而是缺少发现。"教育要在价值取向上,反映个人生命成长的终极诉求、国家人才需要的终极诉求、公共道德美德的终极诉求和自然审美取向的终极诉求。而美是人的最高精神追求,是促使社会进步的永恒主题。这是因为美的功能使人完善自我,美的感受使人愉悦精神,美的高贵使人自觉脱离世俗,远离功利浮躁、自私贪婪和不思进取的低级趣味,塑造出高尚高洁的价值观、人生观和世界观。

(二)培养学生学会鉴赏美

一个有美感的人,必然用理智形成珍爱生命的自律,用情感生成珍惜家庭的护持,用明责铸就感恩祖国的情怀,用气度涵养友善他人的胸怀;一个有美感的学校,必然用思想创新彰显理念的高迈,用信仰聚力实现精神的凝聚,用志趣导航实现生命的欢愉,用艺术创造唱响未来的美好;一个有美感的国家,必然用宏阔襟怀形成大国的气象,用教化实现思想的匡正,用文化传承高阔恢宏的气场,用情感实现家国的同构。

培养学生鉴赏美的能力是美育的重中之重。首先,培养学生学会鉴赏美要让学生认识到广袤的自然世界的大美和壮美。所谓天地"有大美而不言"(《庄子·知北游》),自然之美是天然的,是不经一丝人为干预的和谐存在,它能让学生养成片点纤尘不染的天然气质。其次,培养学生学会鉴赏美,要让学生认知到人类社会中的美好向往和价值期待。总体上看,人类社会是一直朝着正向发展的,对美好生活的价值期许是全世界每一个国家最终的愿望和梦想,这种愿望和梦想可以让学生转化为对自身的美好期许,成为其发展的重要推动力。最后,培养学生学会鉴赏美要让学生淬炼关于自我的优雅气质和良好修养。优雅的气质和良好的修养可以让学生呈现出动人的积极状态,散发出不息的生命活力,这也是美育的主要目标之一。

(三)培养学生学会体现美

教育对美的价值培养,能够时刻依循人与事物自然的发展规律,表达审美的终极取向,在天人合一的自然美感之中使人的心灵高贵,提升人的品位,拓展人的胸怀境界。它的价值在于让人格的质量取代了分数的价值,让孩子在健康愉悦的氛围内成长,在志趣引领的自律优化中成才,在追求卓越的人生正道中彰显灵魂、人格的高贵。同时,它能使人探寻生命的终极需求,把读书和学习当作一种享受,呈现出一种自主自强、有趣活泼、自由高贵的状态,呈现出一种贴近自然的美感和喜悦。

(四)培养学生学会创造美

央视节目《朗读者》有一期的嘉宾是96岁高龄的著名翻译家许渊冲先生。在主持人的访谈中,许老讲了一句话:"人生就是要创造美,享受美。"要创造美,就必须抵制丑。明显的丑,好识别,易抵制,而有些"打擦边球"的丑,就需要提高警惕,需要学生去明辨优劣,扬美去丑。因此,在教育中,培养学生创造美,并且在创造美的过程中提升自我生命质量的能力就显得尤为重要。

人生需要美,需要美的生活,更需要美的创造来使人进步,推动社会健康有序发展,而这一切皆需要通过审美教育来实现,因为它是教育的价值体现和至高规律。审美教育秉承以美为终极价值取向的教育理念和规律,它是教育的至高需求,更是人生命的终极诉求。

思考题

1. 结合自身实际,你认为应如何正确看待教育与价值观念的辩证关系?
2. 在教育活动中,如何培养学生正确的价值观?
3. 在你的受教育生涯中,举出一个能够深刻影响你价值观的老师及其案例。

拓展阅读

1. 刘济良.青少年价值观教育新视阈[M].北京:中国社会科学出版社,2018.
2. 石芳.多元文化背景下的核心价值观教育[M].北京:人民出版社,2014.
3. 薛海鸣.新时期大学生核心价值观教育研究[M].北京:中国书籍出版社,2014.
4. 王剑波.立德树人:中小学价值观教育36例[M].北京:教育科学出版社,2021.
5. 袁久红,高照明,张三保.社会主义核心价值观教育教学案例精编[M].南京:东南大学出版社,2014.
6. 樊改霞.价值观教育的现代性困境与出路[M].北京:中国社会科学出版社,2021.

第五章　教育如何促成健康体魄

思维导图

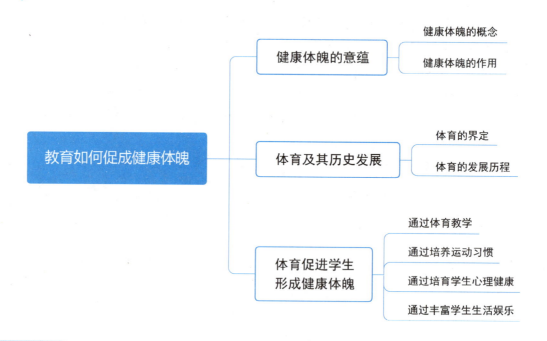

学习目标

知识目标	理解健康体魄的含义、作用和表现形式；了解体育发展的历史；了解体育促进学生形成健康体魄的途径
能力目标	掌握通过体育促进个人身心健康的能力
素质目标	激发参加体育锻炼、体育活动、体育竞赛的热情，增强关心健康的意识，树立正确的体育观和健康观念
思政目标	理解健康体魄对于促进人的全面发展的重要意义，理解建设体育强国的时代内涵

拥有健康的体魄是个人从事学习活动和参与社会活动的基本条件，是实现个人理想和生活目标的根本保障。促进个人形成健康体魄是教育目的的客观要求，也是育人工程中的基本要求。现代教育提出，培养青年一代不仅要有完整的知识结构和较高的思想道德素养，更要为学生创设

各种有利条件,增强学生的健康意识,懂得健康生活的时代含义,养成良好的生活习惯,了解形成健康体魄的方法与途径,从而实现综合素质的全面发展。

健康教育是学校教育系统的关键领域,是新时代发展素质教育的根本要求,也是中国学生发展核心素养[①]中自主发展的核心内容。人民教育家陶行知十分重视健康教育,他曾提出"十八条信条",在其中第三个信条的表述中,他指出:"我们深信健康是生活的出发点,也就是教育的出发点。"[②]这将生活与健康、健康与教育密切联系了起来。在任何的教育过程中,健康教育都是不可或缺的,引领学生在保持身心健康的状态下,开展各类教育实践活动,是每位教育工作者的使命担当。

第一节　健康体魄的意蕴

一、健康体魄的概念

健康体魄是指具备良好的体格与旺盛的精力,在某些场景下,健康体魄特指具有良好的身体素质。身体素质是承载知识、能力和智慧的生理条件,是衡量个人能否顺利进行学习、开展工作、享受生活的身体标准。在教育过程中,增强学生的身体素质,使其拥有健康的体魄是践行立德树人根本任务的核心内容。

从字义上看,"体"意为身体,"魄"意为精力,当身体与精力共同处于良好状态时,就符合了"体魄"的现代意义。"身体结实,没有疾病,只是健康的一个方面。只有身心都健康的人才是体魄健康的人。"[③]健康的体魄是每个人追求的人生目标,拥有健康体魄的人,才能真正立足于生活,全身心投入各项事业,以积极的心态正面影响身边的人;相反,失去健康的人,面对自身的职责和社会使命往往力不从心,生活、工作、学习中别人视为常态的种种在他们眼中可能会成为各种压力,带来焦躁、消极的情绪,甚至异常的行为,这些表征会给身边人带来许多负面影响。因此,拥有健康体魄不仅关系个人的成长与幸福,还将对集体、民族,甚至整个社会带来影响。

一般而言,健康的体魄以健全的身体、健全的大脑、健全的身体机能为基础。从医学上看,完整的人体是由头部、躯干、四肢三个部分构成,每个身体构成部分都发挥着重要的机能,任何生理部分的残缺都会影响健全的体魄。大脑是人体最重要的生理器官,它是协调全身各项机能和指挥各种行为的中枢,健全的大脑是人类参与社会活动的前提,在处理人与人、人与自然、人与社会之间的矛盾时,大脑发挥着积极的、重要的作用。健全的大脑主要发挥以下几种功能:一是记忆,即经过大脑将以前遇到的情境和事物在某个特定时间或场合下准确再现;二是思维,即通过大脑对各种现象进行分析、对比、归纳,最后总结出某些规律,再用这些规律指导实践,这是大脑成熟的主要标志;三是贮存,即通过大脑将不同时期的情景和事物按照一定的规律和逻辑关系反复再现后,较深地印在某一特定的大脑部位上;四是分辨,即依靠大脑的思维功能,判断、区分各类事物的不同,从而获取一定的经验。身体机能指的是人体在新陈代谢作用下,各器官系统工作的能

[①] 中国学生发展核心素养包含文化基础、自主发展、社会参与三个方面,综合表现为人文底蕴、科学精神、学会学习、健康生活、责任担当、实践创新六大素养。
[②] 陶行知.中国教育改造[M].合肥:安徽人民出版社,2019:56.
[③] 顾永高.青少年百科:学会审美[M].喀什:喀什维吾尔文出版社;乌鲁木齐:新疆青少年出版社,2004:85.

力,相应地,良好的身体机能多指充分发挥各器官的优良工作能力,维持生命体征的系统功能。"机体各器官系统的功能活动能够相互配合、协调一致,从而形成一个完整统一的整体;同时,机体还能对内、外环境条件的复杂变化及时做出适应性的反应,以维持内环境的稳态和各种生命活动的正常进行。这些都是通过人体功能的调节来实现的。"①具体地说,人体的每个器官都具有特定的功能。例如,眼睛是我们观察和认识事物的重要器官,手是我们使用工具和参与社会活动的重要器官,脚是我们移动行走的重要器官,当这些器官各自发挥作用、处于良好状态时,就拥有了完整的生理机能。而某些器官生理机能出现问题或残缺的时候,必然影响健康体魄的形成。

此外,就现代社会生活而言,健康体魄还表现在拥有良好的身体素质、较好的运动能力和优美的身体形态。

身体素质是指人体在运动、劳动和生活中表现出来的力量、速度、耐力、灵敏及柔韧等机能,是综合素质的体现。"现代人良好的身体素质表现在:体力充沛、精力旺盛、体态健美。这些良好的身体素质,是可以依靠后天的锻炼培养出来的。"②为形成健康体魄,学生在校期间首先要接受有关健康的理论知识教育,树立健康第一的思想,知道自己是健康第一责任人,了解身体素质提高的科学知识,掌握锻炼身体的正确方法,培养学生自觉锻炼身体的好习惯,提高学生对社会和自然环境的适应能力。其次,根据教育的不同发展阶段和各级各类学生不同的身体素质,在课程内容上融体育锻炼、运动养生、医疗康复等知识于一体,从而加强锻炼的科学性、系统性和有效性。最后,认识到健康体魄与良好的个人生活规律、饮食习惯、卫生习惯等有关,因此,在进行学校体育和劳动教育的同时,要将体育锻炼、生理卫生、养生保健和医疗康复等结合起来,提高综合身体素质。

运动能力是形成健康体魄的重要标准之一,它包括一般运动能力(人体在日常生活、劳动和运动中所必需的走、跑、跳、投等基本活动能力)和特殊运动能力(个体为完成某项技术所需要的专门运动能力)。作为健康体魄的衡量标准之一,为培养较好的运动能力,教育者要通过学校教育的各种途径创设良好的校园氛围,使学生能够积极主动地参加体育锻炼,通过体育锻炼加强学生社会体育实践能力的培养,让学生在参与体育活动过程中,认识到运动能力的重要性,从而自觉加强体育锻炼,以具备一定的社会生活所需的体能与体力。

身体形态是指身体的外部形状和特征,它是健康体魄的重要组成部分。健康体魄的表现形式之一就是能够长期保持优美的身体形态,挺拔的身姿、匀称的身材,给人积极向上、充满活力之感,而佝偻的体态看起来让人觉得软弱无力。"人体是一个有机的整体,各种锻炼手段都会对人体产生影响,从健身的角度出发,更应该强调身体形态、身体素质和机能的协调发展。"③有学者曾对三千余名学生进行了测量和统计,数据分析显示,身体形态和学生的体质健康、心理健康、运动能力等具有密切的关联,例如,"体态较胖的学生在持久力、柔韧性、灵巧度等方面明显偏低,体态瘦小的学生在力量、耐力上明显较弱"④。因此,要通过适当的体育锻炼、科学的饮食习惯等形成和保持优美的身体形态。可以针对学生身体形态存在的问题有针对性地开设处方式的教学,例如,针对肥胖的学生要开展有益于消耗脂肪的活动,针对过于瘦弱的学生引导其养成合理的饮食习惯和生活方式。

---

① 李文忠,周裔春.生理学[M].武汉:华中科技大学出版社,2020:7.
② 刘小钢,陆春,陈翼京.18 岁成年公民必读[M].广州:广东人民出版社,1996:53.
③ 花楠.运动与形体塑造[M].北京:中国书籍出版社,2018:28.
④ 刘星亮.体质健康概论[M].武汉:中国地质大学出版社,2016:52.

二、健康体魄的作用

（一）发挥聪明才智

健康体魄能够激励个人充分发挥智力水平，凸显个人才干，达成个人成就。既然当下信息时代的竞争是用知识武装起来的高新科学技术的竞争，那么，人才竞争自然成为核心要素，强健的体魄无疑是参与人才竞争的基础条件。西汉著名抗匈将领霍去病少年骁勇善战，用兵灵活，注重方略，正当意气风发之时，却英年早逝，年仅23岁。三国时期杰出的军事家和政治家诸葛亮，鞠躬尽瘁，满怀兴复汉室的抱负，最终在54岁时落得"出师未捷身先死，长使英雄泪满襟"的结局。这些事例给了我们深刻的启示：健康体魄是实现个人理想，达成个人抱负的基石。居里夫人曾说过"科学的基础是健康的身体"[1]，她的话揭示了健康体魄是知识、智慧、才能的统一载体这一深刻的道理。健康体魄是个人汲取智慧与提升才能的基础，只有建立在健康体魄基础上的智慧与能力方能创造出更多的物质和精神财富，才能充分助力人民达成自己的目标，为国家和民族作出更大的贡献。

（二）缓解各类压力

拥有健康的体魄，能帮助我们顶住各类压力。压力分为正面压力与负面压力。"负面压力使人们焦虑不安，无法顺利完成任务，也使人身体无力，优柔寡断，暴躁易怒，并感到莫名的恐惧。正面压力能相对提高精神与情感的反应能力，所以人们感到果断有力、充满活力，面对特殊情况时也能够应对自如且精神振奋。"[2]健康体魄能减少负面压力，发挥正面压力的积极作用。健康体魄中蕴含的积极精神状态可以缓解人们遭遇的各类压力，减少情绪失控。在城市生活的人们，往往由于身处复杂的生活环境和颇具挑战性的工作环境，很容易产生焦虑与惶恐的精神状态，这种精神状态会影响个人生活的方方面面，在心理上造成的压力会随之带来心跳加速、气喘、肌肉紧张等症状，严重的甚至会导致心肌梗死、中风等一系列健康隐患和疾病。只有形成健康体魄才能够很好地释放、缓解各种压力，减少焦虑、暴躁、抑郁等心理问题对我们身心造成的伤害。

（三）树立健康生活理念

素质教育应把健康教育放在重要的位置，在帮助人们预防疾病的同时，使人们选择适合自己的健康的生活方式。"国外有一位医学博士通过对现代人疾病的研究得出结论：许多人不是死于疾病，而是死于无知。因此他再三提出忠告：不要死于愚昧，不要死于无知，因为很多病是可以不让它发生死亡的，是完全可以避免的……掌握健康知识就是一种健康储蓄。"[3]一个拥有健康体魄的人一定是一个善于生活，善于锻炼，善于思考，乐观向上的人。假如某人整天埋头工作，忽视身体健康，即便是再努力，取得多大成就，事业上往往也会走下坡路，长期的精神压抑与疲惫的工作状态会侵蚀人们的身心健康。相反，一个重视身体健康、珍爱生命的人，能够认清工作与健康的关系，在日常工作时总能想方设法，权衡利弊，利用技巧事半功倍地完成工作任务，充分利用工作以外的时间锻炼身体，增强体质，也会在日常生活中掌握一些健康知识，为个人的健康体魄打下良好的基础。

---

[1] 尤海臣.体育与健康教程[M].北京：首都经济贸易大学出版社，2009：256.
[2] 张彩山.家庭健康医疗实用大百科[M].天津：天津科学技术出版社，2019：570.
[3] 付玉龙，程云芝.健康权力[M].北京：中国时代经济出版社，2005：204.

(四)激发体育锻炼热情

健康体魄的形成离不开一定的体育锻炼,长期有效的体育锻炼可以使人保持对运动的热情。适当的体育锻炼能够保证个体具有充沛的精神和良好的精神状态,这对于减轻各类压力对我们身心造成的不良影响发挥着重要的作用。2007年中共中央、国务院发布了《关于加强青少年体育增强青少年体质的意见》,该文件强调广泛开展"全国亿万学生阳光体育运动",鼓励学生离开教室,走向操场,走进大自然,走到阳光下,形成了青少年体育锻炼的热潮。目前,我国积极探索学校体育工作的新途径、新理念、新方法,尝试依据学生年龄、性别和体质等客观因素,探索适应青少年特点的体育教学与活动形式,有序指导学生开展有计划、有目的、有规律、有场所的体育锻炼,从而持续改善学生的身体形态和机能,提高健康水平。

第二节 体育及其历史发展

一、体育的界定

体育作为一种社会文化活动,包含人类活动的方方面面,遍及世界的各个角落,并以其巨大的魅力深刻影响着人的发展,引领着时代的进步,促进人类社会的和平及更好的交流与进步。体育是社会发展、人类文明进步的产物,它对促进个体形成健康体魄,乃至对整体人类体质的提升和社会的进步都起到积极促进作用,产生深远影响。体育的产生是社会文明发展的标志之一,体育文明是"在社会文明的基础上产生的,没有社会文明的发展进步,就不会产生体育文明"[①]。体育对人类自身的发展与核心素质的提升有较强的现实意义。同时,体育是教育系统中的重要组成部分,是完成培养德智体美劳全面发展的人的重要途径和方法。在全面建成小康社会、构建社会主义和谐社会的今天,体育的作用和价值越来越受到整个社会的关注。

《辞海》中对体育的解释分为狭义与广义两个层面。从狭义上看,体育指身体教育,即以强身、医疗保健、娱乐休息为目的的身体活动。体育与德育、智育、美育、劳动教育相统一,成为整个教育系统的组成部分。从广义上看,体育指体育运动,包括竞技体育、学校体育、社会体育三个方面。均以身体活动为基本手段,锻炼身体,促进健康,增强体质,并具教学、训练以及提高运动技术和竞赛成绩的作用。

对体育的理解要从历史的视角进行观察。20世纪20年代前,学校教育没有专门的体育课程,体育的教学活动多以其他形式进行。20世纪20年代后,许多国家相继将学校"体操"课改为"体育"课,"体育"一词才普遍使用起来。当今,体育课程已成为教育系统中不可或缺的重要组成部分。我国学者对体育的界定存在一种倾向,即把体育的具体目的视为其本质列入体育概念中,将体育定义为:以身体练习为基本手段,为增强体质、提高运动技术水平、进行思想品德教育、丰富社会文化生活而进行的一种有意识的身体运动和社会活动。它属于社会文化教育的范畴,受一定社会的政治、经济的影响和制约,也为一定的政治、经济服务。此界定体现了体育的多种教育目的,进一步丰富了概念的内涵。而学校中的体育活动,是一种有目的、有计划、有步骤,由专

---

① 鲁威人,陈红英,赵晓琳.体育文明600年[M].北京:首都经济贸易大学出版社,2019:1.

人从事的体育教学活动。

二、体育的发展历程

我国具有悠久的体育运动发展历程,虽然我国创造了内容丰富、形式多样的古代体育,但受到"尚文轻武""学而优则仕"等封建思想的影响,真正意义上的现代体育起步较晚。现代体育运动主要产生或发展于欧洲文艺复兴运动、17—18世纪的科学技术革命以及19世纪的工业革命这三个时期。众所周知,体育的发展与社会精神文明、物质文明密切相关,体育文化是社会文化的重要组成部分,现代体育的发展不仅仅是作为核心要素的身体活动方式的发展,它还包括建立在这些身体活动基础之上的其他社会活动和社会关系的发展。例如,以奥林匹克运动为代表的体育精神和众多体育运动在全世界的繁荣和发展,让人们清晰地看到体育的精神力量和价值观早已远远超越其本身的内在范畴。

(一) 我国古代体育的发展历程

我国古代体育源自原始社会的狩猎活动。狩猎活动对人们的体能要求较高,还要具备一定的技巧,因此,如何提高个人体能,获取食物,成为当时人们首要关心的问题之一。从教育的发展历史中可以得知,中国古代的学校教育中包含体育内容。我国古代体育教学思想最主要的就是"文武兼备,学以致用",这一指导思想"明晰地贯穿在中国整个古代学校体育教育中"[①]。

中华民族拥有五千多年的悠久历史和灿烂文化,远在周朝时期,体育的内容就得以体现并被记录下来,如我们熟悉的"六艺"——礼、乐、射、御、书、数中,射、御主要指军事技能的训练,在训练中带有体育的性质。之后,我国相继创造了"马球""蹴鞠""击鞠""中华武术"等古代体育项目。然而,与现代体育运动相比,作为民族瑰宝的体育项目曾经只作为封建统治阶级娱乐、消遣的主要生活方式。从当前对"体育"的研究视角出发,古代的这些体育项目中实际上蕴含着一定的教育内容,体现了一定的教育特征,因此,被一些历史学家和体育史学家统称为"古代体育"。

我国古代体育在春秋战国到秦汉时期便已形成了自己的特色,到了晋唐时期又融入了北方草原民族体育生活方式的因素,同时受到了外来佛教哲学的影响。宋代以后,随着城市工商业的发展和市民阶层的兴起,中国古代体育又进入了一个新的发展阶段。可以发现,中国体育文化自古以来就具有强大的自我发展力量和文化融通功能。佛教传入中国以后,竟然逐渐演变成了养生和武术发展的动力。宋、明时期体育发生了诸多变化,其动力也来自"轴心期潜力的苏醒和对轴心期潜力的回忆"[②],即对儒、道生命和健康哲学的重新解读。这种解读在以"程朱理学"和"颜李实学"为代表的对立中表现得尤其突出。这说明古代体育已经形成一种强大的传统,并对国人的体育生活和民族深层心理结构产生深远影响。

在中国古代体育文化活动的表现方式上,体育运动多以独立性、娱乐性、技艺性、表演性项目为主,如礼射、投壶、棋牌等;而对抗性、竞争性、集体性的身体接触较多的运动项目,在我国古代体育中开展较少,也难以流行,这是与我国自古以来的"和"文化相关的。中国体育文化讲求"天人合一",以"和"为贵,要求个人机体达到和谐状态,人与自然达到平衡状态。"和则健,不和则

[①] 张伟,孙哲.体育教学功能解析与实现途径研究[M].北京:中国商业出版社,2018:162.
[②] [德] 卡尔·雅斯贝尔斯.历史的起源与目标[M].魏楚雄,俞新天,译.北京:华夏出版社,1989:14.

病",也就是要把机体各个部分、生命各项功能调整锻炼到最佳的和谐状态,排斥将部分或各项功能脱离整体而单独发展或发生竞争,更反对因独立发展和竞争干扰、破坏整体的"和"。正因如此,我国古代体育项目中蕴含的竞争价值并不明显,过于剧烈带有损伤性的运动项目被人们排斥在外。另外,由于受到中国传统文化中强调的"存天理,灭人欲",重文轻武,重德轻技,重群体价值轻个人价值的哲学思想和传统文化诉求的影响,那些追求健康长寿的养生理论和长寿实践,赢得正统文化的认可,得到了充分发展。

(二)西方体育的发展历程

西方体育的发展主要受到文艺复兴、宗教改革、启蒙运动等关键时期政治、经济、文化等方面的影响。17—18世纪的科学技术革命和19世纪的工业革命为现代体育的发展进一步奠定了基础,很多现代体育项目开始产生并发展。布利特认为:"体育运动与20世纪的社会有一种共生的关系。"[1]他把1896年现代奥林匹克运动会的诞生看作是20世纪的起点,在这100多年里,现代体育的范围从民族的、国家的,拓展到了"世界体育",从体育的精神、体育的形式、体育的组织方式到对体育价值与功能的理解,从穷乡僻壤的学校体育课堂到各种国际超大规模的运动赛事,充分展现了体育事业发展博大的、全面的、深刻的内在统一性和相似性。

资本主义工业化发展、三大思想文化运动(文艺复兴、宗教改革、启蒙运动)和资产阶级的教育方式的变革为现代奥林匹克运动的兴起奠定了基础。现代奥林匹克运动的主要目的在于"通过组织没有任何歧视的符合奥林匹克精神的体育活动来教育青年,从而为建立一个更加和平、美好的世界作出贡献"[2]。因此,以奥林匹克精神为代表的现代体育精神不断推动国际体育事业长足发展,在各国的努力下现代体育已突破国界,成为推动人类进步、社会发展的重要力量。

(三)学校体育的确立与开展

学校体育的确立与开展是学校教育与体育运动发展相结合的结果。19世纪末,体育在欧洲各国相继掀起了国民教育改革浪潮,体育最终在学校教育中得以确立。法国先后在1872年、1880年、1887年和1905年的法律中规定各类学校都要开设体育课;1885年,体育被英国列为学校必修课。丹麦、瑞典、法国、德国、美国等先后开办了军事体操学校、体操学校或体育师范学校,培养专门的体育教师。

欧洲体操课程成为学校体育中的核心课程。在19世纪的教育改革进程中,欧洲在巴塞多和吉茨穆斯体操体系的基础上,开启了体育(体操)发展的新时代。在这个过程中,德国体操、瑞典体操和英国的户外运动游戏一起,形成了现代体育发展进程中最具影响力的三大运动体系,并开始走出学校,在社会上和世界各地传播开来。德式体操的代表、著名体操家费里德里希·路德维格·杨的竞技运动包含疾跑、耐力跑、牵拉、角力、荡桥对抗、跳绳、挤压、举重物跳跃等竞赛活动。施皮斯被誉为德国"学校体育之父"。瑞典体操是由佩尔·亨里克·林创立,其主要内容包括:① 教育体操,即使身体按自己的意愿自由活动,旨在求得身体自然全面发展的体操。② 医疗体操,即用以矫正身体的偏缺,使之均衡发展。它由主动动作、被动动作和协同动作组成。③ 兵式体操,即比德式体操多一些持枪、击剑和器械练习。④ 健美体操,即以抒发感情以及追求身体的匀称发展为目的的艺术体操,又称韵律体操。

---

[1] [美]理查德·W.布利特.20世纪史[M].陈祖洲,等译.南京:江苏人民出版社,2001:119.
[2] 转引自黄诚胤,李国泰.体育价值研究[M].重庆:重庆大学出版社,2013:17.

19世纪初,当欧洲其他国家正热衷于德国的体操和瑞典的体操的时候,英国却创造了丰富多彩的户外运动,主要项目包括足球、曲棍球、橄榄球、网球、水球、钓鱼、登山、游泳、滑雪、滑冰、田径、高尔夫球等。拉格比公学的校长托马斯·阿诺德尝试实践了洛克的"绅士教育"思想,并重视户外体育运动多种教育。在他的带领下,英国的户外运动被引导改造成为重要的教育手段,学校中实施的竞技性运动、青年学生们的定期比赛以及根据自治原则组织的运动队,很快成为全英学校学习效仿的榜样。可见,学校体育的发展从最初的单一内容逐渐发展为如今的形式丰富、全民参与的体育教学活动。

(四)体育课程

学校体育课程的设置得益于体育相对成熟的发展。从第一个现代体育教师维多里诺的"快乐之家"到夸美纽斯的"母育学校",现代体育经历了一个由上流社会和民间逐渐走进学校、走向普及的渐进过程,以往专门的体育运动训练也成为大众体育锻炼的各种项目。英国唯物主义哲学家、政治家和教育家约翰·洛克提出培养未来的绅士教育应进行德、智、体多方位的教育,而且体育被放在全部教育的首位。到了18世纪末,德国教育家巴塞多,创造了著名的"德绍五项",即跑步、攀登、跳高、负重和平衡。"德绍五项"和美尔库里亚利斯的《体操术》为当时学校体育内容的体系化奠定了基础,同时也促进体育教师的专门化。

萨尔茨曼在1784年的《教育余论及学校通告》中指出了他新建学校的特色就是对学生身体教育的关注。他的"身体养护"内容包括着装、食物、身体运动等项目,如走、跑、游戏、骑马、乐器演奏、散步、旅游、造园作业等,他还亲自指导体育活动。古茨穆斯于1796年在施涅芬塔尔博爱学校受任指导体育课程,在这里他付出了毕生的精力,并写出了一系列著作,如1793年出版的《青年体操》和1796年出版的《游戏》两书,在当时社会上产生较大影响。古茨穆斯认为体操主要有两大功能:一是满足人的身体需要,二是通过练习使人身体完美,从事体操的人可以获得身心的和谐和护身的技能。他还认为体操对身体的作用在于,"使整个身体和肌肉都得到运动,使身体强健,使肌肉和四肢受到锻炼并形成技巧,使人的外在感觉受到锻炼。他把前两种作用称作体操的生理作用,后两种视为体操的教育作用"①。在精神和身体之间,后者更是人的根本,因为施展完美的道德行为需要强健身体的支持。通过体育课程的演变与发展,当前各国学校的体育课程已形成了完整的体系,在教育目标、教育内容、教育形式、教育条件等方面有了质的提升。

(五)现代体育思想的形成

现代体育思想的形成依赖于体育的发展和全民参与的体育理念。法国18世纪著名的启蒙思想家和教育家让·雅克·卢梭,在《爱弥尔》中是围绕一个"自然人"展开论述的。他指出,"如果你想培养你的学生的智慧,就应当先培养他的智慧所支配的体力。不断地锻炼他的身体,使他健壮起来,以便他长得既聪慧又有理性。"②这体现了卢梭的自然体育思想,体育是一切教育的前提,体育的任务是使受教育者身体获得自然的发展,从而影响知识学习过程。卢梭认为对儿童进行身体教育,必须遵循自然的要求,顺应人的自然本性。

19世纪瑞士著名的民主教育家裴斯泰洛齐,从和谐发展的教育思想出发,建立了一整套和谐发展的课程体系,主要包括体育和劳动教育、道德教育、智育。他十分强调劳动教育要和体育结

---

① 黄诚胤,李国泰.体育价值研究[M].重庆:重庆大学出版社,2013:17.
② [法]卢梭.爱弥儿:论教育[M].李平沤,译.北京:商务印书馆,1978:137-138.

合起来,综合发挥育人作用。他说:"这个教学初步必须从体力的最简单的表现形式开始,因为人类最复杂的实践能力的基础就蕴含在其中。"[1]裴斯泰洛齐希望通过体育与劳动教育相结合的形式培养人的行动能力、实干能力和克服困难的能力。他提到:"一个恶魔般的幽灵带给这个时代的最可怕的礼物是:有知识而没有行动的能力,有见识而没有实干或克服困难的能力。"[2]英国著名的哲学家、社会学家赫伯特·斯宾塞,是近代自然科学教育运动的倡导者。他把人类生活划分为五种重要活动,按其对人的重要性依次为:第一,直接保全自己的活动;第二,间接保全自己的活动;第三,抚养教育子女的活动;第四,社会政治活动;第五,闲暇爱好和情感活动。这五个方面的活动全面概括了体育对人的重要作用,既突出重要性又有层次性。同时,他还创造了普通学校的体育课程体系,强调体育科学知识的重要性,为体育的发展奠定了学科基础。斯宾塞最著名的著述是《教育论:智育、德育和体育》。他认为,"为我们的完美生活作准备,是我们教育应尽的职责;而评判一门教育学科目的唯一合理办法,就是看它对这个职责尽到什么程度"[3]。斯宾塞从人类生存竞争的观点出发,指出"在训练儿童的时候,使他们不只在心智方面适合于面临的斗争,也在身体方面经得起斗争中的过度损耗,就显得特别重要"[4]。这体现了他的功利主义体育观。

从上述观点可看出,现代体育思想受到不同时期主流体育思想的影响,但是,其目标仍是普及体育运动,激发人们参与体育锻炼、掌握体育技巧的积极性和主动性。

第三节 体育促进学生形成健康体魄

一、通过体育教学,促进学生形成健康体魄

学校体育教学是以运动教育的方式对学生的身体与精神同时开展教育活动的过程,达到锻炼身体与健全人格的课程目标。学校体育教学因具备科学的、系统的、合理的体育育人体系,在学生形成健康体魄过程中发挥着重要作用,是青少年提高身体素养,形成健康人格特征的主要途径,是培养全面发展的人的重要因素。学校体育的教学活动与学生的健康体魄休戚相关,主要表现在以下几个方面:

一是学校体育教学具有科学系统的教育内容和方法,为形成健康体魄提供科学指导。根据学校体育课程目标要求,体育教学过程遵循学生身心发展规律与特点,设置体育教学内容,制定教学进度,选择恰当的教学方法,围绕健康体魄与体育运动的相关概念、原则、技巧、策略实施教学,让学生从体育课程中获取丰富的体育锻炼与训练技能。

二是学校体育教学具有完整全面的课程标准和评价体系,标准化的评价体系有助于健康体魄的持续形成。一方面,学生在各类体育运动中实现运动能力和技巧的提高。在学校体育教学中,学生结合不同体育运动的规则和要求,充分发挥自身运动优势,突出运动特长,利用学校体育课程内容,不断增强利于健康体魄形成的运动能力,如伸展、弯曲、抓、握、踢等运动技巧。另一方

---

[1] [瑞士]裴斯泰洛齐.裴斯泰洛齐教育论著选[M].夏之莲,等译.北京:人民教育出版社,2001:179.
[2] [瑞士]裴斯泰洛齐.裴斯泰洛齐教育论著选[M].夏之莲,等译.北京:人民教育出版社,2001:371.
[3] [英]斯宾塞.斯宾塞教育论著选[M].胡毅,王承绪,译.北京:人民教育出版社,2005:14.
[4] [英]斯宾塞.斯宾塞教育论著选[M].胡毅,王承绪,译.北京:人民教育出版社,2005:114.

面,学校体育教学中设置了详细具体的体育课程标准及评价体系,如学生应掌握哪些体育知识与运动技能,应培养哪些体育审美观念和实践操作的运动技巧以及掌握的情况等。

三是学校体育教学具有促进学生制订专属健身计划的作用,有助于健康体魄的有序形成。学校体育教学过程中的体育训练和各类活动,意在教会学生通过掌握规范化的运动技能促进自身健康状况,同时激励学生了解体育运动标准,理解为什么要进行此类体育训练,怎样达到体育活动的标准和要求,如何制订适合自己的健康运动计划等问题。当学生带着这些问题开展体育锻炼时,将会提高对健康体魄的认识程度,从而增进学生形成自觉参与体育锻炼的热情和主动性。

四是学校体育教学具有促进学生身体均衡发展与愉悦精神的功能,有助于增强健康体魄的协调性。健康体魄是由身体与精神两个方面构成的,学校体育教学主要从三个方面使学生达到身体健康状况的均衡发展,持续保持饱满的精神状态。第一,通过学校体育教学过程促进学生关注机体健康,掌握基本健康知识和体育锻炼技能,加强对健康体魄的深度认识。第二,激发学生勇于接受外界挑战的主动性和能动性。第三,在学校体育教学中享受自我健康状态,在日常体育锻炼中超越自我。

二、通过培养运动习惯,促进学生形成健康体魄

良好的身体素质是生命的基础,是从事学习、工作的根本条件。个人的身体一旦出现疾病,就难以维系正常的生活,甚至出现精神上和心理上的各种问题。法国思想家伏尔泰曾说:"生命在于运动。"这句话深刻寓意了运动对身体健康所起的重要作用。因此,加强体育锻炼,增强身体素质是每位学生的必修课。

身体素质"关乎一个人体质的强与弱、运动能力水平的高与低,更关乎一个人日常生活耐压能力的大与小,是一个人健康工作、幸福生活的源泉和保证"[①]。现实生活中,许多学生的身体素质和生活状况令人担忧。例如,许多学生没有养成长期参加体育锻炼的习惯,一些学生晚睡早起,无法保证充足的睡眠,造成上课期间精神懈怠,无精打采;一些学生养成了不好的生活习惯,匆匆忙忙地吃完早餐就去上学,吃饭时边吃饭边看电视,晚上熬夜直到很晚才同大人一道睡觉。尤其在节假日,学生的作息规律会被彻底打破,毫无章法,常常是暴饮暴食、贪睡,做不到基本的体育锻炼。从根本上来看,这些学生没有意识到健康体魄的重要性,没有认识到适当的体育锻炼对个人成长发育发挥的重要作用。学校、家庭、社会等都应该提高对体育的认识,为学生提供更多的体育锻炼机会,开发学校体育课程,使教学形式多样化,寓教于乐,激发学生对体育的兴趣,同时平衡学科知识学习与体育之间的关系。事实上,学生自身对体育的认识与参与度是最关键的。为此,体育教学要做到以下几点。

(一) 培养从事体育活动的兴趣

学生最乐意做自己感兴趣的事情,凡是主观上抵触的事情很难做好,培养体育锻炼的习惯也应从培养兴趣开始,学校教育与家庭教育要形成合力,保护和发展学生对体育的兴趣。例如,让学生多读一些名人锻炼身体的逸闻轶事,观看场面精彩的体育比赛,利用课余时间跑步、做操、打球等,这些都是促进学生产生体育兴趣的有效途径。长期参加体育锻炼的学生会经常感到浑身

---
① 吕兵文.体育教育的智慧行走[M].长春:吉林出版集团股份有限公司,2019:239.

是劲,心情舒畅,身心都得到锻炼,在自己的体育兴趣得到发展和巩固后,他们有意识地加重体育锻炼的成分,增强自己自觉锻炼的主动性和积极性。

(二)掌握体育锻炼的常识

体育锻炼不是一种单纯的体力活动,只有在锻炼过程中注意学习知识和掌握技术,才能提高体育锻炼的成效。体育锻炼中的体育常识、专业知识、练习技巧需要通过专人对学生进行教授。为此,要注意以下几点:一是使学生懂得各种体育活动的特点和意义,例如,田径类的活动主要靠力量和速度;球类活动则对灵敏和弹跳的要求较高,使自己能够逐步地了解一些常见运动项目;二是使学生掌握一些常见运动项目的知识和技术,进行正确的练习,如跑、加速跑、途中跑、弯道跑、终点冲刺、打篮球、带球突破投篮、防守等;三是使学生了解最基本的体育比赛规则,例如,起跑要听口令,打球时不能撞人,游戏时不能违背规则,这些是保证体育比赛顺利进行的基本条件;四是使学生根据身体条件知道自己适宜从事哪些运动项目,例如,如果心脏承受能力较差,就不宜做长跑、举重、足球、长时间倒立等项目,而应当选择那些负荷较轻、欢畅活泼的运动项目。

(三)制订体育锻炼计划,按照计划进行体育锻炼

保持健康的体魄需要制订自己专属的运动计划并坚持锻炼。生活中缺乏做事计划的人往往缺乏自觉性和毅力,对事情的兴趣容易被转移,如果放松对自己的督促,在体育锻炼上就可能出现"三天打鱼,两天晒网"的现象,这样做会妨碍体育锻炼的效果。因此,制订体育锻炼的计划,明确锻炼的目标和内容,规定锻炼的次数和时间,按照计划进行体育锻炼,显得十分重要。

制订体育锻炼的计划时,注意内容要具体,要加入具体的锻炼要求。例如,规定每天早上6点起床做操,每天下午放学后打乒乓球半小时等。如果体育锻炼计划不是以文字形式呈现,就要做到心里有数,遵照执行。在按照计划进行锻炼时,不能过于急躁,要把握分寸,起初要求不宜太高,而应从自己的实际出发,合理安排,循序渐进,使自己的身体能够接受,并能不断取得进步。

运动计划的科学性和合理性也是达到锻炼效果的关键因素。一些学生在制订运动计划时会选择利用周末,集中大块时间开展体育运动,来弥补一周中运动量的不足,这种做法在国外称为"周末战士",即平时基本不动,周末基本没空,周一浑身酸痛。这样的运动计划明显是不科学、不合理的,周末超负荷的运动量为已经习惯静止的身体带来不小的伤害,如造成肌肉拉伤、关节扭伤等运动损伤,这对身体健康和心理健康均会产生不良影响。清华大学的学者经过调查研究,提出了 8-1>8 的哲学公式,即一个人在日常8小时的工作时间中,利用其中的1小时进行体育锻炼,表面上工作时间减少了1小时,但是从工作绩效上看,通过体育锻炼可以增强个人体质、提高工作和学习效率,实际的工作成效要大于缺乏体育锻炼时的工作效率,达到事半功倍的效果。

按照上述原则可以使学生加强对体育锻炼的认识,养成良好的体育锻炼习惯,有目的、有计划、有步骤地进行体育锻炼,从而达到增强学生身体素质的教育目的。

三、通过培育学生心理健康,促进学生形成健康体魄

心理健康是健康体魄的表现之一,是人体健康必不可少的重要组成部分。世界卫生组织对健康的概念进行界定时,强调健康不但是指没有身体疾患,而且要有完整的生理、心理状态和社会适应能力。心理疾病因其存在隐蔽性、复杂性、间隔性等特征,在生活中往往被健康人、病人甚至医务人员忽视,长期以来,这对提高人的健康水平与医疗效果产生了消极的影响。一个心理健康的人能够乐观有效地抵御身体疾病的困扰,降低身体疾病的发生率,其生活是积极向上的;相

反,心理不健康者"以消极的态度对待生活,无法与周围的人和谐相处,随意挥霍自己的生命,最终身体疾病会不请自到"①。在现实生活中,人们往往重视身体的锻炼,而不重视心理的锻炼,甚至不知道什么是心理健康以及如何锻炼。在临床实践中,有些医务人员在病因上,重视病毒、感染等因素,而忽视疾病的心理因素作用,在诊断上重视物理诊断而忽视心理诊断,在治疗上重视药物治疗而忽视心理治疗。其实,身体健康与心理健康是同等重要的,二者相互联系,相互制约。

心理因素包括心理过程与个性特征两个方面,心理过程由认识过程、情绪过程和意志过程构成,个性特征包括个性倾向性与个性心理特征。因此,心理健康既包括心理过程上体现的健全状态,又包括个性特征上体现的健全状态。

心理健康首先表现为稳定的、客观的、积极向上的情绪。人在认识客观事物的时候,总带有一定的个人态度,心理学把人们对客观事物态度的体验称为情绪。情绪虽然也是人对客观现实的一种反映形式,但它不同于认识过程。认识过程是反映客观现实本身,而情绪是反映客观现实与人的需要之间的关系。这种态度的体验可以分为两类,即根据客观事物是否符合主体的需要可分为满意的情绪与不满意的情绪,或肯定的情绪与否定的情绪。狭义的情绪是指比较低级的、与机体的生理需要相联系的态度体验。广义的情绪包括情感,情感是与高级的、社会的与行为的社会评价相联系的态度体验,如义务感、责任感、爱国主义情感等。一般说来,可以把情感分为理智感、道德感、美感等个人感受。心理因素对人的身心健康的作用主要是通过人的情绪而发挥作用的。

心理健康其次表现为正确的与积极的个性倾向。个性倾向是指个人在与客观世界相互作用中,形成的对事物的态度与倾向。一个人在生活实践中形成的需要、兴趣、信念、理想与世界观等内容,能够真实反映其个性的倾向。个性倾向不仅对改造客观世界有重要作用,而且对人的心理活动、人的身心健康也有很大的影响。个性倾向主要包括需要、动机、兴趣、理想、信念等。需要是指人对一定的客观事物的需求。动机是指激发个人去行动的主观动因,是个体发动和维持行动的一种心理状态。动机产生于需要,需要与动机对人的行为与身心健康有很大影响。兴趣是指人积极探索某种事物的认识倾向。理想是指与人为之奋斗的目标相联系的一种积极想象。信念是指人从事活动的精神支柱,是人对事物确信的看法,信念的动摇与瓦解,可造成人的精神崩溃。世界观是人对整个世界总的态度与看法,它是人的个性与行为的最高调节者。信念与世界观对人的身心健康起着重要的调节作用。

个性心理特征包括人的气质、能力与性格等。气质就是通常人们所说的"性情""脾气"。心理学认为气质是人典型的、稳定的心理特性。心理学把人们能够顺利地完成某种活动的心理特征称作能力。性格是人对客观现实的稳固态度以及与之相适应的习惯的行为方式。人的气质与人的性格对人的健康与疾病也发生一定的影响。这是因为,人不仅是一个单纯的生物有机体,而且也是一个有思想、有感情,从事着劳动、过着社会生活的社会成员。

人的身体和心理的健康与疾病,不仅与自身的躯体因素有关,而且也与人的心理活动和社会因素有密切联系。临床实践和心理学研究证明,有害的物质因素能够引起人的躯体疾病与心理疾病,有害的心理因素也能引发个人的身心疾病。与此相反,物质因素(如药物等)能够治疗人的身心疾病,而好的心理因素与积极的心理学状态能够促进人的身心健康或作为身心疾病的治疗手段。

---

① 方小衡,沈彬.学校卫生与健康促进[M].广州:广东高等教育出版社,2010:89.

四、通过丰富学生生活娱乐，促进学生形成健康体魄

（一）健康的学校生活

健康向上的学校生活能够促进学生身心全面发展，对学生正确认识世界、感知世界发挥重要影响作用。当前，学生学校生活面临最大的问题是生活较为单调，单调的生活容易导致素质的片面发展，单调的生活也会压抑青少年生命的成长，要全面充分地培养和发展学生的素质，就应积极丰富学生的学校生活，从各个方面和多个维度拓展学生认识自己、认识他人、认识社会的视野。

首先，学校生活是学生生活的主要内容，学校生活的丰富程度和性质在很大程度上决定了学生综合素质的发展。我们不难发现，中国学生之所以普遍具有"两高两低的现象"，即基础知识掌握和应试能力高，创新能力和动手操作能力低，其根本原因就是学生的学校生活中缺乏创新活动和动手操作的活动，这样的学校生活不利于学生健康身心的形成。

其次，健康的学校生活提供形成健康体魄的教育。"过健康的生活便是受健康的教育；过科学的生活便是受科学的教育；过劳动的生活便是受劳动的教育；过艺术的生活便是受艺术的教育"①，伟大的人民教育家陶行知的这句名言深刻地揭示了生活与教育的关系。同样，过单调的生活就是受片面的教育，过丰富的生活就是受全面的教育。因此，强化健康教育目标，促进学生健康成长应是学校办学理念的核心内容。

最后，健康的学校活动培养学生健康素质。学习生活表现为各种各样的活动，生活对教育的决定性影响具体地表现为活动对人的素质发展所起的决定作用。例如，在被动指挥的学校活动中形成学生服从、记忆的基本素质；在接连不断的考试测验中形成学生应试的素质；在积极主动探索的活动中才能形成发现、创新的素质。因此，为促进形成健康体魄需要在学校活动中融入健康的理念，引发学生对健康的思考和反思。

（二）丰富的体育社团活动

学生社团是校园文化的重要组成部分，为学校生活增色。社团活动可以引领学生形成健康体魄，丰富多彩、健康向上的社团活动为提高学生的社会能力、健康的心理素质，以及参与各类体育活动搭建了舞台，让学生有了更多的发展空间，丰富了学生的课余生活，为学生将来进入社会打下基石。

为增强学生体质，提高学生体育锻炼的兴趣，开展特色体育活动，学校往往会成立以体育运动为主题的团队组织，如体育社团。体育社团招募的学生是志趣或爱好相同，对体育运动项目非常感兴趣的学生。体育社团活动内容常以学生感兴趣的体育专项知识、体育趣味训练和竞赛活动为主，内容丰富，形式多样。体育社团可以提高学生对体育运动的兴趣，激励学生参加各种体育趣味活动和比赛，构建校园健康的文化氛围，丰富学生的课余文体生活，最终达到提高学生身体素质、寓教于乐的目的。

一般而言，体育社团较受学生的欢迎，它可以让学生在繁重的学科知识学习中，舒缓紧张情绪，缓解学习压力，释放个人情感，培养体育锻炼的兴趣，提升身体综合素养。体育社团活动丰富多样，通常是由不同的体育项目构成的。常见的体育项目包括排球、足球、篮球、田径、体操等。排球运动是一项常见的集体运动项目，它集运动、休闲、娱乐为一体，适合大部分年龄阶段的学

---

① 金林祥,胡国枢.陶行知词典[M].上海：百家出版社,2009：296.

生。例如，排球社团的活动主要以教授排球知识、训练排球技能、举行排球比赛、融合娱乐特征为基础，展示学生个人魅力，增强学生间的协调合作精神。在活动中，教师引导学生提高排球技能，培养学生掌握一技之长，同时，指导教师也会根据学生的性格特征和身体素质等因素，制订多种训练方式，使学生的排球运动兴趣得到持续开发。再如，足球运动是最具有影响力的体育运动，也是世界第一大运动。足球社团活动以"激情、参与、团结、奋进"的足球文化精神贯穿于活动中，培养学生顽强拼搏的意志和团结合作精神，构筑学生的足球梦想。足球竞赛中独特的整体性、对抗性、多变性、技术性等体育运动魅力能够不断激发学生参与体育锻炼的浓厚兴趣，适当调节心理状态，将赛场上的拼搏精神带入文化课程的学习过程中，进而提升学习品质，促进学生健康体魄的形成。

丰富多彩的体育社团活动可以从整体上助推学生形成积极向上、重在参与、永不放弃、永不气馁、永不低头的体育精神，能够丰富校园文化生活，为进一步实施素质教育，促进学生身体健康、和谐发展，实现体育强国的教育目标打下坚实基础。

(三) 健康的生活课程

学校生活课程关注的是学科知识学习以外的必修内容，它是学科课程有益的补充，在实际的教育教学中，其重要性也在逐步提升。学校生活课程包括身体健康生活课程与心理健康生活课程。

1. 身体健康生活课程

身体健康生活课程授予学生较为系统的体育知识和技能，锻炼学生的身体素质，增强其自我保健的意识和能力。身体健康生活课程形式多样，除了学校体育课程外，可以采取多种多样的体育运动，增强学生的体质，丰富学生的生活，并在全校范围内形成良好的健身氛围，鼓励全体师生参与，共同营造体育锻炼的环境。

2. 心理健康生活课程

心理健康生活课程聚焦学生的心理健康，目标是促进学生心理素质的全面进步，提高生命质量，引导学生建立良好的人际关系，提升学生生活品质，提高学习和工作的效率与质量，使其成为真正意义的"完整"的人，能健康、快乐地生活、学习和工作。心理健康生活课程通过系列活动，使学生关注心理卫生，增强情绪的自我调控能力，培养学生健康的生活方式。该类课程实施途径多种多样。例如，通过综合实践活动，使学生扩大人际交往、增加交流、增进理解、开阔心胸，树立远大理想，感受社会安全感、责任感、信任感和激励感。

思考题

1. 如何理解健康体魄的内涵及其特征？
2. 举例说明健康体魄的表现形式有哪些。
3. 简述体育的特征有哪些。
4. 简述体育在提高学生身体素质中发挥哪些作用。
5. 简要说明心理健康的重要性及意义。

拓展阅读

1. 谭华.体育本质论[M].成都：四川科学技术出版社，2008.

2. 毛振明.学校体育发展史[M].桂林：广西师范大学出版社,2005.

3. 周与沉.身体：思想与修行——以中国经典为中心的跨文化观照[M].北京：中国社会科学出版社,2004.

4. 季浏.促进学生身心健康、体魄强健、全面发展——关于《课程标准(2017年版)》课程性质和基本理念的解读[J].中国学校体育,2018(3).

第六章　教育如何丰富人生情感

思维导图

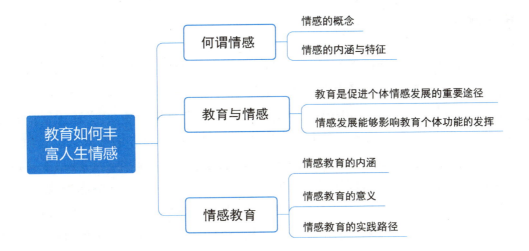

学习目标

知识目标	了解教育与情感的内在关系,掌握教育丰富情感的内容和方式
能力目标	能够辩证地看待教育与情感的双向促进
素质目标	具有较高的在教育活动中掌控情感、合理释放情感的基本素质
思政目标	成为一个具有健康情感的人

　　人是物质与精神的统一体,人通过与外部环境的互动产生了情感,情感是精神的核心要素。教育是有目的地培养人的活动,其目的在于培养完整的人,因此,教育和情感是紧密相连、不可分割的。一方面情感是教育的主要内容和限度;另一方面教育又是情感发展的有效途径和手段,在充沛的热情和情感中彰显人的生命价值,是教育活动的独特魅力所在。将情感寓于教育活动的始终,将情感教育作为教育的基本形式,是实现人生命发展的有效途径。

第一节 何谓情感

德国著名浪漫主义诗人荷尔德林在其名作《轻柔的湛蓝》中写道:"如果生活是全然的劳累,那么人将仰望而问,我们仍然愿意存在吗? 是的,充满劳绩,但人,诗意地栖居在此大地上。"①德国著名存在主义哲学家海德格尔讲到:"人安静地生活,哪怕是静静地听着风声,亦能感受到诗意的生活。"②"诗意地栖居"抑或"诗意的生活",这是诸多世人在纷繁世界中追求心灵安放的情感选择。是的,"心向往之"式的情感需求让人活得更为超脱和解放,也让本真生命获得更为绚烂的绽放。这就是情感的力量。

一、情感的概念

人的发展包含认知发展和情感发展。认知发展主要涉及理性层面,情感发展主要涉及感性层面。虽然在当下社会的各个领域中人们似乎更注重理性,但实则在哲学和心理学领域,学者们对情感的关注和探讨,早已有之。柏拉图把情感描述为一种非理性的冲动,必须用理智来驾驭③。多米尼克·莫伊西说,情感"与我们看待其他人的方式以及他人看待我们的方式息息相关。情感既是情感持有者自己的镜中影,又是他的眼中像"④。也有学者从生物学的角度出发,"以身体感觉为本,着眼于情感与身体变化的直接关系,把情感和神经系统的反应关联起来,将情感解释为对身体变化的感受或自发性神经系统的模式化改变,将情感具象化;他们还认为情感是内省体验,由身体反馈回意识"⑤的过程。朱小蔓从道德教育的角度将"情感"界定为"标志人的情感发展的连续体,包含着以人的情绪基调、情绪表达方式、情趣爱好、情感体验性质与水平、价值倾向,乃至于人格特征、精神情操等等"⑥。虽然不同学者对"情感"概念的界定角度不同,但归结起来,"情感"就是主体在与客体的交互过程中所产生的身体和心理的反应。

二、情感的内涵与特征

(一)情感的内涵

情感是态度这一整体中的一部分,它与态度中的内在感受、意向具有协调一致性,是态度在生理上一种较复杂而又稳定的评价和体验。它包括道德感和价值感两个方面,具体表现为爱、幸福、仇恨、厌恶、美感等。在心理学中,将情感分为情绪和情感两个维度,核心情感是一切情绪得

---

① 转引自于昊燕.栖居的意义——读刘绍良的散文[J].大理文化,2016(1):68-69.
② 王兆善.海德格尔最深刻的十句话,安静的人生,就是诗意的[EB/OL].(2020-02-18)[2023-01-15].http://www.360doc.com/content/20/0218/07/7230427_892833576.shtml.
③ 董美珍.女性主义视域中的情感——兼论情感在科学认识中的作用[J].科学技术与辩证法,2003(06):16-18,28.
④ [法]多米尼克·莫伊西.情感地缘政治学[M].姚芸竹,译.北京:新华出版社,2010:7.
⑤ 唐海军,何向东.身体、判断和情境——论情感研究的几个维度[J].自然辩证法研究,2018,34(03):83-88.
⑥ 朱小蔓.情感德育论[M].北京:人民教育出版社,2005:63.

以形成的实在基础,是构成情绪生活的最基本的要素,但这种神经生理状态本身还不是情绪。[①]"核心情感本身不会产生关于愤怒、悲伤、恐惧等的感受,但它是这些结晶开始的地方。在一个给定的时间点知觉到核心情感是经验一种情绪的第一步。"[②]所以,情感处于个体特质中较为深刻和隐秘的部分,也具有相对稳定性,但它不等同于一般的思维意识,必须在相应的社会情境和文化背景下才能被理解和管理。因此,情感的内涵包含个体基于特定社会互动情境和文化背景选择的价值取向以及属于核心情感的基本要素,它可以通过个体的情绪、道德品质等方面进行外显的表达。

(二)情感的特征

1. 情感的生物性

情感是具有生物性身体结构的主体才能产生的,人类是情感的重要"宿主"。马斯洛也将情感视为人性本能,他认为"人性本身就是具有生物学意义的,人所特有的天性也类似生物本能。如爱、尊重和安全等特性都不是某种可有可无的主观臆念,而是人的生存中某种高层次的类似'对维生素D'的需要,一旦失去了这些本能的需要,人也会生病,这不是生理机体的不健康,而是'灵魂病',即'人性的萎缩'"[③]。人只要存在于社会中,就无法摆脱人性的束缚,情感作为构成人性的关键要素,正如遗传基因一样,深深根植于人的身体之中,具有与生俱来的生物性特质。

2. 情感的层次性

情感的产生与客体对于主体需要的满足紧密相关,主体需要满足的程度不同,情感的强度和深度也不同。人的发展是一个递进上升的过程,处于不同发展阶段的人的需要也是不同的。对照马斯洛需求层次划分理论,人的情感也是从最初的与个体生存需要相关而产生的低级情感(比如对获取食物的满足感)逐渐到与自我实现相关的高级情感(比如追求精神文明的成就感)。舍勒将情感从低到高分为感官感受、生命感受、心灵感受以及纯粹的形而上学的精神感受,不同层次情感感受具有互偿性[④],即人们可以为了高层次的情感需求而牺牲低层次的情感需求,孟子所说的"天将降大任于是人也,必先苦其心志,劳其筋骨,饿其体肤……"就是这个道理。

3. 情感的发展性

虽然情感是人类生命个体具有的天生机制,但它并不是一成不变的,而是在情感主体与客体的交互过程中不断得到发展和强化的。刘晓东认为"人类个体的精神发育之所以比其他高等动物发达,究其生物学原因,在于人类个体的基因编码系统具有近乎开放的性质"[⑤]。这种"开放性",实际意义就在于人类某些遗传特质,能够通过在与后天环境的互动过程中得到发展,这就是人类在与地球上所有生物的进化中保持领先地位的重要原因。博尔诺夫认为,真正的自己并不是在平静的正常生活发展中形成的,从严格意义上来讲,人只有在与"他人"的遭遇过程中才能证明自己的存在[⑥]。

4. 情感的主观价值取向性

由情感的定义和情感的层次性可知,情感的产生与主体持有的价值观密不可分,而价值观

---

① 刘高岑.核心情感-自我知觉-具境概念化——巴瑞特的心理建构论情绪理论评析[J].科学技术哲学研究,2022,39(05):1-6.
② BARRETT L. Feeling is perceiving[C]//BARRETT L, NIEDENTHAL P, WINKIELMAN P.Emotion and consciousness. New York: The Guilford Press, 2005: 33.
③ 朱小蔓.当代情感教育的基本特征[J].教育研究,1994(10):68-71,75.
④ 张志平.情感的本质与意义——舍勒的情感现象学概论[M].上海:上海人民出版社,2006.
⑤ 刘晓东.儿童精神哲学[M].南京:南京师范大学出版社,1999:1.
⑥ [德]博尔诺夫.教育人类学[M].李其龙,等译.上海:华东师范大学出版社,1999.

的产生取决于主体的认知能力和水平。康德认为人对客体的认知取决于客体自身存在符合人类认知范畴的要素[1]，所以人类的认知参照标准仍然是自己本身，而情感来自认知，因此就具有以主观价值为判断标准的特征。杜威也认为"情感"的产生需要满足两个条件，一是情感需要有明确的对象，二是情感需要指向对象的态度[2]。主体对客体的"态度"就代表了一种主观价值取向。

第二节 教育与情感

教育与情感的关系是非常紧密的，教育的根本任务之一就是培养学生健康真实的情感。所以说，"教育是人类的一种情感实践。具体而言，教育的起源具有情感特征，它是以积极的价值倾向和生命关怀意识的出场为标志的；教育的过程需要教育情感的支持，教育没有了情爱，就相当于没有了价值倾向和生命关怀意识，也就只剩余可以独立存在的教、训、诲、化这类中性的行为；教育的追求以情感和价值发展为最重，社会借助教育想从个体那里获得适宜的情感、态度和价值观，教育者因从事教育而获得情感和价值上的进步。教育对人的情感是有所选择的，客观上存在着的教育情感是一种高级的社会性情感，其基本成分有关怀、同情、启蒙、解放、成全"[3]。因此，处理好教育与情感的关系就成为教育活动的应有之义。

一、教育是促进个体情感发展的重要途径

处理好教育与情感的关系，有利于在教育教学活动中，创设积极的、和谐融洽的教与学的环境，正确把握情感与认知的关系，充分发挥情感因素的积极作用，通过情感交流增强学生积极的情感体验，培养和发展学生丰富的情感，激发他们的求知欲望和探索精神，促使他们形成独立健全的个性和人格。

（一）教育能够促进情感由生物性向社会性发展

情感具有生物性，是人性中最关键的一部分，具有或善或恶的倾向性。对于人性的探讨影响着人类的教育观念，进而教育也就自然而然地成为影响人性发展的重要途径或手段。从孟子的"性善论"出发，教育的功能就在于发展人先天的"善性"，其中包含"恻隐之心""羞恶之心""恭敬之心"和"是非之心"，使人能够将自己的"善性"推广扩大到整个社会。对"善性"的发扬和推广，就是一种对人类先天情感的教育，所以教育首先是一个内心的旅程。从荀子的"性恶论"出发，教育的功能就在于教化民众，使人们通过后天的教育和学习，改变先天的"恶"，养成遵守社会规则和秩序的习惯，进而成为谦谦君子。所以，无论是孟子的"性善论"，抑或是荀子的"性恶论"，教育之于人的意义都在于培养和发扬人的"善性"，使之逐渐发展为利他的社会性。

---

[1] ［德］康德.纯粹理性批判［M］.李秋零,译注.北京：中国人民大学出版社,2011：6.
[2] 张华军.论杜威情感理论及其教育意蕴［J］.教育学报,2022,18(05)：17-30.
[3] 刘庆昌.教育是一种情感实践［J］.河南师范大学学报(哲学社会科学版),2017,44(04)：143-151.

(二) 教育可以引导情感层次水平的转化方向

情感具有高低和强弱的层次之分，教育可以引导人的情感由低层次向高层次转变，也可以引导人情感强弱程度的转变。在情感的特征中，人的情感层次具有互偿性，也就是人们可以为了较高层次情感的满足而牺牲较低层次情感的满足，这恰恰给了教育发挥其功能的空间和限度。从根本上说，教育是一种引导的艺术，也就是将人内在的生长力引导出来，并得到最大程度的发展，而人不断蜕变成长的过程也是不断从低级自我向高级自我进化的过程，无论是理智的生长还是情感的发展，都是同样的由低到高渐进的过程。

情感的强弱体现的是个体的生命活力，侧重的是人对于不同的客体或者根据不同的情境，表现出来的外部行为，涉及的是人的敏感度、丰富性、控制力和表达力等因素，这些能力的发展无一能够脱离教育的影响。教育可以创设条件，增强个体生命的体验感，提高情感的敏感度和丰富性，同时影响个体对于情感的自控力，更好地理解他人情感，恰当地表达自己的情感。

(三) 教育是促进情感发展的有效保障

人类基因与生俱来的"开放性"，使情感的发展成为可能。个体在与客体环境的互动过程中，不断体验新的情感，使人不断获得对自身的认识和自我情感、力量的确认，也使得原有的情感不断得到强化，正如马克思所言"只是由于属人的本质的客观地展开的丰富性，主体的、属人的感性的丰富性，即感受音乐的耳朵、感受形式美的眼睛，简言之，那些能感受人的快乐和确证自己是属人的本质力量的感觉，才或者发展起来，或者产生出来"①。所以，这种"交互活动"是情感发展的基础，教育本身就是教育者和受教育者的交互过程，因此教育活动可以利用自身得天独厚的优势，创设能够激发人美好情感的经验活动，使受教者不断加强这种体验感，强化美好情感，同时也能通过"交互活动"探究不良情感产生的情境，一方面可以规避，另一方面也可以加以利用，因为不良情感并不意味着对人的不利影响，某种程度上恰恰是人的发展所必需的"能量"。赫舍尔指出："对人的处境的最有价值的洞察，不是通过耐心的内省和全面的审视得到的，而是通过遇到巨大挫折时的诧异和震惊得到的。"②

(四) 教育可以引导情感中的主观价值取向

情感是关于客体能否满足主体需要而产生的态度体验，具有鲜明的主观价值判断的色彩。康德甚至把情感定义为纯粹的主观感觉，他说："但是我们在上面的解说里把感觉这名词了解为感官的客观表象；并且，为了避免陷于常误解的危险，我们愿意把那时必须只是纯粹主观的而且根本不能成为一种事物的表象的感觉，用通常惯用的情感一词来称呼它。"③情感以主观的形式存在，因此主观性的认知判断能力对于情感的产生和发展具有决定性的导向作用，而教育能够有效提高个体的认知水平，影响人的价值判断标准。首先，教育能够引导并满足个体向善求美的需要，让人的情感在人际伦理亲情，在认识兴趣、创造冲动，在审美快乐，在理想憧憬方面获得满足。其次，教育还可以有目的地制造一些满足方式，帮助人淘汰一些满足方式而选择或认同另一些满足方式，通过对需要的调节和引导，人多次、反复地从追求"完满""超越"中获得满足，终于形成一种情感上的"定势倾向"。④ 教育就这样在潜移默化中影响个体的价值判断取向，帮助个体获得追求生命的超越和完满的幸福感。

---

① [德] 马克思.1844年经济学-哲学手稿[M].刘丕坤，译.北京：人民出版社，1979：79.
② [美] 赫舍尔.人是谁[M].隗仁莲，译.贵阳：贵州人民出版社，1994：13.
③ [德] 康德.判断力批判：上卷[M].宗白华，译.北京：商务印书馆，1964：42-43.
④ 朱小蔓.当代情感教育的基本特征[J].教育研究，1994(10)：68-71,75.

二、情感发展能够影响教育个体功能的发挥

我们也应该看到,反过来,情感的丰富也将有利于学生个体在教育活动中的积极表现,进而提高和优化教育教学的效果与功能。

(一)个体情感的发展是教育发挥个体功能的基础

首先,情感的生物性特质为教育得以实施提供了物质条件,情感不能脱离人而成为单独存在的一部分,教育活动中的教育者和受教育者都是具有情感的主体,这是教育活动开展的必备前提和基础。情感如同植物种子天生具备的生长力,在适当的阳光、温度和水等作用力的共同培育下种子得以生根发芽,教育就等同于阳光、温度和水等作用力,能否发挥作用,是以种子自身的生长力为前提的。其次,情感具有的层次性和价值取向性为教育提供了导向性。无论是情感的层次还是价值取向都体现了情感自身包含的方向性,这使得教育对个体发展的引导作用成为可能。培养什么样的人,以及如何培养人是教育永恒不变的核心话题,但无论答案是什么,教育始终都是围绕人展开的。人的发展本质上是人生命的发展,既包含个体当下生命的舒展和体验,也包含个体未来生命的延展和升华,教育就如同指路明灯,照亮生命前进的旅途。最后,情感的发展性为教育活动的实施提供了方法论。情感的发展性体现在个体与客观环境的互动过程中,带有情境性的特点,教育者通过创设个体情感发展的情境,促进个体情感向积极方向发展。

(二)个体情感的发展影响教育的效能

情感对于个体的发展具有积极作用也有消极作用,在教育的效能上也有明显的体现。情感的动力功能体现了情感对于人的行为活动有增强和减力的效能,在教育中就能够影响受教育者学习动机的强弱程度;情感的调节功能体现了情感对人的认知操作活动具有组织或瓦解的效能,能发挥增进受教育者智力和学习效率的作用;情感的疏导功能体现了情感具有提高或降低个人对他人言行接受性的效能,在教育中能发挥促进受教育者对教育内容内化的作用;情感的强化功能体现了情感行为具有巩固或改变人的行为的效能,在教育中能发挥帮助受教育者形成良好学习态度,矫正不良行为的作用;情感的协调功能体现人的情感具有促进或阻碍人际关系的效能,在教育中能发挥融洽教育者和受教育者双方关系的作用;等等。① 因此,想要使教育的正向功能最大化,就需要正确认识情感的存在,有效发挥情感在教育活动中的积极影响。

教育作用的对象是人,情感是完整的人的一部分,并且在人的整个发展历程中始终作为基础性和前提性的存在,教育要促进人的发展,培养完整的人,就必须建立在情感的基础之上,以情感为限度来开展教育活动。此外,情感虽然是人性中固有的成分,但它的丰富和发展需要以教育作为手段进行引导,情感是教育中不可或缺的维度,否则就无法实现教育最本质的目的,不能最大化地发挥教育育人的功能。所以将情感融入教育活动的始终,从人的主体情感出发去实施教育活动,进行情感教育,是实现高质量教育,培养完整的人的必然选择。

---

① 卢家楣.对情感教学心理研究的思考与探索[J].心理发展与教育,2015,31(01):78-84.

第三节 情感教育

两千多年前的孔子提到"知之者不如好之者,好之者不如乐之者"。"好""乐"二字体现出孔子在当时非常注重情感对于教学的意义。宋代的张载也强调"乐则生矣,学至于乐则自不已,故进也"①。近代学者,比如蔡元培、陶行知等,也都非常注重情感的育人价值,但并没有形成系统化和专业化的理论体系。直到20世纪80年代,随着国外相关理论的引入以及人们对国内应试教育现状的思考,情感教育开始进入学者们的视野,成为教育领域的研究热点。

一、情感教育的内涵

朱小蔓在《情感教育论纲》中指出,"情感教育,就是关注人的情感层面如何在教育的影响下不断产生新质、走向新的高度,也是关注作为人的生命机制之一的情绪机制,如何与生理机制、思维机制一道协调发挥作用,以达到最佳的功能状态"②。在这一概念的界定中,朱小蔓侧重于将情感教育纳入道德教育的范畴。之后朱小蔓在操作层面界定了情感教育的概念:"情感教育是指在学校教育、教学中关注学生的情绪、情感状态,对那些关涉学生身体、智力、道德、审美、精神成长的情绪与情感品质予以正向的引导和培育。"③张志勇在《情感教育论》中认为,"情感教育即情感领域的教育,它是教育者依据一定的教育教学要求,通过相应的教学活动,促使学生的情感领域发生积极变化,产生新的情感,形成新的情感品质的过程"④。所以,情感教育的内涵是指对学生最基本和核心的情感的培养和引导,包括爱的能力、认知能力、道德品质、对美的欣赏和感受能力等涉及精神层面的所有情感。

二、情感教育的意义

情感教育的意义可以从以下三个方面加以分析与展开:

(一) 情感教育尊重个体生命的完整性,能够引导人不断追寻生命的超越性

物质和精神是生命存在和发展的两个方面,缺一不可,而且精神性也是人区别于动物的显著特征。如果缺少了对人精神方面的认识和关注,那么就无法真正、深刻地认识人。情感作为人与客观环境互动而获得的体验,是精神的核心部分,贯穿个体整个生命的始终,情感的缺失对人的整个生命发展有百害而无一利。但是在知识本位的应试教育中,情感处于长期被忽视的部分,个体生命的完整性被生硬地割裂。教育成了书本知识的"传输系统",学生成了埋头追逐成绩、毫无情感的"机器"。教育本应该为人的发展服务,在实施过程中却演变为人要抑制情感去适应教育的发展。在陶行知的"活教育"思想中,人的生命始终是整个中国和中国教育的基础,生命不仅是

---

① 赵鑫,李森.教学情感的基本特征与内在逻辑[J].教育研究,2018(6):129-137.
②③ 朱小蔓,丁锦宏.情感教育的理论发展与实践历程——朱小蔓教授专访[J].苏州大学学报(教育科学版),2015(4):70-80.
④ 张志勇.情感教育论[M].北京:北京师范大学出版社,1992:74.

教育的目的,而且是教育的出发点和基础①。所以,真正的教育应该要尊重个体生命的完整性,"一手抓物质文明,一手抓精神文明"。

人的生命本质并不是只求满足简单的生存需要,因为在人性中包含有追逐无限超越性的内在动力,只有顺应这一本性,人才会获得满足感和幸福感,从而体会到生命真正的价值和意义。情感教育的核心就是以人的情感为基础,尊重个体之所以为"人"的完整性,尊重个体发展的规律,有目的地创设情境,引导个体不断追求生命的超越性,获得真正精神意义上的幸福感,实现高质量的生命状态。

(二)情感教育能够促进个体的自我建构和成长,有利于个体的自我实现

情感对个体的行为动机有着增强和减弱的作用,当个体处于积极情感的氛围中,个体行为动机就能够得到强化,反之,则会被减弱。传统的教育忽视作为教育主体的人的情感特质,似乎将教育过程设置为一种固定的程序:预设目标——导入目标——期待目标的实现②。这一程序体现了教育过程机械化的倾向。而且在这一过程中,受教育者的主体性被忽视,始终都处于被动接受的状态,情感教育则与之相反。情感教育的目的、内容、方法等都是围绕"人"设定和展开的,是以教育活动中教育者和受教育者积极情感的互动作为推动教育活动顺利实施的有效保障。情感教育对于参与教育活动双方的影响是潜移默化的,引导双方在互动过程中相互启发,激发他们内在的自我生长力,不断进行自我建构。著名的教育家凯洛夫也说过:"感情有着极大的鼓舞力量。"

(三)情感教育能够促进理智和情感的融合统一,体现教育的本质目的

在人的发展过程中,理智和情感并不是对立冲突的两个部分,而是共属于人的生物属性,"只关注心智的认识方面而忽略心智的体验方面并不能完整地描述人类的条件,因为人类从一开始就不是纯粹的理性动物,而是情感动物和动机动物,他们不仅会思考,而且会感受、体验、评估、关心、需要和奋斗"③。因此,人的理性本质实际上是理智与情感的统一,倡导情感教育并不是要否定理性教育对于人的发展的重要性,更不是完全排斥理性教育,而是提倡要在培养人的理性的同时,关注人的情感价值和意义,提高人的整体素质。"把一个人在体力、智力、情绪、伦理各方面的因素综合起来,使他成为一个完善的人,这就是对教育基本目标的一个广义的界说。"④教育的职责在于培养真正的人,这一过程是漫长且复杂的,因此也绝不是理性知识简单机械地层层叠加就可以实现的,情感教育不仅关注人的认知发展,更重要的是关注人的情绪感受能力的提高,强调的是从人的兴趣出发,强调认知过程的愉快体验,强调理性和情感的和谐统一,这也是教育的应有之义。

总之,人是一个认知和情绪情感交融在一起的完整的生命体,人的生命的健全、协调发展离不开认知,更离不开情绪情感;且无论是认知还是情感,在人的生命当中是合为一体的,在彼此交融中互为生长和发展的前提。⑤情感教育就是要寓情于教,以情优教,使人在教育活动中呈现出生命最真实和完整的状态。

---

① 王平,朱小蔓.生活中的生命:陶行知生命教育思想[J].中国德育,2019(24):24-29.
② 朱小蔓.当代情感教育的基本特征[J].教育研究,1994(10):68-71,75.
③ 叶浩生,苏佳佳,苏得权.身体的意义:生成论视域下的情绪理论[J].心理学报,2021,53(12):1393-1404.
④ 联合国教科文组织国际教育发展委员会.学会生存:教育世界的今天和明天[M].北京:教育科学出版社,1996:195.
⑤ 王平.价值观育人的情感教育阐论[J].教育研究,2020,41(10):33-44.

三、情感教育的实践路径

情感教育的本质在于倡导教育回归生命的本质,肯定生命的价值,体现对生命的珍视和关爱,所以情感教育的关键就是要将这一理念落实到教育实践当中去,以学校教育为主导,进而影响家庭教育和社会教育,三者相互协调,共同守护和促进生命的成长力。

(一)改变教师传统的教育理念,提高教师的情感教育素养

教师是教育活动的主导者、设计者、组织者和实施者,教师持有何种教育观,以及教师自身的情感素养,对学生的情感教育有着巨大的影响作用。首先,教师要改变应试教育中"唯分数论"的错误观念,重视学生的情感教育,为学生的情感发展创设良好的班级环境和文化氛围。学生情感的发展是在与环境的互动中形成的,所以教师要充分尊重学生的情感经验,在教学活动中保证和促进学生情感经验的连续性发展。其次,要提高教师的教育情感素养。情感素养是教师专业素质的根基之一,教育要满足学生的个别化需求,促进其身心成长,尤其需要依靠教师自身的情感品质[1]。教师情感素养中最重要的就是情感的敏感性,要求其在自身生命之感悟、体验的基础上,准确识别、倾听、理解学生的内在需求,帮助学生解决情感困惑,调适学生及自身的情绪情感,发挥教学机智,结合自身的情感经验和学生的具体问题,给予学生恰当的指导,帮助学生在原有情感经验的基础上强化积极情感。此外,教师要善于利用学校资源,创设情境,抓住能够促进学生情感体验的机会,特别是有关个体生命最为纯真朴实的情感体验的机会,如关于爱、信仰等。如果在个体生命的早期,这些情感就能够不断得到强化,那么就可以为后期个体的社会化发展以及身心的健康发展创造良好的前提保障。

(二)改变传统的教育原则、教育策略、教育模式和教育评价方式

正如罗杰斯所说:"情感是有效学习的重要条件,现代教育的悲剧之一,就是认为唯有认知学习是重要的。"[2]传统的教育活动建立在促进学生认知发展水平的基础之上,忽视了学生的情感因素。比如维果斯基提出的"最近发展区",涉及的核心概念就是学生的认识水平,是学生会不会学、能不能学的可接受问题,属基本矛盾的认知层面,但情感教育关注的是学生要不要学、愿不愿学的乐接受性问题,属基本矛盾的情感层面。[3] 所以我们应该结合教育理论和教育实践,确立"以情优教"的教育理念和"情感性教学原则",并在此基础上改变教育策略、教育模式和教育评价方式。

当然,还可以借鉴陶行知的"活教育"理论开展实施情感教育。首先,以培养"真人"和"爱国公民"为教育目标;其次,丰富教材内容,拓展教育活动的空间,既可以以生活、以社会、以自然为教育素材,也可以将生活、社会、自然作为教育活动实施的空间;最后,倡导"做中学"的教育方式,开展丰富的实践活动,为学生创设情感体验的多种渠道。

(三)更新家长教育理念,实现家校合作

家庭教育本身应是充满人文关怀的非正规教育,教育的生活化与生命性不断在家庭养育的实践中演进。与学校教育相比,在家庭中实施情感教育有着得天独厚的优势,家庭成员之间的血

---

[1] 杨银.情感教育视域下特殊教育师生关系的偏倚及回归[J].教育理论与实践,2021,41(16):37-41.
[2] 卢家楣.对情感教学心理研究的思考与探索[J].心理发展与教育,2015,31(01):78-84.
[3] 卢家楣.教学的基本矛盾新论[J].教育研究,2004(05):43-48.

缘关系是孩子情感发展的纽带和基石。比如,裴斯泰洛齐在其"要素论"中提到儿童道德教育最基本的要素就是"对母亲的爱",进而推广到爱他人、爱祖国、爱世界。家庭成员之间的相互关爱和理解就是对孩子实施情感教育的最佳途径和教材,孩子会在日常的家庭生活中受到潜移默化的影响。一方面温暖的家庭氛围能够给予孩子足够的安全感,激发和培养孩子良好的个人品质;另一方面,孩子在充满温暖的环境中成长,更容易将家庭中的爱和温暖传递给他人和社会,发展自身的社会道德感。此外,家庭教育往往具有随机性和生活性的特点,这为家庭中的情感教育提供了更多的便捷。家长要尊重孩子主体性,给孩子体验不同生活情境的机会,丰富孩子的情感经验,善于利用生活中的随机事件,把握教育时机,与学校教育相互补充,共同引导孩子的情感向积极的方向发展。

总之,人的情感是教育活动的珍贵资源,我们应该将情感融入教育之中,以对生命的爱作为教育活动的出发点,超越单纯追求理智或情感的认知局限,用更为长远的眼光来评判和开展教育活动,促进个体生命的完善发展。

思考题

1. 结合自身实际,你认为应如何正确看教育与情感之间的辩证关系?
2. 在教育活动中,如何丰富学生的情感体验?
3. 在你的受教育生涯中,举出一个能够深刻影响你情感的老师及案例。

拓展阅读

1. 朱小蔓.关注心灵成长的教育:道德与情感教育的哲思[M].北京:北京师范大学出版社,2012.
2. [加] 马克斯·范梅南,李树英.教育的情调[M].李树英,译.北京:教育科学出版社,2019.
3. 朱小蔓.情感教育论纲[M].3版.南京:南京师范大学出版社,2019.
4. 田玲.大学情感教育读本[M].北京:北京大学出版社,2008.
5. [英] 简·奥斯丁.理智与情感[M].冯涛,译.南昌:江西教育出版社,2016.

第七章 教育学生珍视挫折价值

思维导图

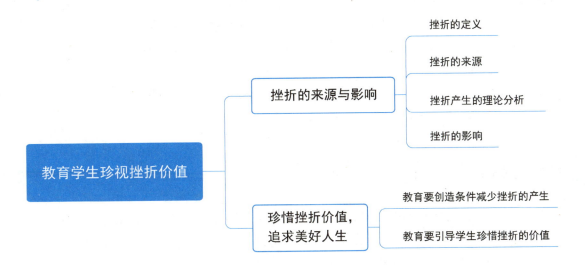

学习目标

知识目标	掌握挫折的定义、主要影响、产生的原因,熟悉关于挫折的理论解读与教育观照
能力目标	能够在学习与生活中发现导致挫折产生的因素,具有采用合适的方式超越挫折的能力
素质目标	了解挫折产生的来源与教育应对方式,提升积极应对挫折的素质
思政目标	珍视挫折的价值,珍惜包含挫折的人生,坚持梦想,追求美好人生

第一节 挫折的来源与影响

生命中难免会遭遇挫折。当我们在面对挫折或身处困境时,如何理性地认识挫折,进一步认识挫折产生的前提、挫折产生的原因、挫折产生的客观结果、挫折的表现形式,以及如何通过正确的渠道与适当的方式解决问题呢?

一、挫折的定义

《辞海》对挫折的解释包含如下两个方面,一方面挫折指失利、挫败,另一方面,在社会心理学上,挫折指由于妨碍达到目标的现实的或想象的阻力而产生的心理状态,表现为不快、不安、失望、愤怒等,其强度依赖于受阻行为的重要性和达到目标的主观距离。挫折情况下的反应,表现为侵犯行为、行为简单化以及脱离困难情境的反思与心理调适。挫折有可能磨炼意志,也可能导致性格变化(如缺乏自信心,行为生硬)或神经症。①

根据定义,挫折可以分解为几个因素来加以认识。一是挫折产生的前提:有目标(如考试要取得好成绩)。二是挫折产生的原因:现实的、无法克服的困难、阻力(如考试之前生病了);想象的、自己认为无法克服的阻力、干扰、障碍(如时间紧张、内容太多)。三是挫折的客观结果:目标无法实现(如成绩不好)——引起人们的情绪反应——产生消极的影响(如失望、自暴自弃)、积极的影响(如警示同学奋起直追,吃一堑长一智,更加努力)。四是挫折的表现形式:心理状态、情绪状态(如郁闷、焦虑)。

总之,挫折是在主体实现既定目标的过程中,由于客观阻力或困难和主观认知偏差导致预期目标无法实现而产生的心理状态。

二、挫折的来源

对于每个人而言,在不断地追求生活、工作、学习中的一个又一个的目标过程中,总会因为这样或者那样的原因遭遇挫折。比如,农民种庄稼,希望风调雨顺、五谷丰登,却遭遇干旱或者洪涝;人们外出休假、旅游或出差,却遭遇汽车抛锚、车辆相撞及自然灾害等。一般而言,学生的挫折来源主要体现在以下几个方面。

(一) 因学习困难引发的挫折

或对学习内容不喜欢,或对学习方式不接受,或对老师的教学方式不适应,一些学生考试不及格,成绩不理想,从而出现学习困难。特别是奋力拼搏、经过高考,进入大学校园的青年学生,会接触更多未知的领域,身边会出现更多优秀的同伴,不再觉得自己站在"山巅",曾经的优越感可能会荡然无存。加之繁重的学业带来的紧张感与竞争压力所造成的沉重的心理负担,使他们产生一种深深的失落感,从而在内心深处产生了对学习的抵触情绪,导致其学习状态不稳定,学习斗志时涨时落,学业上患得患失,从而产生挫折。

(二) 因交往问题引发的挫折

在与他人进行交往的时候,有些学生因为人际交往方式、交往技巧不当引发同学之间、师生之间的人际冲突,或者在亲属关系、朋友关系之间存在交往冲突。同时,价值观相异、环境适应能力不同、地域差异、性别差异也会影响他们与他人的交往,从而引起挫败情绪。当今学生大多为独生子女,承受压力的能力比较弱,加之学业的压力、快时代下的"内卷",极易产生自卑、猜疑、自私、固执、冷漠、自负和嫉妒心理,这些都会成为他们与他人交往的绊脚石。

---

① 辞海编辑委员会.辞海:缩印本[M].7版.上海:上海辞书出版社,2022:337.

(三)因情感困扰引发的挫折

这里主要是指恋爱问题。毋庸讳言,中学生中存在早恋现象。大学生中,恋爱非常普遍,这也是很正常的现象。大学校园是一个小型社会,刚从高中阶段过渡而来的大一新生年龄小,阅历浅,恋爱过程中很容易出现"遇人不淑"的问题。虽然大学学业相较于中学时期没有那么繁重,情侣之间相处机会较多,但在经过相识期、追求期、热恋期、磨合期后,即使所遇为"良人",两个人相处时间久了,激情可能会退却,就会进入相处的瓶颈期,容易产生隔阂,发生争执,陷入感情漩涡而不能自拔。一些大学生恋人可能起初如胶似漆、花前月下,最后反目成仇,甚至因失恋、情感困扰和情感挫折出现极端情况。由于心理发育的不成熟、情感的不稳定,大学生不能妥善处理恋爱中的情感问题,从而产生挫折。

(四)因工作压力引发的挫折

这里所说的"工作",是指在校学生的"干部工作"和步入社会前的"求职",即"寻找工作"。对于在校生而言,有的学生担任学生干部,承担着学生干部工作职责,比如加入学生会、团委等学生社团组织,面对繁杂的工作任务、复杂的人际关系,要想胜任工作要求,他们可能就要面临很大的压力。当工作目标无法达成时,挫折情绪就会出现。步入社会前,青年学生面临来自求职择业的压力。在毕业季,他们常为就业发愁。比如,投了简历,却石沉大海;参加面试,屡遭淘汰;有的学生认为学了三四年自己不喜欢的专业,如果再找一个和自己专业相关的工作,更是痛苦;有的学生觉得工作太难找了,总是找不到适合自己的工作,要么是工作地点不合适,要么是城市不合适,要么是待遇不合适,要么是工作环境不合适,等等。当这些"不合适"出现的时候,其内心就容易产生挫败感。

(五)因经济困难引发的挫折

因各种原因带来的家庭经济困难,如自然灾害对家庭经济状况的影响、家庭成员的重大变故、家庭劳动力的缺乏、家庭收入来源的单一与微薄等,加上周围环境的影响,也会给青少年学生带来一定的挫折心理。随着年岁的不断增长,知识的不断丰富,视野的不断开阔,学生们接受教育的程度越高,其人生观、世界观和价值观所发生的变化就越大,自己所追求的人生目标就越清晰。然而,理想与现实之间隔着一条鸿沟,经济上的困难以及家庭的差距,一系列的反差会让部分学生自卑,形成悲观失望的情绪,产生挫折。

(六)因身体健康引发的挫折

突发意外疾病导致身体健康受损,比如导致学业的滞后或中断,由此引发休学、延迟毕业等。再者,身体疾病的突发导致学生被迫退学,错过最佳学习时机,与周围同龄人发展道路差距变大,造成心理落差,产生挫折感。身体是革命的本钱,是一切正常活动的基础。一旦身体出现疾病,就会间接引起情绪波动甚至精神崩溃,两者相互作用,互为因果,恶性循环,精神的脆弱性和疾病的严重性就会加剧,挫折感就越强烈。

(七)因个体性格原因引起的挫折

常言道,性格决定命运。个性没有好坏之分,但性格决定了我们每个人的思维方式和行为准则,同时也决定了一个人的心理承受能力。争强好胜的人,过分追求完美的人,或者偏激、敏感、多疑的人,很容易产生性格障碍,更容易感受到挫折。因其通常喜欢设定超出自身能力的目标或理想,在追求目标的过程中倾注较多的心力,追求理想化结果的实现,当出现与期待相反的状况时,容易自我怀疑,自我否定,产生挫败感。

(八)因理想与现实的反差带来的挫折

青年学生都是充满理想的。如果没有理想,从基础教育到高等教育这个艰辛的求学过程,也许大家很难坚持下来。无论是在哪个学习阶段,学生往往会给自己树立一个目标。当总是达不到自己所定目标的时候,或者担心自己的目标无法实现的时候,青年学生就容易产生挫败情绪。因此,理想与现实之间的差距也会带来挫败感。

被誉为"青年一代最好的指导者"的马克思主义教育理论家杨贤江认为:"青年期因身心变化急剧,造成心理的复杂、易变和失衡。青年的心理矛盾与冲突有热心与冷淡、愉快高兴与沉郁悲观、自信与自卑、利他与利己、交往与孤独、激进与颓废、感情与理智。青年的身心特点极易导致青年问题。尤其是青年问题还是社会问题最集中、最尖锐的反映。所谓青年问题是指青年在'生活上所发生的困难或变态',主要有人生观问题、政治见解问题、求学问题、家庭问题、经济问题、婚姻问题、生理问题、常识问题等。这些问题都是教育者的责任。然而历来的学校教育大都偏重课堂与书本,对青年学生生活中的问题在所不问,又如何能完成指导其人生发展的职责?因此要对青年全面关心、教育、引导和疏导,使之在德、智、体诸方面都得到健康成长。"[①]在成长过程中,青年正处于心理矛盾与冲突的多发期,在面临重重问题的困扰下,其心理矛盾与冲突容易加剧。如不及时对他们进行引导和教育,可能会造成心理失衡等多种问题的产生,从而加深之后理想与现实反差较大,产生挫折。

三、挫折产生的理论分析

(一)精神分析学派的本能论

作为20世纪重要的社会思潮之一,精神分析对社会以及人们的日常生活都产生了广泛影响,其创始人是弗洛伊德。弗洛伊德的人格结构论也称作本我、自我和超我的三合一。其中,本我的作用是迫使心灵指向本能欲望的满足,促使人趋乐避苦,纯粹按照"快乐原则"追求本能能量的释放和紧张的消除,就像一个被宠坏的孩子,想要什么就要什么,要什么时候得到就什么时候得到,是冲动的、非理性的。本能构成了人格系统的最基本部分。弗洛伊德的人格发展理论主要是指本能的发展,特别是性本能的发展[②]。"这种性爱冲动随着个体成长而扩大发展,但往往与现实发生矛盾冲突,由此受到代表社会道德的超我的压抑,使得性的欲望不能实现,如果长期不能解决,则产生挫折情绪。弗洛伊德认为,为了实现本我的欲望,不至于引发挫折情绪甚至导致精神疾病,则可采取弗洛伊德称之为'象征'的手法来实现欲望。首先,可以用'梦中的伪装作用'来实现欲望……其次,可用'升华作用'实现欲望。"[③]为了文明的存在和发展,有必要抑制性冲动的直接满足,所以,他提出把本能或冲突加以升华。"升华是指原来用以满足本能的活动被更高的文化目的所取代。表现为一种对文化与文明事业的追求。弗洛伊德认为,成为外科医生、屠夫和拳击手,可以说或多或少都是攻击冲动升华的表现。"[④]"就是把低级的欲望引导到高级的活动中去,不使欲望以低级的方式得到满足。例如,引导到文化艺术、科学研究、社会事业和宗教等活动中。歌德失恋后写出《少年维特之烦恼》就是一种升华作用。"[⑤]在人类文明社会当中,为顺应当下时代主流,压制较为低级的动物本能欲望,从而用更高级的人类行为加以升华,以达到疏

---

① 杜成宪,王保星.中外教育简史:上[M].北京:北京师范大学出版社,2015:124.
② 叶浩生.西方心理学理论与流派[M].广州:广东高等教育出版社,2004:288.
③ 边仕英.挫折情绪产生源理论及其对我国教育的启示[J].西南民族大学学报(人文社科版),2007(9):231.
④ 叶浩生.西方心理学理论与流派[M].广州:广东高等教育出版社,2004:299.
⑤ 边仕英.挫折情绪产生源理论及其对我国教育的启示[J].西南民族大学学报(人文社科版),2007(9):231.

导或释放本我的欲望的目的。类比洪水治理的过程中,宜疏不宜堵,"蓄"与"挡"只是短期基础措施,主体重心应当放在"泄"上。而"泄"又不仅仅是"野蛮"排放,而是结合周边环境制定具体的方案和设施建设引导进行。所以,类似泄洪中的科学方案和优良建设,在本能欲望实现过程中,兴趣爱好多样性培养也显得尤为重要,将本能的欲望迁移至更高层次的行为活动中,让兴趣爱好和知识学习作为高层次行为活动的载体,以满足本能欲望,避免本我精神受到抑制,引发挫折情绪。

(二) 拓扑心理学的动机学说

拓扑心理学的动机学说是勒温的一个心理学理论。在勒温的拓扑心理学的动机学说中,勒温阐述了需要和紧张心理之间的关系。"需求是行为的动力。因为需求可以引起活动,而活动可导致需求的满足。在需求的压力下,个体产生一种行为倾向,心理平衡被打破,出现了一个紧张的心理系统。由此而产生的行为如果导致了需求的满足,则紧张的心理系统得到解除;若需求没有得到满足,则紧张的心理系统维持下去,促使个体产生进一步的行为。直到需求得到满足。"[1]运用到生活中,比如,当某大学生想在某次竞赛中取得好成绩的时候,这种对"好结果"的需求就变成了他搜集资料、准备竞赛的动力,他此时的心情与没有报名竞赛之前相比是有明显变化的,心理的平衡由此打破,会产生紧张的心理一直伴随到竞赛结束,如果竞赛取得好成绩,那么心理会感到很满足,紧张自然消失;如果没有取得理想的成绩,心理不满足,这会促使他从此次竞赛失败中汲取经验,不断改进,直到下次竞赛中取得令自己满意的成绩之后,需求得到满足,心理恢复平衡。

"需求可指某些生理需要。在饥饿、口渴、疲劳、困倦的条件下,个体会产生一定的紧张状态,促使个体产生一定的行为指向这些生理需要的满足。但是勒温重视的不是这些生理需要。他所指的需求更多的是一种准需求,即一种心理需要。根据'实在的是有影响的'的原则,准需求是在心理生活空间中对心理事件起实际影响的需求。勒温举例说,写好了信,要投邮筒;考试临近了,想复习功课;做错了事,想逃避惩罚;感觉孤单而想寻找伴侣;顾客点菜后,服务员想要收账等,都是一种准需求,即一种心理需要。心理学所关心的正是这类准需求。这些准需求对行为起着实际的影响。"[2]比如,大学生通过奋斗、怀着憧憬来到大学校园,他们对融洽的师生关系、和谐的生活环境、丰富的学习资源的需求就成为一种准需求。如果学校满足他们的预期,心理便得到满足,在大学学习中就会产生对行为的积极影响。同时,对于他们来讲,在大学生活中准需求引领着他们选择努力或是松懈——当对于"考试取得好成绩"的准需求高,那么相应地会产生上课积极发言、认真完成作业,考试前努力复习的行为;反之,如果对于"考试取得好成绩"准需求不高,会有敷衍、松懈的行为表现。勒温认为,"若能满足个体的需要就能避免挫折,换言之,需要的满足是避免挫折的重要条件"[3]。事实上,所有需求都满足的情况在生活中难以实现,因为在生活中学生不仅自身会产生需求,来自外部的期待更会"迫使"他们转化成需求。如果教师、家长的期待高得无法实现的时候,也会造成学生紧张的心理。在这种紧张状态下,他们可能会产生退缩、逃避等行为,挫败感则更加明显。比如教师、家长都希望学生学习成绩好,给学生超乎其能力的期待和要求,尽管学生将这种外部期待转化成内心需求,也想成为父母

---

[1] 叶浩生.西方心理学理论与流派[M].广州:广东高等教育出版社,2004:260.
[2] 叶浩生.西方心理学理论与流派[M].广州:广东高等教育出版社,2004:260-261.
[3] 时蓉华.现代社会心理学[M].上海:华东师范大学出版社,2001:197.

和老师眼中的优秀者,但是在做不到的情况下他们容易感到焦虑,产生挫败情绪,可能厌学甚至弃学。

(三) 人本主义人格的自我理论

罗杰斯是人本主义心理学最有影响的人物之一,他提出人格的自我理论,倡导以学生为中心的教育思想等。罗杰斯认为:"有机体有一种先天的'自我实现'或'自我提高'的动机,表现为最大限度地实现各种潜能、发挥自己的潜力的趋向。"[①]"罗杰斯用'无条件的积极关注'来解释自我发展的机制。所谓无条件积极关注是一种没有价值条件的积极关注体验,即使自我行为不够理想时,他觉得自己仍受到父母或他人真正的尊重、理解和关怀。罗杰斯认为,在自我发展的过程中,最基本的必需品是在婴幼儿时期得到无条件积极关注。当母亲给予婴幼儿以慈爱和热爱而较少注意他们如何行为时,这种满足也就实现了。在一切情况下,他们都感觉到自己的价值。而且也就没有了防御行为的需要,在自我和现实知觉之间便不会有不一致。因此,这种人在自我实现的道路上,会无拘束地发展一切潜能,达到终极指向的目标,成为一个健康人格的人。"[②]"伴随着对他人积极关注的需要的满足与否的经验,个体又发展出一种自我关注的需要,就是个体需要觉得自己是有价值、有能力,值得看重、值得自爱的,即认可自己。如果个体不能满足自己的现实需要,也得不到别人的关注时,他人积极关注的需要得不到满足,这往往导致不认可自己,从而导致自我关注的需要也得不到满足,挫折感自然产生;反之,个体虽然无法自己来满足现实需要,却能得到别人的关注,这使得他人积极关注的需要得到满足,进而使得个人认可自己,从而自我关注的需要得到满足,积极的情绪产生。由此可以看出,在罗杰斯的理论中,人际关注十分重要,好的人际关系能满足个人的'他人积极关注的需要',进而也能满足自我关注的需要,克服挫折情绪"[③]。

(四) 情绪 ABC 理论

情绪 ABC 理论是美国心理学家艾利斯创建的。"A、B、C 来自三个英文单词的首字母。A(Activiting events)指诱发性事件;B(Belief system)指个体的信念、观念系统;C(Consequences)指个体的情绪、行为反应或结果"[④]。

图 1:ABC 理论基本模型

人们通常以为是事件 A 引起了结果 C。艾利斯不这样看,他认为只有 B——人们对事件 A 的看法与解释背后的信念与观念才是导致 C 产生的直接原因。也就是说,激发事件本身不会直接导致人的情绪和行为结果,而是对事件的认知和评价所产生的某种信念,才导致了人的情绪和行为后果的产生。比如,同样是考汽车驾照,甲和乙的科目三都没有过关。甲垂头丧气,说"我练习那么长时间了,花了那么大的精力来学习,结果没有考过,我真是太笨了,别人一定也会说我很笨……";乙却认为很正常,说"说明我还有差距,如果我没有学好,将来也会有安全隐患啊,那我

---

① 叶浩生.西方心理学理论与流派[M].广州:广东高等教育出版社,2004:405.
② 叶浩生.西方心理学理论与流派[M].广州:广东高等教育出版社,2004:406.
③ 边仕英.挫折情绪产生源理论及其对我国教育的启示[J].西南民族大学学报(人文社科版),2007(9):232.
④ 边仕英.挫折情绪产生源理论及其对我国教育的启示[J].西南民族大学学报(人文社科版),2007(9):232.

就继续努力学习吧,学扎实一些;再说,我已经考过科目一和科目二了,接着练吧"。由此可以看出,不是科目三没有考过导致了甲和乙的情绪反应,而是对这个事情的认知、评价及信念系统的不同,导致了甲和乙不同的情绪反应。

ABC理论以认知心理的观点来看待挫折情绪的产生,揭示了内部信念和观念系统对挫折产生的作用。根据这一观点,要改变人的挫折情绪最重要的是调节或改变人的观念系统。ABC理论揭示了个体信念系统对挫折情绪产生的直接作用。

四、挫折的影响

挫折无处不在,不可避免地会在每一个人的身上发生。挫折带给人们的有消极影响,也有积极影响。

(一)挫折的消极影响

挫折的消极影响主要体现在情绪、生理、行为三个方面。

1. 挫折对情绪的影响

正如挫折的定义所说,挫折的表现形式是心理状态、情绪反应。比如,会因为自身的愿望、预期的目标受到阻碍或无法达成而感到气愤、沮丧、抑郁。我们要学会区分抑郁情绪和抑郁症的不同。抑郁情绪是人的正常情绪,一般由社会因素、环境因素导致,是暂时性的。当环境或其他因素发生改变后,抑郁情绪也会随之消失。而抑郁症以显著而持久的心境低落为主要临床特征,抑郁发作时一般表现为情绪低落、兴趣减退、精力缺乏等。抑郁症会导致患者持久的、毫无缘由的心情低落,并且很难进行自我调节。患者往往对任何事物都提不起兴趣,就算环境等相关影响因素发生改变后症状也仍然会持续下去。

2. 挫折对生理的影响

由挫折引发的情绪状态可能会引起人们生理上的变化。比如,吃饭没有胃口、失眠、血压升高、心跳加快、内分泌失调等。当挫折带来的不良情绪状态占据主导地位、产生显著而持久的心境低落即抑郁症时,随之而来的生理反应会极度强烈。可以从抑郁症患者的自述中感同身受:

"我总是会半夜里惊醒过来,大哭不止。后来我每次惊醒之后,就学会了把眼泪憋回去,强迫自己再去睡,有时候一夜会醒三四回。"[1]

"我一开始只是低头喝粥,努力把即将流出来的眼泪忍回去。但听她这句话,原本被伤害得近乎麻木的内心,一瞬间被剧烈的委屈裹挟。喉咙猛地被抽动的喉头哽住,含在嘴巴里的粥吞也不是,吐也不是,只能紧紧地抿着嘴,慢慢等喉头放松。"[2]

"因为长期失眠,导致我的心率过快、耳鸣、恐慌、头疼、手抖,肌肉紧绷到抽筋的各种情况接踵而来。"[3]

3. 挫折对行为的影响

挫折还带来行为上的变化,比如退化。退化一般是指事物的衰败、倒退。在心理学上,"退化指当个体面临冲突、紧张、焦虑,特别是遭受挫折的时候,退回到较早年龄阶段的活动水平。弗洛

---

[1] 真实故事计划.少年抑郁症[M].北京:台海出版社,2021:7-8.
[2] 真实故事计划.少年抑郁症[M].北京:台海出版社,2021:50.
[3] 真实故事计划.少年抑郁症[M].北京:台海出版社,2021:170.

伊德把退化分为两种类型：第一种为对象退化，第二种为驱力退化。前者指个体在不能从某个人或物那里获得满足时，就转向以前曾获得满足的对象。如失恋者可能会转而寻求以往恋人甚至自己的异性父母的注意。后一种类型的退化指一种驱力受挫的个体转而追求另一种驱力的满足，如失恋者可能会抽烟、饮酒、过量饮食等"[1]。挫折甚至还会引起自杀这一行为表现。当遇到挫折的时候，有些人如临大敌，丧失自信，过度否定自我，采取一些极端的方式来结束自己的生命。

（二）挫折的积极影响

概括而言，挫折具有认识价值、检验价值和激励价值[2]。

1. 挫折具有认识价值

个体的成长与发展表现在个体的个性化发展与个体的社会化发展的过程。在这一过程中，个体的主观能动性对个体的发展起着决定性的作用，因此，人们不断地确定目标、努力地实现目标。然而，个体的发展会面临着遗传素质、环境因素、教育作用、个体因素等多种因素影响。挫折的出现，提醒人们对自己所作出的选择加以怀疑，在此基础上可以促进人们进行反思：反思导致挫折的原因，对事先所确定的目标加以重新认识，对所采取的方法加以审视，通过认识得以调整，然后帮助人们做出更加合适的选择，从而进行新的实践与探索。

2. 挫折具有检验价值

如果对个体而言，有独立的人生目标，对组织而言，有全面的组织目标，对社会而言，也会有总体的发展目标，那么，当一个人、一个组织或者一个社会的生存、发展出现了问题，走进了困境时，这些主体的目标、理想、计划是否科学、是否合理，挫折则是试金石、检验者。

挫折的检验作用体现在对主体面对困境时的智慧胆识和意志品质的检验。面对挫折，有人选择了坚持，也有人选择了放弃；有人经受住了挫折考验，也有人止步于挫折面前。比如，攻读硕士、博士学位研究生，从准备报考——网上报考——现场确认——正式考试——参加面试——正式录取——学习过程——按时毕业（或延期毕业），到了最后，你会发现，取得硕士、博士学位的艰难征程中，会遭遇许多的挫折。之所以有的人能够坚持下来，是因为他具备坚强的意志和勇于面对挫折的能力。由此可见，挫折是对主体意志品质的一种检验。

3. 挫折具有激励价值

挫折常常来得比较突然。面对突如其来的挫折，人们会感受到压力、危机和挑战，这种压力、危机和挑战会在一定程度上激发人们应对挫折的勇气、克服困难的动力。这个时候，主体就会尽可能地发挥自身的主观能动性，采取可行有效的措施，积极实现最好的可能性。

第二节　珍惜挫折价值，追求美好人生

在个体、组织和社会的发展过程中，挫折往往是难以避免的，挫折的积极影响与消极影响也是客观存在的。我们不能因为挫折的消极影响而刻意回避挫折，裹足不前；也不能因挫折具有积极影响而鼓励人们主动去遭遇挫折。挫折对个体尤其是青少年学生的发展到底会产生什么样的

---

[1] 叶浩生.西方心理学理论与流派[M].广州：广东高等教育出版社,2004：299.
[2] 吴金林."挫折教育"论[J].社会科学,1994(7)：52.

影响,影响程度有多大,往往与青少年学生对挫折有着怎样的认识密切相关。在一定程度上,青年学生这种认识与把握能力,取决于教育对他们的引导与培养。

一、教育要创造条件减少挫折的产生

(一) 鼓励与尊重学生的合理需求

根据勒温拓扑心理学的动机学说,学生的挫折情绪在一定程度上是由紧张的心理引起的,紧张的心理则是由学生的需求得不到满足引起的。因此,可以从两个方面来尝试消除学生的紧张心理,从而减少其挫折情绪的产生。

一方面,积极尊重学生的合理需求。在学生、教师、学校各方的权、责、利之间协调共进的前提下,在促进学生、教师、学校共同发展的基础上,尽量满足学生成长与发展的合理需求。另一方面,给学生多一些鼓励和认可,"降低或消除不必要的需要"。[①] 不可否认,无论是教师还是家长,都对学生(孩子)抱有较高的期望值,"恨铁不成钢"的心情不免存在。然而,当这些期待无法在学生身上得以体现的时候,就会造成学生紧张的心理,也就容易引起学生的挫折情绪。对于正在成长发展中的青少年来说,教师、家长与学生之间,平等的、积极的、鼓励的、欣赏的、建设性的沟通方式非常重要,往往可以达到事半功倍的效果。

(二) 营造和谐校园人际交往氛围

在人格的自我理论中,强调积极关注,重视人际关注。良好的人际关系对个体的健康成长具有重要的作用。因此,积极营造平等、融洽、和谐的教育环境尤为重要。于学校而言,就是要营造良好的校园文化环境。学生每天生活于其中的班级的班风、班级舆论氛围等,对学生的成长具有独特的作用。一个班级的师生之间、生生之间的关系影响着整个班级的精神风貌、舆论氛围和文化追求。因此,教育需要融洽学生的人际交往氛围,给予学生关爱,同时也要引导学生学会关爱他人,学会给予他人帮助。彼此之间相互支持、相互汲取能量,才能够和谐共生。此外,温馨和谐的家庭氛围对学生的成长也非常关键。家长需要加强学习,加强与孩子的交流与沟通,学会与孩子建立良好的亲子关系。

例如,新时代高校"一站式"学生社区综合管理模式改革,为高校营造校园和谐人际交往氛围发挥了积极作用。2019年10月8日,教育部在北京召开了"一站式"学生社区综合管理模式建设试点工作启动部署会,同年31所高校开始试点。2021年,100所高校参与建设试点。2022年,教育部继续推进"一站式"学生社区综合管理模式建设,覆盖1000所左右的高校。"一站式"学生社区综合管理模式改革,通过党建领航,"浸润式"组织育人;空间赋能,"场景式"文化育人;师资进驻,"下沉式"协同育人;学生参与,"主动式"服务育人等形式,延展了社区空间,整合了碎片化育人资源,全面提升了新时代高校学生工作系统化、精细化水平,让"以生为本""一线规则"等理念在试点高校得以充分践行,力量下沉得以充分实现,学生成长发展中的难点、痛点和热点问题得以充分聚焦,学生感觉更贴心、更温馨,满意度更高,幸福感、获得感和成就感更强,学生的根本利益得到更好的维护[②]。

[①] 边仕英.挫折情绪产生源理论及其对我国教育的启示[J].西南民族大学学报(人文社科版),2007(9):233.
[②] 孔伟.构建学生社区育人共同体 推进新时代高校"一站式"学生社区建设[EB/OL].(2022-07-28)[2023-01-15].http://edu.enorth.com.cn/system/2022/07/28/052943973.shtml.

(三) 帮助学生调整个体信念系统

情绪 ABC 理论揭示了个体的信念系统对个体产生认知的作用,尤其是与挫折情绪之间的因果关系。根据情绪 ABC 理论,当挫折产生的时候,调整对挫折的认知会带来不一样的情绪结果。同样一件事情,乐观心态的人和悲观心态的人、经验丰富的人和缺乏经验的人,看待事情的态度就不一样,不同的态度就会带来不同的情绪反应。因此,挫折带给人们什么样的后果,就取决于人们在面对挫折时的态度以及所采取的行为方式。

一学生说:"我是一名体育特长生,唯一的优势是打篮球。其他的,像文化课学习、跳舞、唱歌等,都拿不出手。更加令我沮丧的是,到了大学之后,高手实在是太多了,我才发现,自己连参加大型篮球比赛的机会都没有。唉,我真是一无是处,觉得自己完了。"显然,这名体育特长生的自我认知是有问题的。如果换一个角度看自己,他应该为自己感到庆幸——庆幸自己考上了大学,与众多篮球高手成为同学;庆幸自己能成为这个集体中的一员,在这些高手的带动下自己的篮球水平可望取得突飞猛进的进步,自己在不久的将来也可望成为一名高手……因此,调整信念系统,多角度看问题,就会得出不一样的结论。正所谓"横看成岭侧成峰,远近高低各不同。不识庐山真面目,只缘身在此山中",学会合理地调整自己的认知,恰当地把握自己看待问题的态度和方式,对于学生面对挫折、调整挫折带来的情绪反应非常有利。当自己在生活中遇到一些挫折的时候,要想一想,自己哪些信念不合适。要改变挫折带来的消极情绪,就需要调整个体的认知或观念。

于学校教育而言,需要引导学生明辨是非,尊重事情的本来面目,通过正确地认识问题,才能冷静地分析问题,合理地解决问题,以此减少挫折情绪的出现。

(四) 引导学生超越本能实现升华

弗洛伊德指出:"本能的升华是文化发展的一个特别令人瞩目的成就,它使得高级心理活动、科学、艺术和意识形态成为可能。它在文化生活中占有极为重要的地位。"[1]因此,教育通过引导人们克服人性中非理性的本能冲动,追求高级的社会实践活动,追求在科学、艺术、审美等文化领域的创造活动,通过文化发展加以对本能的升华。对于青春期的青年来说,也可以通过教育来引导他们把无法实现的本能冲动,升华为更为远大的学习目标与职业发展理想,努力追求个人自我价值和社会价值的实现。

居里夫人就是一个典型的例证。这位两次获得诺贝尔奖的伟大科学家,也曾品尝过苦涩的初恋——17 岁的玛妮雅在华沙以北 80 千米之外的一户富人左罗斯基家里做家庭教师,与主人家的在华沙大学读书的大儿子凯西米相恋了。但是,两个年轻人之间的这段感情遭到左罗斯基的强烈反对,最后无果而终。带着初恋的伤痛,玛妮雅离开了左罗斯基家,前往巴黎索邦学院求学。这位学习勤奋、学业成绩优异且有科研天赋的女孩玛妮雅,就是后来为人类社会作出重大贡献的镭的发现者居里夫人。"哪个少男不多情,哪个少女不怀春"(歌德《少年维特的烦恼》)。时年十七的居里夫人情窦初开,与凯西米共赴爱河,是再正常不过的事情。相恋的人终成眷属固然可喜,但免不了还有另一种可能——失恋。居里夫人遭遇的,就是后者,虽然不情愿,甚至猝不及防。分手的伤痛已然来到,如何面对失恋的打击就变得尤为重要。现实生活中,不乏失恋后变得一蹶不振甚至轻生的个案,它对当事人构成毁灭性打击,颠覆了当事人的美好人生,十分令人心痛。然而,居里夫人是怎么做的呢?她直面自己的情感挫折,走上了一条正确的道路——她毅然决然离开她的伤

---

[1] 叶浩生.西方心理学理论与流派[M].广州:广东高等教育出版社,2004:299.

心地,远赴巴黎求学。她为自己设定了更为远大的人生目标,实现了对情感挫折的转移和升华,在贡献人类中实现了自己的社会价值,并获得了自己的真爱——与居里结成灵魂伴侣。通过自己正确的抉择,学业上的辛勤努力,事业上的辉煌成就,居里夫人生动地诠释了自己的人生价值。

由此可见,青年学生在遭遇挫折后,超越本能,实现升华,何其重要!

二、教育要引导学生珍惜挫折的价值

(一) 引导学生合理定位人生,及时调整既定目标

挫折产生的一个重要原因,就是所定的奋斗目标与实际能够达到目标的客观条件之间存在的差距比较大。因此,当挫折来临的时候,需要理性地审视目标定位是否适当,同时反思为实现目标所采取的途径和方式是否合适。根据勒温拓扑心理学的动机学说,是不是可以降低过高的目标要求来减轻心理压力,由此来减少挫折情绪的出现呢?

在我们调整目标的同时,也要防止一种误区:仅仅认为目标本身是最重要的。其实人生是由无数个目标组成的,每一个目标都是由一步一步组成的。那么,我们就要善于感悟、悦纳每一"步"的努力,体验快乐,克服挫折。《西游记》中,师徒四人去西天取经,为了取得真经,他们经历了九九八十一难,一难不少。但是,我们仔细回想一下,师徒四人所经历的每一难,都是那么的精彩丰富,那么的妙趣横生,他们的人生也因之美好。

(二) 珍视自己有挫折的人生,接纳不足,努力前行

古今中外,有许多著名人物成就伟业都经历了许许多多的人生挫折。在我们的现实生活中,有许多平凡的人面对人生中的挫折选择了接纳而逆袭,"感动中国2021年度人物"中的江梦南就是最好的例子之一。

从双耳失聪到清华博士!郴州女孩江梦南感动中国[①]

因一场意外,江梦南半岁时失聪。她不能像常人一样交流,但她通过读唇语学会了"听"和"说"。凭借优秀的学习成绩,她成为家乡小镇上近年来唯一考上重点大学、最终到清华大学念博士的学生。失聪女孩江梦南入选2021感动中国年度人物。同获感动中国殊荣的还有:彭士禄、杨振宁、顾诵芬、吴天一、朱彦夫、中国航天人、苏炳添、陈贝儿、张顺东李国秀夫妇。今年30岁的江梦南,出生于郴州宜章县莽山瑶族乡永安村,父母都是莽山民族学校的老师。尚在襁褓中的江梦南,因耳毒性药物导致极重度神经性耳聋,半岁后便生活在无声的世界里。江梦南的家人和学校完全接纳、包容她所遭遇到的挫折。作为一个失聪的孩子,她仍然是家人最疼爱的孩子。在求学路上她的老师对她尊重、包容、接纳和关爱,帮助她不断谱写着人生的精彩篇章。为了让女儿更好地融入社会,江梦南的父母毅然放弃教女儿学习手语,而是让女儿学习发音和唇语。最开始,小梦南靠着反复抚摸爸妈的喉咙,来感受声带的震动并练习发声,每个音节父母都要不停地重复,"音节只要重复上千次,我就能学会,那已经是非常快的速度了。"江梦南直言,偶尔也会因听力障碍感到低落,但她总有办法开导自

[①] 张浩.从双耳失聪到清华博士!郴州女孩江梦南感动中国[EB/OL].(2022-03-04)[2023-01-15].https://www.163.com/dy/article/H1KD2L4D05168VJR.html.

己："我很羡慕别人可以轻松地和朋友聊天,可以打电话、听歌。每当这时,我就告诉自己,听不见也有听不见的好处,至少睡觉时不容易被吵醒。"从字、词到日常用语,她对着镜子学口型、摸着父母喉咙学发音,通过读唇语学会了"听"和"说"。

在江梦南的印象里,身为老师的父母都爱读书、看报。正是学唇语这个决定,让江梦南的求学之路走得越来越长远。在学校,江梦南一直以普通人的标准要求自己。"听讲"是学生获取知识最重要的途径,但对于江梦南来说,并不是一件容易的事。因为无法一直看到老师的嘴型,所以更多的时候,她只能通过看板书和课后自学来跟上进度。尽管如此,聪明、好强的江梦南凭借不服输的劲头,在小学四年级之后,自学完五年级的课程,直接跳级升入六年级。小学毕业后,江梦南以全市第二名的成绩考入郴州市六中。2011年高考,她以615分的成绩考入吉林大学。在大学英语四、六级考试中,江梦南因无法听见播放的录音,只得舍弃听力部分,在少了占总分数35%的听力分数情况下,她依然顺利通过了考试。

一个交流不便的湖南女孩,为何要选择远在北方的吉林大学?江梦南说,一是自己的偶像张海迪也毕业于吉林大学,她说"要跟随海迪阿姨的脚步"。同时,江梦南一直有一个"英雄梦":治病救人,祛除病痛。最终,她选择了吉林大学的药学专业。江梦南硕士时期的研究方向是吉林大学教授杨晓虹帮她选的。杨晓虹清楚,由于江梦南听不见声音,进实验室会有一定危险,所以让她选择了计算机辅助药物设计研究方向。江梦南最初根本无法通过唇语读懂专业术语。三年研究生期间,杨晓虹在涉及专业术语时,都会写下来给她看,有时候甚至会写满十几页纸……

"心有目标脚踏实地,不必患得患失。"2018年,她考入清华大学生命科学学院,开启博士研究生的学习与生活。江梦南曾经认为,通过个人努力来克服身体残缺带给自己的困难、并与健全人站在同一个跑道上是一件很酷的事。后来,她意识到为所有人创造一个平等、包容、无碍的环境,人人都能公平地生活与工作,是一件更酷的事。涅槃重生后的江梦南,如一只心怀大爱的凤凰,将爱的种子播撒到故乡。早在大学期间,江梦南回到郴州家乡时,总会到特殊教育学校做义工,探望那些视力、听力、智力存在障碍的孩子。她以自己为例,鼓励这些孩子们积极进步,带动他们融入社会,积极乐观地面对生活。"我从小的目标就是能够成为一名救死扶伤的医生,希望能够为他人祛除病痛。"颁奖典礼上,江梦南讲起了自己的心愿:"不管是健全人还是残障人士,大家都能平等地生活。"

感动人物候选人·江梦南:失聪女孩,逆袭清华读博士[①]

来清华大学之前,江梦南一直没把自己往残障人士方向靠,"哪怕听不见,也要跟其他的同学站在同一起跑线上"。如今,她意识到,我国有几千万残障人士,"如果无障碍做得非常完备,残障人士也能跟健全人一样生活,我觉得这才是更美好的世界"。

在清华求学期间,江梦南当选清华大学学生无障碍发展研究协会会长。她积极筹备协会活动、组织参加无障碍论坛、举办无障碍理念体验活动……江梦南通过各种方式,身体力

[①] 张浩.感动人物候选人·江梦南:失聪女孩,逆袭清华读博士[EB/OL].(2022-01-04)[2023-01-15].http://hunan.voc.com.cn/article/202201/202201040923042677.html.

行地向公众普及无障碍理念,"如果我能够做一些什么,让别人不再那么辛苦那么艰难,那是一件很有意义的事情"。

耳毒性药物给江梦南带来的已不是一般意义上的挫折,几乎是灭顶之灾。如果没有对挫折的正确认识,不难想象江梦南的人生将是另外一个截然相反的样子。在父母和学校的帮助下,江梦南选择了正视自己的人生挫折,接纳自己的不足,进而珍视自己包含挫折的人生。于强者,挫折是推进剂;于弱者,挫折是万丈深渊。"世界以痛吻我,而我报之以歌",江梦南克服一个个常人难以想象的困难,努力前行,最终取得了优异的成绩,实现了自己的人生梦想,紧紧拥抱美好人生。

(三) 教育学生积极应对挫折,坚持追求可能生活

1. 用平和心态应对挫折

"别妒忌成功,别怜悯失败,因为你不知道在灵魂的权衡中,什么算成功,什么算失败。遇事别称其为灾难或欢乐,除非你已确定或见证它的用途。"① 成与败,祸与福,是相互依存、互相转化的。坏事可以变好,好事也可以变坏。成功时如果志得意满,狂妄自大,会滋生灾祸,会走向失败;失败后百折不挠,勤奋刻苦,可变失败为成功。这就是成功与失败的辩证关系。因而,在面对挫折的时候,可以冷处理,给自己留出时间,换个思路,慢慢地来解决。通过体育运动、欣赏音乐、静心阅读等方式来转移注意力;通过向他人倾诉和合理宣泄排遣低落的情绪,寻求帮助;把挫折当作前进途中的必经之路,坦然接受挫折,正视挫折,解决问题,这样就能够有一个平和的心态和宁静的心灵,这样就会拥有一个美好的人生。

2. 借助社会支持应对挫折

人不仅要认识到自己生命价值的重要性,还要理解他人对自己生命成长的重要性。任何人都具有两重属性,即自然属性和社会属性。而社会属性,则是人的本质属性。马克思在《关于费尔巴哈的提纲》中明确指出:"人的本质不是单个人所固有的抽象物,在其现实性上,它是一切社会关系的总和。"马克思的论断充分说明,任何人都不可能是超然于社会之外的单独存在,也不应单独存在。社会中的每个人都有其社会支持系统,在社会支持系统中,比如自己的父母、亲人、同学、朋友、老师以及那些在你的生命里与你相遇的人,都会有他们的独特价值所在。在"人人为我、我为人人"的社会支持系统中,青年学生不仅要懂得体味孤独,还要学会在遇到困难或挫折的时候向他人求助,学会发挥社会支持系统的价值和作用,充分激发自己克服困难的勇气,渡过难关,继续前行。

3. 用梦想对抗挫折

一个人在遭遇挫折后,最可怕的事情是失去梦想,从此一蹶不振;最可贵的是怀揣梦想,舔干伤口上的血,继续上路,在实现梦想的路上大步流星。北京大学的宣传片《星空日记》里有这样几句话:"梦才是最真的现实。不是现实支撑了你的梦想,而是梦想支撑了你的现实。就让我们的梦想比现实高那么一点吧!"挫折,是因我们有追求而产生;躺平,永远待在自己的"舒适圈"里,则不会有挫折,但这何尝不是人生最大的挫折呢?两艘破旧的老船,一艘曾经漂洋过海,饱经狂风骤雨,然后回到港湾;一艘自打造好后就没出过海,一直静静地停泊在港湾,直至破旧。哪艘船更有价值和意义?人生又何尝不是如此?追求自己可能的生活,追求自己可能的美好人生,即便遭

---

① [美] 尼尔·唐纳德·沃尔什.与神对话[M].李继宏,译.南昌:江西人民出版社,2015:40.

遇挫折又何妨！"既然选择了远方,便只顾风雨兼程"(汪国真)。心中有梦,终有梦想照进现实的那一天！

思考题

1. 同学们,你的挫折从何而来?
2. 你遭遇的挫折带给你哪些消极影响和积极影响?
3. 请你尝试以心理学理论分析你受挫的原因。
4. 当遇到挫折时,你可否运用情绪 ABC 理论加以分析和调整?
5. 通过受挫原因分析,请思考你可以从哪些方面超越挫折?

拓展阅读

1. 赵汀阳.论可能生活[M].2版.北京：中国人民大学出版社,2009.
2. 李德顺.价值论[M].2版.北京：中国人民大学出版社,2007.
3. [美]尼尔·唐纳德·沃尔什.与神对话[M].李继宏,译.南昌：江西人民出版社,2015.
4. 赵伶俐.人生价值的弘扬：当代美育新论[M].北京：北京师范大学出版社,2016.
5. Ted 演讲《五个扼杀梦想的方法》.
6. 电影《功夫熊猫》.
7. 北京大学宣传片《星空日记》.

第八章　教育如何塑造意志品质

思维导图

教育如何塑造意志品质
- 意志品质及其构成要素
  - 意志品质概述
  - 意志品质的构成要素
- 教育培养学生意志品质
  - 教育理念与意志品质培养
  - 教育实践与意志品质培养

学习目标

知识目标	了解意志的概念、构成要素、行动过程及基本特征,理解意志品质的形成及培养
能力目标	学会理论联系实践,加强自身意志品质的形成与培养,在教育中认清自身角色,充分利用教育资源培养优良的意志品质
素质目标	加强德、智、体、美、劳全方位素质,巩固良好意志品质,摒弃不良陋习,争做新时代意志坚定的先锋
思政目标	坚定理想信念,树立社会主义主流意识形态,提高自身使命感与责任感,强化自我教育和社会实践能力,以成为有为青年为目标

　　意志,是一种信念,也是一种力量。意志是人类区别于其他生命体所特有的心理现象,是人类主观能动性的生动表现。意志品质主要包括四个构成要素:自觉性、果断性、坚持性和自制性。青少年可以通过以上四个要素的提升进一步实现对意志品质的磨炼。意志乃人格的中枢,坚强的意志是人格健全的重要标志。

　　对学生而言,意志品质体现在青少年成长过程中的各个方面,影响学生认识活动的方向性、积极性与持久性。意志品质与青少年的美好人生息息相关,促进青少年的成长,助力青少年的成功,帮助青少年不断突破自我。然而青少年时期,人往往意志薄弱,这就需要通过教育活动培养其坚强的意志品质,促进其身心健康发展。通过教育工作和各种教学形式培养青少年的意志品质,让青少年意识到意志品质的重要性,从而在学习和生活的各个方面实现自我突破,达到个体目标,进一步实现个人价值。

第一节 意志品质及其构成要素

一、意志品质概述

(一) 意志品质的一般概念

意志是人类区别于其他生命体所特有的心理现象,是人类主观能动性的生动表现。"意"指一种心理活动的状态,"志"表示对目标的坚持、对行动的坚定,有明确的行动方向。意志常指决定达到某种目的而产生的心理状态,通常以语言或行动的形式表现出来。意志也是一种根据自身情况确定目标,并有意识地支配和调节自身的行为,克服各种苦难与挫折,最终完成既定目标的心理过程。通俗地讲,就是人的思维活动见之于实际行动的过程。

人类的行动是由各种各样的动机决定的,这些动机的产生是为了确保生存和满足各种需要。当一个人意识到他或社会有某些需要时,就会产生满足这些需要的愿望,从而有意识地确定要追求的目的,制定实现目的的计划并采取行动。这种行动总是受到意识的调节,是有意识的,是具有指向性的,并与克服实现该目的所遇到的障碍的努力相联系。这个心理过程,从动机的产生到行动,就是意志。

我们生活中的各种行为活动,如计划、决策、执行,甚至是日常生活中一个小小的选择都可能有着意志过程的参与,只是程度有所不同。但并非所有行为活动都需要经历苦难和挫折,克服困难后才能进行,那么在这种情况下,可能也就不需要意志活动的参与,因为只有人感觉到力所难及或想逃避困难时才需要意志活动的干预。因此,意志也是人的意识能动性的一种表现,它对人的外部行为或内部心理状态有着发动、引导、控制与调节等作用。

意志对人的心理健康、人格的形成和发展、事业的成功都有极其重要的意义。然而,"意志行动不同于与生俱来的本能活动,也不同于缺乏意识控制的非自愿行动,它是一种由意识发起和调节的高级活动"①,意志不是人生来就具有的,它是靠后天学习而获得的,因此,要重视教育对培养学生意志品质的重要作用。

(二) 意志过程

意志过程包括两个阶段,即决定阶段和执行阶段。

1. 决定阶段

意志的决定阶段也是自愿行动前的准备阶段。在这个阶段,首先是为动机而斗争,然后是确定行动的目的和选择实现目的的手段。每个意志行动都与某种动机有关,而这种动机又与欲望有关。动机是指欲望、意图、信念、理想等,它们产生于欲望,是自愿行动的内部原因或驱动力,决定着行动的性质和方向。

决策前通常会有动机冲突。由于人的思想和欲望是复杂的,两个或更多的动机往往同时出现。

---

① 黄希庭,郑涌.心理学导论[M].3版.北京:人民教育出版社,2015:532.

因此，必须作出选择。换句话说，这是一场动机的斗争，放弃对当时的人来说不太重要的次要动机，对人重要的动机被优先选择。动机的选择往往反映了一个人的思想、观点、立场以及处理集体和个人利益之间冲突的方式。一旦行动的目的明确，下一步就是选择实现该目的的方法和手段，制订行动计划。选择的方法和手段是否合理，行动计划是否现实，都与决策活动的智力成分有关。

2. 执行阶段

意志的执行阶段指的是执行行动计划的过程。在实施阶段，意志的品质表现为对制订的行动计划的坚定执行。它是一种克服主观和客观困难的努力。在完成计划的过程中放弃是意志薄弱的表现。那么，在确立了一个动力十足的目标之后，如何更坚决执行并达成目标呢？第一，保持觉察。对整个执行过程保持觉察从而能够根据目标及时对行为进行调节和支配。第二，抵御诱惑。当诱惑出现的时候，冷却情绪脑，激活理性脑，躯体标记理论，触发点策略。第三，战胜困难。从理想心态到现实心态；从结果心态到流程心态。第四，应对挫折。认知解离，从固定心态到成长心态。第五，坚持执行。制订日计划、周计划或者月计划，一步步实现，积少成多。

(三) 意志品质的基本特征

从意志的定义中可以归纳出意志品质的三个基本特征：

首先，人的意志存在一定的目的性。意志不是盲目产生的，它能及时判断后续行动的合理性，及时改变和调整背离目的的行为。意志行动的效应大小，往往是以人制订的目的的水平高低和社会价值为转移的。目的越崇高、越远大、越符合社会价值，意志表现水平就越高，行动就更具有驱动力。

其次，意志行为以随意动作为基础。人的行为是由两类动作构成的：不随意动作和随意动作。不随意动作指的是没有预定目的的行为，而随意动作指的是有预定目的的、由意识引导的行为。随意动作允许人们组织、管理和调节一系列的行为，以实现预定的目标。随意动作是意志行动的必要组成部分，是意志行动的核心。

最后，克服困难的过程也是一个意志行动的过程，意志行动就是要克服困难。困难有两种类型：外部困难和内部困难。衡量意志力和韧性的标准是困难的性质和克服困难的难易程度。

二、意志品质的构成要素

意志品质是指构成人意志的诸因素的总和。国内学者彭聃龄在其《普通心理学》一书中提到"意志品质的构成要素主要包括意志的自觉性、果断性、坚持性和自制性"[1]。

(一) 自觉性

意志的自觉性是指个体对其行动的目的有明确的认识，特别是意识到其行动的社会意义，并能积极地调节和指导自己的行动，使之达到目的。自觉性是意志的首要品质，并贯穿于意志的整个行动。一个自觉性强的人能够听取不同的意见，会整合有用的元素，独立自主地设定符合现实的目标，有意识地克服困难，执行决定，并有意识地反思和评价自己的行动过程和结果。在行动上，他们能主动、积极地执行任务，满足国家和人民的需要，自觉协调个人、集体和国家利益之间的关系，不受物质利益的诱惑。

---

[1] 彭聃龄.普通心理学(修订版)[M].北京：北京师范大学出版社，2004：358.

与自觉性相反的意志品质是盲目性和独断性。所谓盲目性就是毫无批判地接受他人的暗示或影响,对自己的行动缺乏信心,不了解自己行为的意义,缺乏主见,因而极易轻信他人,随意改变自己的决定。而独断性是不管自己的目的和愿望是否合理,也不考虑客观情况的变化,固执己见,拒绝考虑别人的任何批评、劝告和有益的建议,一意孤行,固执地执行自己的决定,不善于吸取经验教训,独断专行。盲目性和独断性表面上不同,但实质上都是缺乏自觉性,是意志薄弱的表现。

(二) 果断性

意志的果断性是指一个人是否善于明辨是非,迅速而合理地采取决定和执行决定方面的品质。意志的果断性通常明显地表现在遇到一些复杂情境时,具有果断性品质的人,能敏捷地思考行动的动机、目的、方法和步骤,清醒地估计可能出现的结果,能从多种可能性中迅速地选择出一种具有某种可行性的行动。就像我们耳熟能详的司马光砸缸,当同伴不小心掉进了大缸里,别的孩子一见出了事,都跑了,而司马光急中生智,迅速从地上捡起一块大石头,使劲向水缸击去,让水涌出来,小孩也就得救了。果断性是意志机敏的表现,是善于抓住时机、善于应对复杂情境、快速敏捷而合理地处理矛盾,使行动朝向既定的目标发展的品质。

此外,果断性还包括如果出现新的情况,要求终止所采取的决定时,也能迅速地终止正在执行的决定。果断性是以深思熟虑为前提的,即使需要当机立断的时候也是如此,只不过在这种情况下,深思熟虑的过程十分迅速而已。因此,果断性的意志品质是与思维的敏捷性、深刻性和判断力等品质有着密切联系的。

与果断性相反的意志品质,是优柔寡断和草率武断。优柔寡断的人往往患得患失,当断不断。在采取决定时,总是犹豫不决,在执行决定时,常常对决定采取怀疑态度,表现出徘徊观望、踌躇不前。草率武断的人则懒于思考,滥下结论,行动鲁莽,轻举妄动。优柔寡断和草率武断表面上看来相反,其实质相同,这样的人都缺乏克服困难的精神,不敢正视困难或总是逃避困难,是一种意志薄弱的表现。因此,在实践和认识过程中,如果总是优柔寡断,议而不决,或草率武断,轻举妄动,不仅一事无成,还会造成严重的不良后果。

(三) 坚持性

意志的坚持性是指一个人能够在意志行为中保持决心,不知疲倦地克服困难和障碍,完成既定目的的意志品质。它是最能反映人类意志的品质。坚持性高的人能够长期保持身体和精神的紧张而不放弃,并根据目标的要求,在任何情况下坚持不懈,直到达到目标。这使他们有信心克服任何困难,并激励他们持续行动。有所成就的人都有坚强的意志。正如贝弗里奇所说,大多数优秀的科学家有一种坚持不懈的精神。因此,很明显,坚持性是一项重要的意志品质。

据说大哲学家苏格拉底曾让学生只做一件最简单也是最容易做的事,即把胳膊尽量往前甩,每天做300下。众学生都以为这是件非常简单的事儿,然而,一年后,只有柏拉图坚持了下来,他后来也成为古希腊大哲学家。世间最容易的事是坚持,最难的事也是坚持。说它容易,是因为只要愿意做,人人能做到,说它难,是因为真正能做到的,终究只是少数人。当我们被困难绊住成功脚步的时候;当我们被失败挫伤进取雄心的时候;当我们被负担压得喘不过气的时候,不要退缩,不要放弃,一定要坚持下去,因为只有坚持不懈,才能通向成功!

与坚持性相反的品质是顽固执拗和见异思迁。顽固执拗的人不会理性地评估自己的行动,他们往往坚持自己的行动,而且不会在意识到他们不能这样做时立即停止。见异思迁的人不太坚定,更容易动摇,偶遇困难便望而却步,放弃或者改变自己的决定。

(四) 自制性

意志的自制性指能够控制和指导自己的行为的意志品质。自制能力强的人能够控制自己的情绪，继续自发地行动，不受不必要的触发因素干扰。人的自制力表现在以下几个方面：一是能控制自己的欲望，约束自己的言行，左右自己的心境，克制恐惧、害羞、愤怒、失望等消极情绪，在困境中能够保持冷静，在险情下也不失去沉着；二是具有很大的忍耐性，能忍受精神上的巨大压力和肉体上的剧烈痛苦；三是勇于战胜困难，坚决执行自己的决定。所谓"富贵不能淫，贫贱不能移，威武不能屈"的倔强精神，就是善于自制和克服外在障碍的表现。

与自制性相反的意志品质是冲动性。冲动性表现为容易感情用事，易在情境的影响下采取轻率的举动，不大考虑行动的后果。此外，在困难面前产生厌倦、畏惧，在危险情况下惊慌失措，不能控制自己的消极情绪。

意志品质反映了一个人的意志的发展程度。每个人的意志品质发展程度不同，有些人很果断但缺乏坚持性，有些人很自觉但不果断等，这反映了人们的意志品质存在个体差异。

第二节 教育培养学生意志品质

意志作为一种心理过程，不是先天存在、自发而成的，而是需要人们在后天的社会生活中培养而成。教育就是一种直接有效的途径，教育可以培养学生对意志的深刻认知与理解，也可以促进学生在实践行动中形成坚强的意志品质。

一、教育理念与意志品质培养

(一) 教育理念释义

教育理念是教育主体对教育及其现象进行概括或思考的产物，是理性认识的结果。教育理念包含了教育主体关于"教育应然"的价值取向和倾向。教育理念产生于对教育现实的思考，并不就是教育的现实，是教育主体对教育现实的有意识思考。因此，从理论上讲，它是思想者对教育的深刻理解和对教育的真正认识。教育理念是一个比较宽泛的并能反映教育思维活动共性的普遍概念或总括概念，包括教育思想、教育观念、教育主张、教育看法、教育认识、教育理性、教育信条和教育信念，教育理念本身也包含了这些概念之间的共性。同时，为了显示教育概念的抽象性和直观性，上述概念的外在表现形式还有：教育目的、教育使命、教育目标、教育理想、教育原则、教育要求等。现今，有十个普遍接受的教育理念是：以人为本、全面发展、素质教育、创造性、主体性、个性化、开放性、多样性、生态和谐和系统性理念。

(二) 充分发挥教育理念的作用，培养青少年的意志品质

1. 树立以人为本的教育理念，为培养青少年意志品质奠定基础

影响青少年形成良好意志品质的原因之一就是不能平等地对待孩子[①]。无论是家庭教育还是学校教育，如果只将青少年视为受教育者，或者片面地追求学习成绩，那么在教育过程中青少

---

① 马雅红.论青少年意志品质的教育和培养[J].陕西师范大学学报(哲学社会科学版)，2004(S2)：280-281.

年容易处在被动接受的地位，一些学生甚至会因为学业上不那么优秀被忽略、轻视，得不到关爱。而这些强加的教育理念、强制干预或放任自流，往往会致使他们要么像个提线木偶一般缺乏自主性，在面对困难或选择时犹豫不决，要么过于自我，处事冲动莽撞，没有责任心。

好的教育理念应该以人为本，关爱且平等地对待每一个青少年，重视人的价值，尊重他们选择的权利。对青少年的教育有两点：一要关爱。不忽视他们，时刻关心他们的身心健康，同情他们的困难与痛苦，在关心学业成功的同时，注重他们的综合发展与成长。二要平等。公正地对待他们，不压制他们的个性，不歧视学业上相对落后的学生，不体罚或变相体罚，体谅他们的困难，帮助他们找寻合适的解决方法，取得进步。这种平等、公正的教育环境是帮助青少年形成良好意志品质的基本条件。

2. 理性认同与赏识，教育青少年学会明辨是非

认同心理效应是指人们在情感和认知方面对事件所要表达的意义的认同程度，明显地影响他们对事件的评价、态度和行为。被认可和被重视是人类根深蒂固的心理需求，青少年也不例外。但认同和赏识也要适度，要在包容孩子的缺点、不足和错误的同时，正确使用批评，否则滥用赏识会导致他们心理承受能力差，不能承受小挫折，不能接受任何否定，受挫时容易生气、退缩、敌对、逃避甚至选择走极端。有这样一个故事：一位母亲带着儿子去百货公司，当他看到玩具区的一匹木马时，男孩跳了上去，摸了摸它，再也不肯下来。母亲叫他下来，但他不听，母亲说要带他去吃肯德基，他还是不听。店主说："百货公司聘用的儿童心理专家来了，我们看看有什么办法吧。"专家问了一下原因，轻轻地靠在孩子身边，低声说了几句话，孩子立马下来了，牵着母亲迅速离去。然后有人问专家到底说了什么，专家回答说："我说的是，如果你再不下来，我就要给你一些惩罚了。"这个故事说明认同和赏识并不总是适用。

因此，对于认同与赏识教育，我们需要理性认识。想要促进青少年意志品质的形成，就需要适当地认同与赏识孩子，一定时候也要采取合适的惩罚，前者会让他们学会宽容、理解和友善地对待人或事，而后者可以提高青少年明辨是非、辨别善恶的能力，这样有利于培养他们成为一个充满自信、理性智慧的人，帮助他们拒绝诱惑，坚定自我，形成良好的意志品质，更好地成长为一个合格的社会主义建设者和接班人。

3. 因材施教、尊重个性，促进青少年意志品质全面发展

人们就像大千世界中的树叶，没有两片树叶是完全相同的，同理，也没有两个人是完全相同的。青少年时期的孩子想要探索他们和他人有多么不同，他们对各种事物有怎样的感觉，是怎样思考的，以及自己有什么价值，这种和家庭分离的过程叫作个性化。个性化从10—11岁开始，一直持续到18—19岁。有些人在成年后没有发展出个性，有些人在个性化方面取得重大进展。个性化常常让人感觉是叛逆，因为青少年开始审视家庭价值观。因此，必须特别关注这个年龄段的青少年的教育，尊重他们的个性，要善于发现每个青少年的特质，因材施教，不要盲目培养。有些青少年可能比较自律，无论是学习还是生活，都从不轻言放弃，但他们可能会在为人处世中不够果断，也不够自觉。在这种情况下，就需要在稳定与巩固他们的坚持性和自制性的基础上，针对性地培养他们的果断性和自觉性。发展他们各个方面的意志品质，使他们在意志品质各要素上得到综合发展。只有这样，才能培养出合格的或全能的人才。

4. 进行共产主义世界观教育，使青少年树立远大的生活目标，养成高尚的道德情操

最主要也是最重要的一点就是对学生进行共产主义世界观教育，树立远大的、明确的、端正的、稳固的生活目标，这是培养青少年学生具有良好意志品质的基本条件。一个人只有具有正确

的观点和信念,才能产生正确的动机,才能确立远大的目标,才会采取果敢的行动,才会取得良好的社会效果。因此,要用共产主义世界观武装学生,使他们树立正确的是非观、善恶观和荣辱观,使意志行动有一个正确的方向。值得注意的是,教师在对青少年进行共产主义世界观教育、培养意志品质时,应使学生把崇高的理想同眼前的学习、工作和生活结合起来,使其在较复杂的生活中,选择那种健康的、有益于人民和社会的生活目标,作为主导的生活目标。在如今这个经济飞速发展、科技日益创新的时代,对青少年的思想道德素质、科学文化素养和心理素质都提出了更高的要求。因此,父母和教师应注重增强青少年社会责任感和义务感,帮助青少年明确自己的生活目标,用理想目标来指导自身的生活,提高做事的自觉性和目的性,这样的教育才具有真正的意义。

然而,光有目标是不可能成功的,还必须时刻保持积极乐观的态度以及为达到目标不断奋斗的强烈意愿与责任感。要培养孩子成为一个情感丰富、具有同理心的人。一个冷酷无情的人,不可能有振奋向上的精神和再接再厉的决心。只有情感丰富而深厚的人(特别是具有做某件事的热情),才能在行动中不退缩、不畏惧、坚决果断,才能坚持完成艰巨的工作和艰苦的学习任务。运动员要打破运动纪录,必须有强烈的打破纪录的欲望和责任感。这种责任感和欲望的增强,在其日常训练中,不仅会使他们克服懒惰、刻苦训练,而且还可以提高他们克服困难的勇气和不达目的誓不罢休的坚韧品质,甚至还会增强他们的力量。在这种状态下,才容易实现预定的奋斗目标。

二、教育实践与意志品质培养

(一) 教育实践释义

教育实践是人类有意识地培养人的活动。从广义上讲,它指的是所有提高人类知识、技能、身体健康以及形成和改造人类思想和意识的活动。从狭义上讲,它指的是学校教育工作者对受教育者的身心施加有意识的、系统的、有组织的教育活动。教育者是教育实践的主体,受教育者是教育实践的对象,同时作为学习活动的对象存在于教育实践中。教育实践的内容、方法、组织和各种教育设施设备是教育实践的手段;受教育者是教育实践的产物。教育实践是在人的最基本的社会实践中产生和发展的,与人的其他实践活动密切相关,但又具有不同的特点和相对独立性。它是教育理论产生和发展的基础,也是检验教育理论正确与否的标准,但它必须以教育理论为指导。

教育实践是教育理念的体现,是对教育理论的反映,教育理论的好坏可以通过教育实践反映出来,所以,教育理论与教育实践二者是相互关联、相互作用、相生相依的。

(二) 充分发挥教育实践的作用,培养青少年的意志品质

1. 加强目的性教育,培养青少年高尚的道德情操

人的任何意志行动都是为了实现既定目标,要培养优良的意志品质,首要的就是要帮助青少年树立正确而高尚的行动目的。学习是为将来的生活打基础的过程,它既要有为了建设祖国学好本领的远大目标,也要有把学习成绩搞好的近期目标。要引导青少年把这两种远近目标结合起来,把具体的近期的目标看成是为了实现远大目标的一个步骤。同时,还必须注意培养青少年的道德情操,让他们从理论上认识社会道德准则,也能起到培养青少年良好意志品质的作用。

2. 鼓励青少年积极参与实践活动，以便取得意志锻炼的直接经验

执行行动计划的过程是意志执行阶段的关键，也是锻炼意志品质的重要环节。比如，在学习活动中，会碰到来自内部和外部的各种困难，怎样对待这些困难，能否克服这些困难，就是对意志品质的实际考验。鼓励青少年积极参与实践活动，在实践活动中取得意志锻炼的直接经验，会为青少年在独立面对困难、克服困难时提供借鉴。在组织实践活动时，首先要引导青少年理解活动的意义；其次要安排一些经过努力而能克服的困难任务，以锻炼青少年的意志；最后是要教青少年学会总结。优秀的学习者要像优秀的运动员那样学会对每一次活动进行总结，找到自己的优势和弱点，不但要分析具体的技术原因，也要分析自己的意志品质的实际表现。这样取得的直接经验对意志品质的提高起着重要的作用。当青少年年龄比较小时，父母要帮助他们进行总结，同时还要给予及时的鼓励和表扬。

3. 针对青少年不同的意志特点，采取不同的措施

意志品质在不同的个体身上存在着很大的差异，针对不同意志特点的青少年要采取不同的培养措施。对那些处事盲目轻率的青少年，应注意培养他们的自觉性，培养他们对学好知识的责任感；对不自信的青少年应该重在培养勇敢果断的品质；对缺乏自制的青少年，要注意培养他们自我控制的能力；对缺乏毅力的青少年要注意培养他们的坚强性。

4. 要鼓励青少年加强自我锻炼

要养成优良的意志品质，必须在学习实践中不断地加强自我锻炼。父母要指导青少年经常进行自我鼓励、自我命令和自我监督。只有发自内心地要求，主动地去克服困难，才能有效地培养自身优良的意志品质。

要进行意志的自我锻炼，首先要善于掌握自己的目标和计划。目标和计划要切实可行，一旦做出决定就要坚持到底，不能半途而废。还要注意培养青少年自我检查和自我批评的习惯，要时刻注意发现他们的缺点和问题，并及时加以纠正和克服。也要发现青少年意志品质的优点并加以发扬，促使他们的意志力逐步提高、逐渐坚强。

至此还有一个重要的问题需要明晰——为什么许多青少年对非意志行动能够轻而易举地做到，却对需要意志努力的行动难以做到呢？这是因为青少年在做需要意志努力的活动时，他们的大脑和肌体会同时产生一些副产品——劳累和消极情绪等。这些副产品会影响人们的意志力，并通过经验的形式进入人的记忆，这种经验会使一些人在做出意志努力之前或者过程中产生意识障碍，出现畏难情绪。当然，克服这种意志障碍的方法有很多。而在人们从事非意志活动时，由于追求的是生理本能的需要，就不会产生这种意识障碍和畏难情绪，所以就比较容易坚持下去，这和某些动物"记吃不记打"的行为有相同的道理。例如，有些青少年迷恋网络游戏，就是一种非意志行动，这种活动本身具有强烈的趣味性，符合人们生理和心理的某些简单需要，所以那些意志力薄弱的人就很容易上瘾。

5. 发挥纪律对培养青少年意志品质的作用

纪律是青少年完成学习任务的保证，它不仅能约束他们的行为，还能给他们的行动规定方向。自觉遵守学校纪律、家庭规矩可以培养青少年的优良意志品质，尤其是对自觉性和自制力的培养有明显的作用。家长不要简单地认为纪律就是约束青少年的条文，而更应该明白纪律的目的是促使他们形成自律的习惯，以便将来能更好地生活。研究表明，积极地遵守纪律或者自我规定一些可行的纪律条文并认真执行是培养意志品质的良好措施。

思考题

1. 意志的概念是什么？意志有哪些基本特征？意志由什么要素构成？
2. 意志是怎样形成的？意志过程包括哪些阶段？
3. 教育理念与教育实践的区别与联系是什么？
4. 如何发挥教育理念的作用去培养良好的意志品质？
5. 如何发挥教育实践的作用去培养良好的意志品质？
6. 作为新时代青少年，该如何有效地培养自身良好的意志品质？

扩展阅读

1. 郑媛媛.探讨在小学体育教学中培养学生意志品质的策略[J].田径,2022(1).
2. 樊晶.家庭劳动教育视角下幼儿标准化意志品质的培养[J].中国标准化,2021(20).
3. 常睿.新时代大学生意志品质培育的文化依循与现实要求[J].广西社会科学,2021(2).
4. 钱佳珺.培智意志品质教育之探索[J].才智,2019(34).
5. 叶奕乾,何存道,梁宁建.普通心理学(修订版)[M].上海：华东师范大学出版社,2000.
6. 张梅.心理训练[M].武汉：华中理工大学出版社,1999.
7. 《心理与健康》期刊网址：https://baike.so.com/doc/5545855-5760963.html.

第九章 教育如何涵养哲学智慧

思维导图

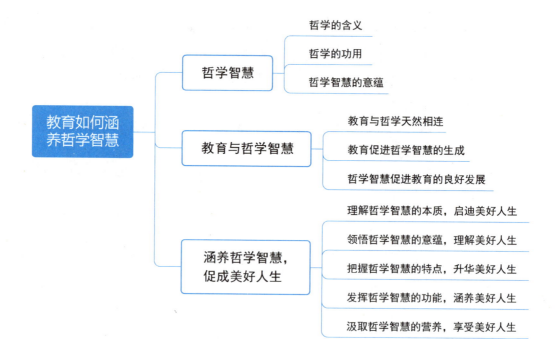

学习目标

知识目标	了解哲学智慧的含义、哲学智慧与教育的关系
能力目标	把握哲学、哲学智慧、教育的含义和相互关系
素质目标	理解教育与哲学智慧对美好人生的影响
思政目标	用哲学思维、哲学智慧指导人生之路、引领美好生活

第一节 哲学智慧

一、哲学的含义

哲学就是"爱智慧",哲学和"智慧"密不可分。哲学的英语单词 philosophy 源于希腊语 philosophia(希腊语的拉丁字母拼法)。它由 philo(爱、追求)和 sophia(智慧)构成。毕达哥拉斯被认为是第一个使用"哲学"这个词的人,并且称自己为"哲学家(爱智慧的人)",即追求智慧的人。柏拉图在《尤叙德谟》中称"哲学就是拥有真知(即智慧)"。亚里士多德总结前人的各种认识,在《形而上学》中,首次以无可怀疑的形式将哲学确定为"最高智慧"。罗素在《西方哲学史》中指出,"就我对这个词(哲学)的理解来说,乃是某种介乎神学与科学之间的东西。它和神学一样,包含着人类对于那些迄今仍为确切的知识所不能肯定的事物的思考;但是它又像科学一样是诉之于人类的理性而不是诉之于权威的,不管是传统的权威还是启示的权威。一切确切的知识……都属于科学;一切涉及超乎确切知识之外的教条都属于神学。但是介乎神学与科学之间还有一片受到双方攻击的无人之域;这片无人之域就是哲学"①。雅斯贝尔斯对哲学的描述是:"在最广泛的意义上,哲学被规定为作为一切知识的知识,作为一切艺术的艺术,被规定为'科学',但这种科学不限于任何特定的领域。"②

在我国,古籍中并没有"哲学"一词,"哲"作聪明、贤明、智慧释,"学"当学问解。"哲学"一词是近代从日本流传过来的。日本明治维新时期著名哲学家西周根据汉字的意义将"哲"和"学"拼成"哲学"一词,意译了英语的"philosophy"。19世纪末至20世纪初,随着新学的兴起,"哲学"一词开始在我国书报杂志中使用。在晚清时期,中国学者黄遵宪把流行于日本的这一译名引入中国,开始为中国学术界所接受,并且很快取代了"玄学""形而上学"等名词,成为通用术语。胡适认为"凡研究人生切要的问题,从根本上着想,要寻一个根本的解决:这种学问叫作哲学"③。冯友兰也给出了自己的哲学定义:"至于我,我所说的哲学,就是对于人生的有系统的反思的思想。"④

谈到中国哲学,李泽厚说:"中国缺少遵循严格逻辑的抽象思辨,希腊柏拉图学院高挂'不懂几何学者不得入内',中国便无此传统。这当然是很大的缺点。但也有优点。现在西方的所谓'后哲学',我认为就是从思辨的狭义的形而上学转变到那种以生活为基础的哲学。中国有没有哲学呢?有啊,就是那种'后哲学'。生活大于语言,也大于几何学,语言的普遍性意义和翻译的可能性来自人类衣食住行的普遍性。所以我说中国哲学和后现代哲学恰恰是可以接头的。我认为,后现代到德里达,已经到头了;应该是中国哲学登场的时候了。"⑤

总的来说,哲学最初就是"智慧之学",是运用智慧,追求智慧,启迪人类智慧的学问。也可以说,哲学是关于智慧的学问,是启发智慧、追求智慧的过程和结晶,是关于智慧的知识体系,而智

---

① [英]罗素.西方哲学史:上[M].何兆武,李约瑟,译.北京:商务印书馆,1963:11.
② [德]雅斯贝尔斯.智慧之路[M].柯锦华,范进,译.北京:中国国际广播出版社,1988:6.
③ 胡适.中国哲学史大纲[M].北京:商务印书馆,2011:1.
④ 冯友兰.中国哲学简史[M].涂又光,译.北京:北京大学出版社,1985:2.
⑤ 李泽厚,刘绪源.该中国哲学登场了?李泽厚2010谈话录[M].上海:上海译文出版社,2011:6.

慧则是哲学追求的目标本身。哲学智慧也不是一般的智慧,而是把人类的智慧当作反思的对象,是对于一般智慧的再思考,是"爱智"的一种终极表现。哲学所热爱的智慧以及由于探究智慧而构成的哲学智慧是一种大智慧,是关于人类生存发展和安身立命的大智慧,而不是回答和解决各种实际的具体问题的小智慧。

二、哲学的功用

哲学是提供前提性反思和思想滋养的智慧之学。学习哲学不能仅仅停留在学习哲学史上的命题和哲学原理等知识,更重要的是如何使自己的人生在"转识成智"中更加璀璨辉煌。哲学是爱智慧之学、反思之学、爱人之学,哲学从最为根本的地方表达对人的关注,是一个无用之大用的人生之学。哲学所关注的人类理性包括科学性和人道性,在认识和实践的运动中构成辩证统一,体现着人文精神的社会文化理想是哲学的活的灵魂。哲学作为人生之学、生命之学、智慧之学,它是理论化、系统化的世界观,是人类关于自然、社会、思维的概括和总结;它是关于思想的思想,以其反思批判精神,体现了一种整体的、深层的对存在的关注;它作为一种最概括、最抽象的社会意识形态,可以从最一般原则的高度给人们的生存、生活、文化实践活动以世界观和方法论的指导。

哲学可谓无用之大用,其功用主要表现在以下方面:

1. 超越局限,提升境界

哲学以其反思批判精神和超越意识可以使我们意识到自己知识等方面的局限性,帮助我们站在更高的高度来思考人生等重大问题。日常的生活、学习中,人们总偏好聚焦于当下,沉溺于单纯的知识学习和繁忙的工作中,很少用一种更高层次的视角和智慧来反思、规划人生的价值和意义。哲学智慧正是走向更高层次的阶梯。通过学习哲学,能够不断地提高人的内在修养,增强思想的魅力,生成哲学智慧,以超越现实生活的藩篱,使人生境界实现不断的超越。

2. 启迪智慧,丰富人生

哲学的确不能给人们带来任何实质性的好处,它却能以超越、反思、批判的无用之大用品性使我们的人生变得更美好、智慧、丰富、深刻、幸福。哲学是思想的开发和培养,是不断地对智慧的追求。不能以功利和世俗的标准衡量哲学学习的结果,我们也无法知道智慧到底能不能带来财富和地位。但是在通过哲学获得智慧的这一过程中,人们可以体验到惊讶之美、思考之美,可以感受到宇宙之辽阔、人生之多彩,这些超越功利与世俗、看似无用的感悟对于人生之意义正如寒冷冬日的一抹暖阳——难得却意义非凡!

3. 改良精神,升华灵魂

哲学是以人为本、最关心人的一门学问。哲学承担着艰难困苦的任务,要处理许多科学方法迄今还没有解决的问题——诸如善与恶、美与丑、秩序与自由、生与死等。个体通过哲学改造自己、改良精神、升华灵魂,就是解决这些艰难困苦问题的路径之一;解决问题过程中获得的智慧同时也改良了人们的精神,升华了灵魂。法国哲学家P.哈道特在《作为一种生活方式的哲学》一文中说,"这就是古代哲学的内容:要求每个人改造他自己。哲学是一种转换,是一个人存在和生活方式的改造,是一种对智慧的探索。这不是一件容易的事情"[①]。

---

① [法] P.哈道特.作为一种生活方式的哲学[J].李文阁,译.世界哲学,2007(1):3-12.

三、哲学智慧的意蕴

（一）哲学智慧具有人生警示的意义

古希腊哲学智慧警示人们要从整体上反思自己的生活，思考哪些事物对人是最重要的、最有价值的，抑或说人生的终极目标是什么。当代主要哲学流派之一的存在主义哲学，从正面或者反面警示人们以更认真、更严肃、更客观的态度，审慎反省人生的作用与意义。

中国哲学智慧同样具有警醒人生的作用。老子曰："持而盈之，不如其已；揣而锐之，不可长保。金玉满堂，莫之能守；富贵而骄，自遗其咎。功遂身退，天之道也。"端着把水灌得很满的器具，就容易溢出，还不如适可而止，倒个大半杯的更稳妥；把一个物件敲打得无比尖利虽然可以穿透东西，但是它或许过于锋利，容易折断，难以长久；贪图财富，突破底线的，因为富贵变得骄纵的，或许会招来更大的灾难，不如功成身退，顺应天道。物壮则老，盛极则衰，物极必反，老子借助生动的比喻，告诫人们要戒盈、戒满、戒骄、戒锋芒毕露等，有戒惧之心。

（二）哲学智慧具有人生启迪的价值

如何看待生命和生活是人生永恒的话题，这直接关系到人生的幸福、价值和意义。现代社会快节奏的运作方式使每个人都如同陀螺般旋转，不知不觉中就会丧失自我，淡漠心灵。这样生活究竟是为了什么？人生的意义是什么？教育不只是知识的传授和技能的训练，对于学生来说，真正重要的是找寻自己有意义的人生哲学境界，树立正确的人生观。

"天下莫大于秋毫之末，而大山为小……天地与我并生，而万物与我为一"，庄子有意消解经验世界的秋毫与大山的绝对差异，将人的心灵从锁闭的世俗观念中超拔出来，以开放的心胸来看待世界与个体。"日出而作，日入而息，逍遥于天地之间，而心意自得，吾可以天下为哉"，展现了庄子对精神自由的追求，对生活及生命的热爱。道家学派代表人物庄子关注生命，思考人生，反思人生的困境，寻求一种解脱，虽在现实中苦苦挣扎，但他对生活有一种深沉的爱，表现出超人的智慧和豁达。庄子的逍遥思想，实质上是追求精神解放的绝对自由。庄子的人生哲学提出了一个与儒家完全不同的自由人生，填补了儒家思想从未涉及的精神空间。他对人类精神世界的大胆探索和追求，为人们提供了一个宁静的心灵港湾，拓宽了视野，启示人们在顺境和逆境中都要保持良好的心态。纷繁复杂的人世间，矛盾无处不在，但是人们能够在博大的心灵空间解放精神的束缚，这样就能怡然自得。

（三）哲学智慧具有指导人生的作用

"夫唯不争，故天下莫能与之争"，"为"和"不争"这两个命题看似对立，却在《道德经》的哲学体系里实现了辩证统一。老子的这种哲学智慧，按冯友兰的话说，是把反命题统一成一个合命题，这正是中国哲学的任务和基本精神。"为"而"不争"在中国哲学的精神层面上，超越了"强烈的成功动机"与"淡泊名利"在日常学习和工作的过程中孰轻孰重的争辩，显示了更高的哲学智慧，具有十分重要的启迪意义。不管做人还是做事，人都应该去除焦躁心理，尽量淡化自己的心思意念，减少不必要的烦恼，把全部精力投入生活、学习和工作中。一个懂得淡化锋芒、大智若愚的人，也更易在尔虞我诈的竞争中独善其身，保持内心的安宁。

中国最具代表性的哲学家冯友兰先生的《中国哲学史》蕴含着做人的道理和战胜人生磨难的智慧，从中能够领悟如何自正其身，如何善良正直地活着。所谓人生，并不是与他人的斗争，而是与自己的斗争。为了在这场斗争中获得胜利，最重要的是内心必须坚定，控制住自己的感情和欲望。金钱、名誉和权力都会如同一抹灰烬刹那间烟消云散,只有正直的人生才是最有价值的。人生中难免遭受苦难,但如同溪流有石头才能发出清脆的流水声,痛苦挫折亦是磨炼人生的试金石。深陷绝望的时候,与其放弃,不如再一次思考命运所赋予的使命和责任;不论苦难大小轻重,不如再一次思考自己存在的理由。若把挫折当作伙伴,把真理当作灯塔,不管遇到什么样的困难都能找到克服的方法。冯友兰先生的《中国哲学史》挖掘并擦亮了深藏已久的东方精神遗产,使其成为闪闪发光的宝石,让我们明白如何坚定地走过这花花世界。

雅斯贝尔斯说:"我们必须抛弃这样的观念,即认为哲学活动只是教授们的事。哲学似乎应该是人的事,无论在什么条件或环境中,正像它是统治者的事一样,它也是奴隶的事。唯有当我们把真理的历史表现连同它们产生于其中的世界,和构思它们的人的命运,进行综合考察时,才能理解它们。即使这些历史表现离我们太遥远,并与我们完全不同,它们本身也是发人深思的。我们必须从哲学观念和思想家的有形实在中去追寻它们。真理并不独自翱翔在绝对的天空中。"①因此,从某种程度上哲学活动是每个人都可以进行的,当然哲学智慧也是属于每个人的!哲学存在于每个人每一天的平凡生活中,用心体悟生活之味,就会收获哲学之智,再用这份智慧来指导我们每一天的生活。

第二节　教育与哲学智慧

一、教育与哲学天然相连

教育与哲学有着天然的联系。哲学就是"爱智慧",意味着对智慧的追求。智慧的获得以知识的获取为基础,而获取知识、生成智慧都离不开教育,教育让拥有智慧成为可能。哲学智慧需要教育的开发与挖掘,哲学智慧的生成和发展依靠教育,哲学智慧的生成是教育的应有之义。古今中外,培养智慧的人都是教育的目标之一。同样教育也需要哲学智慧的滋养,只有将教育作为一种追求智慧的过程,才能真正通过"学"达到"智"。教育过程不仅要从外部制约成长者,而且要解放成长者内部的力量——教育中本质的东西不是"制约",而是"解放"。在教育过程中首先要考虑的问题是解放成长者各自的内在力量。教育更重要的任务,是从成长者内部解放出各自自由地决定伦理立场的那种力量。教育效果,终究是取决于个人的完全自由的内在性的觉醒。这份内在完全自由的觉醒是智慧生成必不可少的动力之一,教育为追求智慧的事业创造了这份动力。充分利用哲学的"爱智",在教育过程中加深对知识的理解、对智慧的追求,使人深刻领悟这世界的至真、至善、至美!

教育是理性与开放性共存的。教育理性表现为必须遵循教育的基本原则和学生发展规律;教育的开发性表现为教育的艺术性、教师的敏感性、教学的情境性、方法的适时性等方面,对每一个独特个体实施一种独特性、个性化的教育。同样,哲学也同时具有理性和开放性。它的理性在于哲学是一门批判性、思辨性、推理性的学问,这种时刻对世界的思考、批判,需要以逻辑、事实为依据。这种思考也需要保持思想的开放性。哲学更多表现为精神层面的思考,德国浪漫主义诗

---

① [德]雅斯贝尔斯.智慧之路[M].柯锦华,范进,译.北京:中国国际广播出版社,1988:94.

人诺瓦利斯就曾说,"哲学本是乡愁、处处为家的欲求"①,在寻找精神家园的过程中自然也离不开浪漫开放的哲思。教育也应该充满哲学的浪漫和开放,我们可以用哲学的基本原理来审视教育现象,处理教育问题。始终坚守教育的终极价值,始终关怀每个学生的生命意义和个性价值。黑格尔认为,"哲学的历史就是发现关于'绝对'的思想的历史,绝对就是哲学研究的对象"②。既要坚守哲学中的"绝对",同时也要看到教育中每一个鲜活的个体。教育因为要传递智慧,必与智慧之学的哲学密切联系。

二、教育促进哲学智慧的生成

哲学智慧的获得不仅仅涉及哲学的领域,而且关乎一般的教育问题。事实上,哲学和一般教育之间存在互动的关系。哲学之外的一般教育,包括自然科学、人文科学、社会科学等,每个学科、每个领域都有专门的知识,哲学之外的教育就是要让受教育者掌握和了解这些专门知识,这些知识对于理解哲学、形成哲学智慧而言,具有重要意义。可以说,哲学之外的具体知识积累得越丰富、越深入,会对理解哲学的问题以及形成哲学智慧提供越坚实的基础。在哲学学习中,受教育者要不断拓展知识面,不应只关注某一点,多领域、多方面的知识对于我们理解、把握哲学原理也有积极的作用。众所周知,知识面比较丰富的人对哲学的理解往往更为深入。就像对同一句格言,老年人和年轻人的理解每每不一样,老年人阅历更深,知识面更广,其理解包含着他的全部知识和生活阅历,因而对格言的领悟要比年轻人更为深沉。同样,哲学之外的教育对于哲学智慧的形成有着不可替代的价值。

智慧是哲学的题中之义,转识成智、涵养智慧是教育的一个重要命题,二者在追求智慧的过程中彼此交融。冯契先生对转识成智作了独到的论证:知识和智慧是有差别的,这种差别意味着由知识到智慧的转化,包含着飞跃。从知识到智慧是在理论思维领域的融会贯通而体验到无限、绝对的东西。这种体验是具体的、直觉的。但从知识到智慧的飞跃不是以物极必反的形式出现,而通常是保持着与知识经验的联系,在保持动态平衡中实现的转化。不能把知识与智慧割裂开来,飞跃不是割裂。哲学的智慧虽超越科学的知识,但作为理论思维掌握世界的方式,哲学不能脱离科学,没有一定科学修养的人也成不了哲学家。③ 刘吉林从另一个角度来分析转识成智的达成:从哲学的本意"智慧"来说,哲学与知识不同,但同时又贯穿于知识之中。"智慧高于知识,因为智慧并不局限于现存知识本身,而是要进一步追求知识、发展知识、反思获得知识的方法、结果和影响以及知识与我们生存世界的关系,尤其是知识与人的关系,如此等等。只有当知识成为主体追求的目标并融入主体的生存世界之中,因而使主体追求知识的活动与主体的生命存在本身融为一体,并上升为主体生命的意义时,才能实现'转识成智'的飞跃。"④ 转识成智的飞跃离不开基础知识的学习,基础知识的学习离不开教育;这种飞跃同样离不开人的主动反思和发展,人的反思和发展同样是教育所追求的崇高目标。因此,教育对哲学智慧的生成具有不可替代的作用。

---

① [德]诺瓦利斯.夜颂[M].林克,译.成都:四川人民出版社,2018:140.
② [德]黑格尔.小逻辑[M].贺麟,译.北京:商务印书馆,2009:10-11.
③ 冯契.认识世界和认识自己[M].上海:上海人民出版社,2011:240-241.
④ 刘吉林.智慧解读:从哲学语境到教育学语境[J].当代教育科学,2010(19):17-21.

三、哲学智慧促进教育的良好发展

哲学对于各门学科知识的掌握同样具有推动作用。杨国荣认为，"哲学教育主要从思维方式、价值方向上，给受教育者以必要的引导，无论从方法论抑或价值论的角度看，哲学的教育和训练，都有助于更准确、更深入地理解各门知识各自的内涵以及它们对人类生活的不同意义"[1]。相较于一般的知识学习，哲学侧重价值观、思维方式的引导，属于唤醒真正人性的工作。教育影响着人们的观念世界，指导着人们的实践活动。开展好的教育，离不开哲学这一专业工具，它能帮助教育者理解思想的过程，理解语言、文化和社会，明了教育实践影响因素等，进而在教育实践中明智地行动。对于受教育者来说，哲学教育将哲学的知识传授给受教育者，引导受教育者学习哲学经典，感悟哲学魅力，提高理论思维的能力，让受教育者学会哲学思考，同时引导受教育者关注现实存在，从价值层面关切人类命运，帮助受教育者对人的存在及周围的世界有一种广阔的视野和深刻的洞察力。由此可以看出，哲学智慧在更高一层次促进教育更高质量地发展，教育者和受教育者获得了哲学智慧之后对教育和自身发展也会产生更深刻的理解。

张楚廷认为："哲学因教育的存在而必然产生，若今日之教育未能产生出哲学或推动哲学的发展，那就偏离教育的必然之道。这样，哲学就成了教育状况的基本标志。教育因哲学的存在而必然繁荣。若今日之哲学未能使教育繁荣，那就是哲学本身出了问题，或生病了，或萎缩了，或失去活力了，哲学对教育无所作为了。"[2]哲学智慧的产生是教育所必须要肩负的一项任务，而哲学智慧也应该给现存的教育提供一股源源不断的清泉，维持教育持续不断发展。

第三节　涵养哲学智慧，促成美好人生

一、理解哲学智慧的本质，启迪美好人生

哲学始于惊奇，哲学是最关注人的学问，是对智慧的热爱和追求。哲学的本然形态与智慧相关，表现为以智慧的方式把握世界[3]。哲学影响着人们的思维方式、价值方向，并不意味着其仅存在于形而上的思辨领域，哲学与现实存在和生活世界紧密联系，现实世界和人的实际活动是哲学生命力的源泉。因而，哲学并非高高在上、触不可及，只存在于学者专家的研究中，相反，哲学与每个人的生活都有关，每个人都有自己的哲学。

哲学智慧的本质在于引导人们基于人类文明衍化所凝结的成果，创造性地解决内在于现实存在和生活世界中的多样问题。简而言之，哲学的智慧在于使人从智慧的层面把握真实的存在。楼宇烈说："我们在日常生活当中任何一个人都离不开哲学，哲学是一种人生观、世界观。其实世界观最后也要落实到人生观，你对世界有一种什么样的认识，你的人生就会走一个什么样的道路。"[4]深刻

---

[1] 杨国荣.哲学与教育：从知识之境到智慧之境[J].探索与争鸣,2022(1)：149-154,180.
[2] 张楚廷.教育、哲学与经济[J].高等教育研究学报,2018(4)：34-37.
[3] 杨国荣.如何理解哲学教育——简答尚杰教授[J].探索与争鸣,2022(5)：75-79.
[4] 楼宇烈.中国哲学与人生智慧：上[J].紫光阁,2013(11)：83-85.

理解哲学智慧的本质与我们自身息息相关,在人生之路上不断地反思,不断地追求智慧,不断地使人生开启新的美好。

二、领悟哲学智慧的意蕴,理解美好人生

哲学智慧是苏格拉底式的知道自己没有智慧的那种智慧,即对智慧的热爱、追求和追问,它不是回答和解决各种具体问题的"小聪明",而是关乎人类生存发展和安身立命的"大智慧"。苏格拉底通过"认识你自己"和秉持"未经省察的人生是不值得过的",保持自我不断地追求智慧,也即"爱智慧",充分发挥哲学的反思功能和智慧启迪功能,从哲学中寻找智慧和人生滋养。杜威认为,哲学以一种总体的、概括的或终极的态度来讨论目的、观念和过程问题。哲学致力于对生活和世界的诸多不同的方面进行整理,以便把它们组织成为一个包容一切的整体。哲学还意味着一种态度,致力于获得一种对于人生经验的统一的、一致的和综合的观照。这就是"爱智慧"一说所要表达的内容。也就是说,爱智慧、有哲学智慧的人,能够以一种整体观来关怀人与自然的关系,从而更好地关怀人自身,并实现人与自然的和谐、人生的幸福和美满。正如冯友兰先生所言,"学哲学的目的,是使人作为人能够成为人,而不是成为某种人"[①]。某种人,即具有特定身份和从事特定职业的人,他们拥有某种专业知识,掌握某种专业技能,扮演某种特殊角色。而哲学所要使人成为的是超越"某种人"的一般人,即圣人。简言之,圣人就是意识到自己善的本性并身体力行的人。领悟了哲学这一智慧,对人生有了更好的理解,人们过上美好生活的可能性又增长了许多。

三、把握哲学智慧的特点,升华美好人生

哲学是人性与天道的追问或智慧之思,其本身内含了可说与不可说的二重品格,这一特点使得哲学智慧在某种程度上具备着"可学""不可教"的特点。面对这一特点,应该如何去做呢?杨国荣认为"哲学的超学科性本质上表现为智慧之思,以引导'思'为哲学教育的内在指向,无疑合乎哲学的这一品格"[②],在雅思贝尔斯看来,"哲学是不能教的,只能靠自身的悟性去参悟人生与世界"[③]。哲学并不像一般学科那样具有"可教性",哲学离不开思考,拥有哲学智慧需要不断地追问和反思。但只有追问反思是不够的,孔子的"学而不思则罔,思而不学则殆",提醒人们学习和思考要相结合,才能有所收获,而要想走进哲学,获得哲学智慧,同样需要学习。恩格斯认为:"一个民族要想站在科学的最高峰,就一刻也不能没有理论思维。""理论思维无非是才能方面的一种生来就有的素质。这种才能需要发展和培养,而为了进行这种培养,除了学习以往的哲学,直到现在还没有别的办法。"[④]学习哲学要进一步接触哲学家的经典,由阅读经典,重新经历哲学家的思维历程,具体地了解其如何提出问题,如何思考问题,如何解决问题,通过这一过程,学会如何进行哲学思维,并逐渐提高这种思维能力。[⑤] 此外,从中国哲学传统来看,真正意义上的深层哲学内

---

① 冯友兰.中国哲学简史[M].涂又光,译.北京:北京大学出版社,1985:16.
② 杨国荣.哲学与教育:从知识之境到智慧之境[J].探索与争鸣,2022(1):149-154.
③ [德]雅思贝尔斯.什么是教育[M].邹进,译.北京:生活·读书·新知三联书店,1991:160.
④ [德]恩格斯.马克思恩格斯选集(第三卷)[M].北京:人民出版社,2012:875,873.
⑤ 杨国荣.哲学与教育:从知识之境到智慧之境[J].探索与争鸣,2022(1):149-154.

涵，需要基于超乎言说的日用常行的过程以及深切的生活经历来理解，当人们的日常生活中融入了这种循环往复的"思"与"学"时，就能进一步理解、体悟哲学智慧，从而能更好地理解人与人、人与世界的关系，无限接近美好人生。

四、发挥哲学智慧的功能，涵养美好人生

哲学，与对"什么是可能的"问题的思考和追寻有关，而不是为了获得终极的知识。任何哲学都有在思想中"引人上路"的功能，都会在灵魂深处成全人、成就人，提升人的思想境界、捍卫做人的基本尊严、拔高人的生命质量，所以是最大意义上的人学。① 按照中国哲学传统，哲学涉及成己与成物，即成就自己、成就世界的过程，这是哲学的基本使命。冯友兰认为，哲学属于为道的范畴，它的功用不在于增加积极的知识（关于实际的信息），而在于提高精神的境界——达到超乎现世的境界，获得高于道德价值的价值②。也就是说，哲学智慧的功能并非增加与个体生存生活有关的真实可靠的知识，而是关乎个人精神境界的提升，常常扮演着"无用之大用"的角色，它多以隐性方式呈现，引导着人们去追寻什么是合理的价值取向，什么是真正合乎人性的存在等终极意义上的问题。杜威曾说，哲学的意义在于它不仅停留在哲学家的思考层面，而是用来解决人的各种问题，让人从善于思考中获得生活的教益。这意味着，哲学智慧能够帮助我们更好地生活，它能够为人们认识世界和改造世界提供方法论的指导，帮助人们学会分辨什么是正当的，什么是不正当的；什么是对的，什么是错的；什么是善的，什么是恶的；如此等等。可以说，哲学智慧的功用并非单一，发挥哲学智慧的功能，它既为人们追求美好生活提供了方向上的指导，也为人们提供了获得更高价值的途径。

五、汲取哲学智慧的营养，享受美好人生

哲学智慧既有对自然规律的探索、历史人物的剖析，也有对社会之谜的解答、思想面纱的揭示；既有对真的弘扬、善的启迪，也有对美的追求、爱的升华。③ 它有助于人们摆脱心灵桎梏，开阔心胸，提高思想境界，获得精神的自由和心灵的愉悦，是指导人们生活得更好的艺术。在马克思看来，哲学是现世的智慧；恩格斯认为，哲学是一种活的智慧。汲取哲学智慧，就是学会追求智慧，掌握并运用哲学世界观与方法论的智慧，养成正确的生活方式，理智地安排自己的一切。"道不远人。人之为道而远人，不可以为道"。哲学的智慧，唯有"思入现实生活"才能"重返智慧本根"，即唯有实践生存才能真正把握哲学智慧的妙谛，要在身体力行、日用常行中使言行举止逐渐合乎规范，进而转化为自觉的道德意识。正如雅思贝尔斯所言："学习哲学知识、参加哲学思考、使哲学思考转化为日常生活。"④要尝试把哲学的智慧生存化、实践化、生活化，与智者同行、与经典作品为伴，汲取哲学智慧精华，学过一种有智慧的生活，让人生更加美好。

---

① 赵剑英，等.哲学研究要有强烈的批判意识和问题意识[J].学术界，2006(4).
② 冯友兰.中国哲学简史[M].涂又光，译.北京：北京大学出版社，1985：8.
③ 朱荣英.当代哲学究竟该如何"重返智慧本根"？——基于中西比较语境对哲学智慧的本质及功能的当代解读[J].河南教育学院学报(哲学社会科学版)，2011(4)：73-80.
④ ［德］雅思贝尔斯.什么是教育[M].邹进，译.北京：生活·读书·新知三联书店，1991：159.

思考题

1. 什么是哲学智慧？哲学智慧的功用有哪些？
2. 哲学智慧的意蕴有哪些？
3. 如何理解教育与哲学的关系？教育是获得哲学智慧的唯一途径吗？
4. 如何理解哲学智慧与知识学习的关系？没有知识的积累能生成哲学智慧吗？
5. 教育如何通过涵养哲学智慧达成美好人生？

拓展阅读

1. [英]罗素.西方哲学史：珍藏本[M].何兆武,李约瑟,译.北京：商务印书馆,2008.
2. [德]雅斯贝尔斯.智慧之路[M].柯锦华,范进,译.北京：中国国际广播出版社,1988.
3. 胡适.中国哲学史大纲[M].北京：商务印书馆,2011.
4. 冯友兰.中国哲学简史[M].涂又光,译.北京：北京大学出版社,1985.
5. 李泽厚,刘绪源.该中国哲学登场了？李泽厚2010谈话录[M].上海：上海译文出版社,2011.
6. 陈少明.生命的精神场景——再论《庄子》的言述方式[J].中山大学学报(社会科学版),2020(3)：87-93.
7. 刘吉林.智慧解读：从哲学语境到教育学语境[J].当代教育科学,2010(19)：17-21.
8. 刘文霞.从"爱智慧"理解教育哲学及其事业[J].教育研究,2002(12)：33-34,43.

第十章　教育如何守望人文精神

思维导图

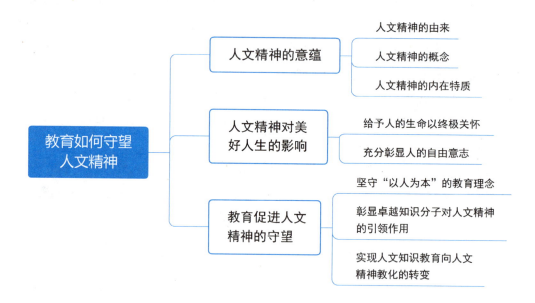

学习目标

知识目标	掌握人文、人文精神的基本概念及人文精神的内在特质 领会人文精神对美好人生的影响及教育促进人文精神的守望
能力目标	领会人文精神的内涵，树立以人为本的思想，学会尊重生命。采用"知其不可为而为之"的精神对待学习和生活，发扬艰苦奋斗精神，培养坚强意志
素质目标	增强人文精神、人文理念和人文关怀，实现从人文知识向人文精神的转变，提高人文素养
思政目标	树立正确的生命观，珍爱生命，尊重生命，彰显生命的意义 落实立德树人根本任务，提高社会责任感

第一节 人文精神的意蕴

一、人文精神的由来

"人文"一词,最早见于《易经》中的"刚柔交错,天文也。文明以止,人文也。观乎天文,以察时变。观乎人文,以化成天下"。这里的"天文",指的是日月的周期交替和变换。所谓的"人文",按照唐人孔颖达的解释,指的是《诗》《书》《礼》《乐》等典籍。所以,这句话可以理解为:通过观察日月更迭、斗转星移等自然现象,可以知悉季节变换和自然规律;通过观视人民的礼仪文明,可以教化天下。

人文精神的由来,可以追溯到欧洲文艺复兴时期。文艺复兴指的是发生在14世纪到16世纪的一场思想解放运动,这场运动的思想家提出人是宇宙的中心,要求肯定人的尊严与价值,反对封建神权对人思想和精神的控制与禁锢,其蕴含着人文精神的内涵。事实上,人文精神的概念,是一个"舶来品",它的英文是humanism,通常又译作人文主义、人本主义、人道主义。

二、人文精神的概念

人文精神的概念包括广义和狭义两种。广义的人文精神指始于古希腊的一种文化传统,即:关心人和尊重人。狭义的人文精神则是指文艺复兴时期的一种思潮,其核心思想为:关心人,尊重人,以人为本,重视人的价值,反对神学对人性的压抑;张扬人的理性,认为人会思考,反对神学对理性的贬低;主张灵肉和谐、立足于尘世生活的超越性精神追求。[1]

目前,学界关于"人文精神"内涵的理解各有千秋,在不同时代和不同层面有不同的含义。尽管如此,我们还是能够从诸多学者对此概念的界定中来了解、体认其意蕴所在。我国学者徐之顺认为,"人文精神是一种普遍的人类自我关怀,表现为对人的生命存在和人的尊严、价值、意义的理解、维护和追求"[2]。张立文认为,"中国人文精神的宗旨,是对于生命的关怀"[3]。孟建伟认为,"一般说来,所谓人文精神,应当是整个人类文化所体现的最根本的精神,或者说是整个人类文化生活的内在灵魂。它以崇高的价值理想为核心,以人本身的发展为终极目的"[4]。许苏民认为,"人文精神是人性——人类对于真善美的永恒追求——的展现。……人文精神本质上是一种自由的精神、自觉的精神、超越的精神"[5]。另外,他又将人文精神分为以下三个层面:"第一,对于'人之异于禽兽',而为人所特有的文化教养的珍视;第二,对于建立在个体精神原则基础上的人的尊严、人的感性生活,特别是每一个人自由地运用其理性的权利的珍视;第三,对于建立在教养有素基

---

[1] 乔欣.人文音乐的性质特点及功能价值[J].民族艺术研究,2012(6):61-68.
[2] 徐之顺.论人文精神与构建社会主义和谐社会[J].南京社会科学,2007(5):93-97.
[3] 张立文.儒学人文精神与现代社会[J].南昌大学学报(人文社会科学版),2002(2):1-6,12.
[4] 孟建伟.科学与人文精神[J].哲学研究,1996(8):18-25.
[5] 许苏民.人文精神论纲[J].学习与探索,1995(5):75-82.

础上的每一个人在情感和意志方面自由发展的珍视。"①刘济良总结性地提出,"人文精神是对'人'的存在的思考,是对'人'的价值、'人'的生存意义的关注,是对人类前途、命运以及人类的痛苦与解脱的思考和探索"②。

可见,关于"人文精神"概念的界定,学界尚处于众说纷纭、言人人殊之中。但通过以上学者的论述,我们仍然可以洞察、体认到人文精神的核心旨趣所在,即人文精神强调对"人的主体地位"的追求,尊重人格,重视人的价值。所以,人文精神是以人为本,以尊重人的生命为根本目的,并立足于人之主体地位的确证与提升,以及对个体意识、自我意识的觉醒和守护。

三、人文精神的内在特质

被马克思誉为"人类最伟大的戏剧天才"的莎士比亚是一个人文主义者,他在其剧作《哈姆雷特》中这样赞美人类:"人类是一件多么了不起的杰作!多么高贵的理性!多么伟大的力量!多么优美的仪表!多么文雅的举动!在行为上多么像一个天使!在理智上多么像一个天神!宇宙的精华!万物的灵长!"③这些富有激情、张力和"鼓动性"的文字,从一个侧面表征了人文精神的内在特质。

(一) 人具有"高贵的理性"

人文精神的内在特质之一,是人具有"高贵的理性"。自文艺复兴以后,人的理性化思维得以充分地舒展、彰显与张扬。人们对变动不居世界的认识、理解与把握不再通过祈求上帝的感召与启示,一味地囿于繁文缛节的僵化教条与清规戒律之中,而是转向求助一直埋藏于主体自身的理性思维、理性认知与逻辑判断。于是,理性取代宗教成了衡量与判断一切事物合法性存在的标准、尺度与依据。

拉伯雷,文艺复兴时期著名的人文主义作家,其长篇小说《巨人传》,描写了高康大、庞大固埃作为理性和知识代言人的巨人形象。书中叙述高康大一落地,不像别的婴孩呱呱啼哭,而是大声叫嚷:"喝呀!喝呀!喝呀!"④"庞大固埃身材和体力成长之快速,令人难以置信,他每顿饭要喝四千六百条母牛的奶,人们让母牛给他喂奶,他居然挣脱了摇篮的绳索,几乎将母牛囫囵吞下。……终于,庞大固埃来到了巴黎,将语法、论理、修辞、算术、几何、音乐、天文等七科钻研了一番。"⑤高康大、庞大固埃的典型事例,充分彰显出其从"繁文缛节的僵化教条"跳脱出来,进而展现出其自身的"理性思维、理性认知与逻辑判断"。这些被看作是"巨人们"对知识、理性等的渴望与探求。

(二) "知其不可为而为之"的精神

人文精神的内在特质之二,是赋予了人"知其不可为而为之"的精神。在中世纪,宗教神道主义文化作为统治阶级所施行的意识形态而大行其道,人们只是等待上帝或宗教神来解困或拯救的臣民与信徒,其一切行为都应受到神圣旨意的控制与安排。自文艺复兴以后,人的主体意识得以强化,人的主体地位得以确立。人具有了挑战权威、冲破一切神权与禁锢的意识和行为。

---

① 许苏民.人文精神论纲[J].学习与探索,1995(5):75—82.
② 刘济良.论我国青少年的价值观教育[D].上海:华东师范大学,2001:96.
③ [英]莎士比亚.莎士比亚全集[M].朱生豪,译.北京:人民文学出版社,2010:41.
④ [法]拉伯雷.巨人传[M].胡茜,译.太原:北岳文艺出版社,1991:6.
⑤ [法]拉伯雷.巨人传[M].鲍文蔚,译.北京:人民文学出版社,1983:192—205.

塞万提斯，文艺复兴时期的西班牙小说家，其著作《唐·吉诃德》是世界文学的瑰宝之一。该书叙述的主人公吉诃德具有双重性格，一方面他是疯狂而可笑的，一心只想着和臆想中的敌人作斗争。但另一方面，我们也看到了吉诃德无所畏惧、敢做敢当的英雄形象。在整个作品中，塞万提斯对人之自由、勇敢、创造的称颂随处可见，对封建制度压迫人、剥削人的控诉力透纸背，这也充分展现了其"知其不可为而为之"的精神。

（三）"人人生而平等"的理念

人文精神的内在特质之三，是"人人生而平等"的理念深入人心。18世纪启蒙主义所强调的"人人生而平等"，体现出追求自由、平等、博爱、人权、民主等当代社会的核心价值观。[①]

关于此观点的分析，可以通过《威尼斯商人》的片段来理解。在"法庭"这一幕中，鲍西亚女扮男装，为安东尼奥辩护。她在法庭上自信、从容、充满智慧，最终使得安东尼奥转危为安。鲍西亚已经不再是旧时被压迫在社会最底层的女性形象，她用理性战胜了邪恶，闪耀着人文主义中人人生而平等的光辉。

第二节 人文精神对美好人生的影响

从教育的立场与逻辑来看，人文精神可以从哪些方面对美好人生产生影响呢？对此，冯骥才认为当今人文精神的传统价值观正遭遇到颠覆性的冲击，重建人文精神迫在眉睫。要重建，根底在教育，人文精神就是教育的灵魂[②]。因此，我们需要通过教育的力量，来重拾人们对人文精神的信念或者信仰。

一、给予人的生命以终极关怀

人文精神在根本上指向人的主体生命层面的终极关怀，它将受教育者看作是一个具有巨大生命潜能的有机体，其生命与未来的发展具有多种可能性和不可预知性。关于这一点，在《论语》里面有鲜活的体现："厩焚。子退朝，曰：'伤人乎？'不问马。"这个故事大意为：孔子家的那个马厩，有一天着火了。孔子回到家之后，仆人告诉他这个事情。而孔子的第一反应，就是先问人到底怎么样了，人有没有受伤？而不是问马怎么样了。在当时，马是很贵重的东西，而看护马的大抵都是奴隶贱民，在一般王公贵族眼里，马比人命要值钱。所以说，从孔子的反应来看，他对人的生命有一种极大关怀。孔子对人的主体生命的关怀是深植于他的精神世界里面的，从这个角度来说，孔子是个人文主义者。而在《摩登时代》里，却体现出人文精神的淡化。在这部无声电影中，工人查理的任务是不停地用手中的扳子去拧那些流水线上快速移动的六角螺帽。由于工作节奏极快，在查理的眼睛里，唯一能看到的东西就是一个个转瞬即逝的六角螺帽。这样的工作负荷，导致他的生活陷入了混乱，他只要一看到六角形的东西，就会情不自禁地去拧，最后因重复的流水线作业导致精神失常。无疑，这部具有划时代意义的无声电影，真实地再现

[①] 汪树东.从生态批评视角重审西方漂流小说[J].西南大学学报（社会科学版），2015（1）：144-152.
[②] 冯骥才.人文精神是教育的灵魂[J].现代教学，2018（24）：1.

了资本主义的大机器工业生产对人性的压榨、摧残与戕害，也体现出机器大工业时代"人文精神"的淡化。

在新时期，我们提倡的生命教育，其实就是要让教育充满对受教育者的生命关怀。教育就是为生命的成长和发展，为生命的自由、光华和荣耀而服务的。1997年，叶澜教授在《让课堂焕发出生命活力》一文中阐释了生命课堂的内涵："我们把教学改革的实践目标定在探索、创造充满生命活力的课堂教学，因为，只有在这样的课堂上，师生才是全身心投入，他们不只是在教和学，他们还在感受课堂中生命的涌动和成长；也只有在这样的课堂上，学生才能获得多方面的满足和发展，教师的劳动才会闪现出创造的光辉和人性的魅力，教学才不只是与科学，而且是与哲学、艺术相关，才会体现出育人的本质。"[1]事实上，教育要让课堂焕发出生命活力，打造生命课堂。只有在生命课堂上，师生才全身心投入，学生才能更多地感受到生命的涌动与成长，教师的劳动才能闪耀出创造的光辉和人性的魅力，学生才能更好地发挥各方面的潜能与创造性。

因此，教育或教学不仅仅是和知识、技术相关，还要和哲学、艺术相关，才能更多地体现出育人的价值和本质。所以，在这种生命教育的观照之下，我们需要学会求知、学会做事，需要学会和别人合作，需要获得一些生活技能。唯有此，我们才能够立足于这个社会，才能够全面而有个性地发展。

二、充分彰显人的自由意志

珍视人的自由精神，充分彰显人的自由意志是当下学校教育的核心。关于自由的概念，不同的学者有不同的看法。哈耶克的《自由秩序原理》将自由的概念界定为："始终存在着一个人按其自己的决定和计划行事的可能性。此状态与一个人必须屈从于另一个人的意志（他凭借专断决定可以强制他人以某种具体方式作为或不作为）的状态形成对照。"[2]在自由的状态下，"一些人对另一些人所施以的强制，在社会中被减至最小可能之限度"[3]。就是说一个人他可以按照自己的决定和计划去做事情，而不是说是受到外人的强迫，或者说屈从于某一个人的意志。他可以按照自己的想法、自己的决定、自己的计划，去做某些事情。这就是一个人的自由。这和外在的压迫，受到他人的驱使去做某些事情是不一样的。从这个层面上来说，自由是生命意志的彰显，是人主体生命意志的体现，是"沉重的肉身"具有按照自己的决定、想法、信念、计划去做事的可能性，而教育的真谛就是要充分绽放受教育者生命的自由，给他们充分施展生命自由的这种平台和空间。

传统的教育模式常常采用"灌输""填鸭""规训""强化""惩罚""复述""成绩排名""死记硬背"等教育方式。在这样的教育中，受教育者生命的丰富性、有机性以及完整性遭到解构和摧残。受教育者成为被控制的物件，而非独立的个体，也不是一个鲜活的生命体。所以，我们坚决拒斥这种"填鸭式""灌输式"的教育方式。

彰显生命的意义，充分尊重生命的自由，寻求人类诗意的栖居，是当下教育所追求的一个终

---

[1] 叶澜.让课堂焕发出生命活力：论中小学教学改革的深化[J].教育研究,1997(9)：3-8.
[2] ［英］哈耶克.自由秩序原理：上[M].邓正来,译.北京：生活·读书·新知三联书店,1997：2.
[3] ［英］哈耶克.自由秩序原理：上[M].邓正来,译.北京：生活·读书·新知三联书店,1997：1.

极命题,亦是人文精神在整个教育体系上的体现和彰显。教育要放飞学生的自由,充分尊重学生生命的可能性,不断让学生能够充分发挥自己的潜能,成为最好的自己。

第三节 教育促进人文精神的守望

讨论教育要守望人文精神,首先需要理解一下"守望"的含义。《孟子》中说:"乡田同井,出入相友,守望相助,疾病相扶持,则百姓亲睦。"这句话其实反映了孟子的社会理想。老百姓在家乡同耕一块田,邻家邻舍的,大家都友好、和睦地相处。盗贼来了,可以互相警戒,互相援助;家里有病人了,可以互相扶持、互相帮助。其次,守望还可以理解为守卫、捍卫与渴望。因此,守望人文精神,其实是对人文理念、价值、旨趣和使命的坚守。在教育教学领域,有三种可能的路径。

一、坚守"以人为本"的教育理念

教育是培养人的事业,培育与养成全面发展的人是教育的终极目的。全面发展的人既需要受教育者具备良好的科学文化素养以及驾轻就熟的实践动手能力,也需要受教育者具有厚重的人文精神与人文关怀,以及崇高的职业道德观念与强烈的社会责任意识。蔡元培认为,"教育是帮助被教育的人,给他能发展自己的能力,完成他的人格,于人类文化上能尽一分子的责任,不是把被教育的人,造成一种特别器具"①。因此,在学校教育中,我们要秉持与坚守"以人为本"的教育理念,全面为滋养与守护受教育者的整体智慧、科学精神、人文情怀、审美旨趣等基质发挥应有的价值与作用。

二、彰显卓越知识分子对人文精神的引领作用

古往今来,许多杰出的知识分子富有人文理念、人文精神和人文关怀。在教育发展进程当中,就需要充分发挥他们的才华和能力,来引领整个社会守望人文精神,彰显人文情怀。

雅各布在其著作《最后的知识分子》中区分了两种知识分子类型,一类是学院型的知识分子,另一类是批判型的知识分子。学院型知识分子就是做书斋学问,"两耳不闻窗外事",埋头专攻自己的"学术领地"。而那种公众型、批判型的知识分子,往往有更多的人文关怀和社会责任感,他们勇于对一些不好的社会现象作出回应或抨击。

在启蒙运动时期,涌现出了很多杰出的优秀知识分子,他们不断地写文章,做演讲,以引领这个社会不断走向公平、公正和正义。如著名的启蒙思想家洛克认为,"人类天生都是自由、平等和独立的,如不得本人的同意,不能把任何人置于这种状态之外,使受制于另一个人的政治权力"②。这其实体现了在法律面前人人平等的人文精神。

---

① 高奇.中国高等教育思想史[M].北京:人民教育出版社,1992:259.
② [英] 约翰·洛克.政府论:下篇[M].叶启芳,瞿菊农,译.北京:商务印书馆,1981:59.

三、实现人文知识教育向人文精神教化的转变

事实上，人具有了相关的人文知识，并不代表就具有了人文精神或者人文理念。知识的储备不代表有智慧，所以说，具有人文知识和富有人文精神是不能画等号的。而我们教育的目的，不仅是要让人有知识，更是要人有活跃的智慧；不仅是让人具有相当的人文知识，还要让人具有充盈的人文精神和人文理念。因此，现代教育要实现"人文知识"教育向"人文精神"教化的转变。

但令人遗憾的是，当前教育对学生的说教和灌输色彩异常浓厚，不少学科甚至是一些人文学科沦落为一种知识的传授，极大地削弱了对学生进行精神陶冶、人格升华的熏陶。正如学者黄俊杰所说："今天我们大学里面的人文教育，已经逐渐脱离了'人'本身，'教育'与'实践'出现了分离。在全球化时代，我们迫切需要新的人文精神。"① 同时，他也提出了一种改进的思路。在他看来，"这个新的精神，就是以经典阅读为核心。只有经由对经典的阅读，我们才能矫治最近半个世纪以来人文教育的重大缺失：记忆性重于思考性，而且误把人文知识当作人文精神。只有经过有深度的经典阅读，我们才能引导我们的青年一代，使他们能够和古今中外的伟大心灵互相照面，互相对话"②。

同时，守望人文精神，必然是师生之间的守望。在大学这个场域里面，诚如怀特海所说："大学之所以存在，主要原因并不在于仅仅向学生们传播知识，也不在于仅向教师们提供研究的机会……大学存在的理由是，它使青年和老年人融为一体，对学术进行充满想象力的探索，从而在知识和追求生命的热情之间架起桥梁。"③ 守望人文精神是我们的共同责任，也是我们的共同使命。

思考题

1. 请简述人文精神的内在特质。
2. 教育如何守望人文精神？
3. 如何对待"科学文化"与"人文文化"之间的冲突？
4. 如何规避学校教育在文化层面上的隔膜与分裂？

拓展阅读

1. 朱九思.要从中小学抓起——科学教育与人文教育相结合的根本途径[J].中国高教研究，2002(9).

2. 王锐生.人文精神的历史形态——对人文精神的历史主义考察[J].北京师范大学学报(社会科学版)，2003(1).

3. 陈祎鸿.论现代教育的人文精神危机[J].教育科学研究，2011(8).

---

① 黄俊杰.勿把"人文知识"等同于"人文精神"[J].中国高等教育，2008(24)：63.
② 黄俊杰.勿把"人文知识"等同于"人文精神"[J].中国高等教育，2008(24)：63.
③ [英]怀特海.教育的目的[M].徐汝舟，译.北京：生活·读书·新知三联书店，2002：137.

4. 叶远帆.学校思想政治教育中人文精神的彰显[J].教学与管理,2011(27).

5. 张乐.教育学学者人文精神的遮蔽与回归[J].中国教育学刊,2016(12).

6. 李建华.人文精神与文人精神：当下教育的一种窘境[J].湖南师范大学教育科学学报,2017(2).

7. 薛燕,张汉云.课堂教学人文精神的缺失与重塑[J].教学与管理,2017(27).

8. 李国亮.中华传统人文精神及其时代价值[J].中学政治教学参考,2018(15).

9. 宋妍煜.论人文精神在中小学教育中的实践[J].教育理论与实践,2018(14).

10. 张恩德,彭旭.论指向核心素养落地的科学与人文课程整合[J].教育科学研究,2019(2).

第十一章 教育学生正确认识死亡

思维导图

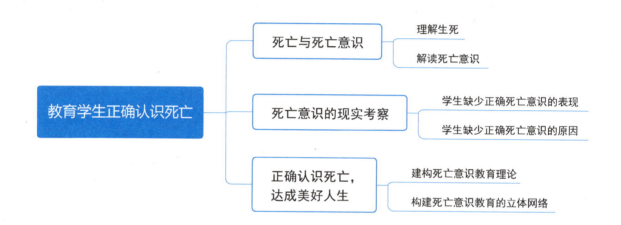

学习目标

知识目标	理解死亡的内涵;了解中国传统文化、西方哲学所蕴含的死亡意识;掌握死亡意识的重要教育价值
能力目标	通过死亡意识的学习,使学生了解和掌握死亡意识"分析-综合"的研究性学习思路
素质目标	学会结合死亡意识教育案例进行自主探究,提升自身修养、心智等多方面素质
思政目标	树立合理且合意的生死观和积极进取的生命价值观,唤醒超越死亡、实现美好人生的生命自觉

第一节 死亡与死亡意识

古希腊剧作家索福克勒斯创作的《俄狄浦斯王》中有这样一则寓言:斯芬克斯是古希腊神话中一个长着狮子躯干、女人头面的有翼怪兽,坐在忒拜城附近的悬崖上,向所有过路人提问:"什么东西先是四足,后是两足,最后三足?"凡答不对的人,都将被它吃掉。有一天英雄俄狄浦斯遇见了斯芬克斯,他回答:"是人。人在婴儿时期匍匐爬行,长大后两脚直立步行,老年时拄杖行走。"谜底被揭开,斯芬克斯羞愤地跳崖而亡。这就是著名的斯芬克斯之谜,标志着人类在"认识自己"的探索之路上的最初觉醒。然而,斯芬克斯之谜不仅仅体现着人对"人是什么"的思考,也展现着人对于"人生是什么"的思考——人生并非一成不变,而是一个过程,一个从四脚爬行到直立行走再到拄杖蹒跚而行的过程,一个渐次步入衰老、迈向死亡的过程。这也进一步说明,死亡是内在于人生之中的东西,是关乎人之为人的生命之谜。生命与死亡的关系正如一枚硬币的两面,认识与理解死亡即是理解生命的限度,对死亡的理性思考促使着个体形成关于生命的敬畏意识,从而指导着个体面对生命的限度能够更好地实现自身存在的价值与意义。正确认识死亡是觉解人之为人的生命之谜的关键,是死亡意识形成的重要前提,是实现美好人生的必要保障。基于此,教育应帮助学生正确认识死亡、形成正确的死亡意识,并在此基础之上引导学生追寻生存的价值与意义。

一、理解生死

死亡可谓几乎与人类同龄的最为古老的谜,人类"至少从直立人开始向智人过渡的旧石器时代中期起,面对着同类的死亡,就开始认真地思考起死亡问题来了。最初,人类的死亡思考是以原始宗教活动、原始宗教神话、原始宗教艺术和原始丧葬仪式等形式表现出来的。尔后,随着人类思维能力的提高,社会与科学的进步,于宗教、文学艺术之外,死亡又成了生物学、医学、心理学、政治学、法律学、伦理学等许多具体科学或精确科学的研究对象"[①]。人类不断向着越来越深的层面去猜度生死之谜。究竟什么是死亡?死亡具有哪些特征?死亡与生命的关系是怎样的?本节将从死亡的内涵、特征等方面来揭示死亡的多层意涵。

(一)死亡的内涵

死亡意味着自然生命的结束和生活世界的解体。《辞海》对死亡进行了解释,死亡是"机体生命活动的终了。人和高等动物可因生理衰老而自然死亡,或因机械的、化学的或其他因素引起意外死亡,但大多数是因各种疾病而致的病理性死亡"[②]。死亡的过程分为临床死亡和生物学死亡两个阶段:临床死亡是指心跳和呼吸停止;生物学死亡是死亡过程的最后阶段,整个中枢神经系统和机体各器官的新陈代谢相对终止,出现不可逆变化。这意指自然生命结束层面的死亡。另一方面,死亡也是个体关系性生命的逐步消散的过程,意味着"人的社会身份失效和生活世界的解体,包括人的身份、地位的失去,法律关系的终止和伦理关系的瓦解"[③]。公民身份的结束是人的社会死亡的开始。民法上的死亡是指自然死亡和宣告死亡:自然死亡是指符合生命和疾病自然发展规律,没有暴力干预而发生的死亡;宣告死亡是指自然人离开住所,下落不明达到法定期限,经利害关系人申请,由人民法院宣告其死亡的法律制度。本节讨论的死亡是指人的自然生命活动的终了。

(二)生命与死亡的特征

死亡是机体生命活动的终结,它因生命的存在而存在,所以,理解死亡的特征需要从认识生命以及生命的特征开始。所谓"生命",根据《辞海》的界定,是指"由高分子的核酸蛋白体和其他

[①] 段德智.西方死亡哲学[M].北京:北京大学出版社,2006:7.
[②] 辞海编辑委员会.辞海:缩印本[M].7版.上海:上海辞书出版社,2022:2119.
[③] 雷爱民.死亡是什么[M].北京:北京大学出版社,2020:55.

物质组成的生物体所具有的特有现象。能利用外界的物质形成自己的身体和繁殖后代,按照遗传的特点生长、发育、运动,在环境变化时常表现出适应环境的能力"①。生命通常表现出以下特征:

第一,偶然性。按照存在主义的观点,人的出生是偶然的,人的生命在种种偶然的际遇中产生,人是偶然地被抛到这个世界上来的。从宇宙的形成到每一个个体生命的诞生,从生命所需复杂分子的出现到细胞结构的产生、胚胎的完形与发育,可谓是"过五关斩六将"的历程,其中任何一个步骤的发展情形不同,生命也将无从产生,从这个意义上讲,生命的出现是一系列偶然事件所共同成就的。

第二,独特性。每个人都是独特的个体,正像世界上没有两片完全相同的树叶一样,也不会有两个完全相同的人。"每个人都是独一无二的,世间不可能存在两个绝对相同的生命体。每个人都是作为无可替代的独立个性存在着。"②每个人的生命都是唯一、不可复制、无法替代、不可让渡的。由于人的遗传素质、生活环境、教育条件以及个体主观能动性的不同,在身高、体重、认知水平、情感能力、记忆品质、行为能力、思维水平等方面的不同,个体在社会生活中就会呈现出不同的个体生命特征,展现着每一个个体独特的精神世界和灵动的生命姿态,每个个体生命都是不可重复的、不可再造的价值主体。

第三,有限性。人作为自然界一种生机勃勃、有生有灭的生命存在体,其存在是有条件的。一方面,体现为生命在时间和空间维度的外部限制。正是基于对生命有限性的体味,才发出"寄蜉蝣于天地,渺沧海之一粟。哀吾生之须臾,羡长江之无穷"③的感慨。在西方,存在主义哲学家雅斯贝尔斯在《什么是教育》中指出,"单个的人是在他生存的有限性中而开始其生命历程的"④。生命哲学的拓荒者狄尔泰则认为,"历史性和时间性是生命的基本范畴"⑤。人必有一死,"'向死的生命'制约着我们对生存的感受。死亡的威胁使我们更敏锐地意识到我们与生命和世界的联系,它通过迫使我们自我反思,赋予生命以意义"⑥。另一方面,生命的有限性体现在人之能力的内在限度上,正如法国哲学家帕斯卡尔在《思想录》中写道,"我们在各方面都是有限的,因而在我们能力的各方面都表现出这种在两个极端之间处于中道的状态。我们的感官不能查觉任何极端:声音过响令人耳聋,光亮过强令人目眩,距离过远或过近有碍视线,言论过长或过短反而模糊了论点,真理过多使人惊惶失措"⑦。

第四,不可逆性。生命的发展过程是有一定顺序的,从婴幼儿时期、儿童时期、青少年时期、中年时期到老年时期,这是一个不可倒流的过程。随着时间的推移,生命也在不断地向前发展、变化,生命是一场无法彩排的演出。米兰·昆德拉如是说:"人只能活一回,我们无法验证决定的对错,因为,在任何情况下,我们只能做一个决定。上天不会赋予我们第二次、第三次、第四次生命以供比较不同的决定。"⑧

第五,脆弱性。从生命的孕育到呱呱坠地后的养育,从咿呀学语再到蹒跚学步、自立成长,个

---

① 辞海编辑委员会.辞海:缩印本[M].7版.上海:上海辞书出版社,2022:1996.
② 冯建军.生命与教育[M].北京:教育科学出版社,2004:272.
③ 王水照,朱刚.苏轼诗词文选评[M].上海:上海古籍出版社,2004:109.
④ [德]雅斯贝尔斯.什么是教育[M].邹进,译.北京:生活·读书·新知三联书店,1991:80.
⑤ 张汝伦.现代西方哲学十五讲[M].北京:中信出版社,2020:110.
⑥ 张汝伦.现代西方哲学十五讲[M].北京:中信出版社,2020:111.
⑦ [法]帕斯卡尔.思想录[M].何兆武,译.北京:商务印书馆,1985:32.
⑧ [法]米兰·昆德拉.不能承受的生命之轻[M].许钧,译.上海:上海译文出版社,2014:287.

体生命进程是在受到精心照料和个体的努力之下实现的,生命的脆弱性体现在这一生命进程中存在着诸多危害生命的因素。据国家统计局《中华人民共和国2021年国民经济和社会发展统计公报》统计,"全年各类生产安全事故共死亡 26 307 人,其中道路交通事故万车死亡人数 1.57 人"①。溺水、交通事故、跌落、动物伤害、烧伤烫伤是造成儿童意外伤害和死亡的主要原因。据世界卫生组织报告,"意外伤害是世界各国 0—14 岁儿童死亡的主要原因,每年约有 100 万儿童死于意外伤害,占儿童死亡率的 26% 左右,而且这个数字还在以每年 7%—10% 的速度上升"②。一项基于印度、中国、巴西和墨西哥四国 2005—2016 年间 5—14 岁死亡儿童原因的研究数据显示,"意外伤害是我国 5—14 岁儿童死亡的重要因素(20 970 人,53.2%),其中溺水是主要原因"③。每个人的生命只有一次,生命的偶然性、唯一性、有限性和脆弱性提醒着我们要倍加珍惜生命。

第六,发展性。个体生命的存在并非一成不变的,而是不断生成、变化、发展的。正如兰德曼所说:"动物只是在自然之手已把它铸成之后才来到世上,它只需要实现在它之中已经是现存的东西。而人的非专门化却是一种不完美。自然似乎没有把他铸成就将其放到世界中;自然没有作出关于他的最后决定,而是在某种程度上让他成为不确定的东西。"④个体生命是一种"未特定化"的存在,从生命的形成到出生、成熟,一直到衰老,在这一过程中,人的生理和心理随着年龄的增长而不断地发生变化。个体的身心发展具有顺序性、阶段性、不平衡性、差异性、稳定性和可变性等特征,是量变和质变统一的过程。在个体的身心发展中,影响人的发展的因素主要有遗传、环境、教育以及个体因素,在这些因素的综合影响下,人的生命得以不断变化、发展。

有生必有死,这是生命发展的客观规律,也是生命的本质规定和必然结局。结合上述生命的特征,死亡呈现出以下几种特征:

第一,必然性。"人固有一死",人的生是一种偶然,死却是一种必然。死亡的必然性是无法以人的意志为转移、谁也无法改变的客观规律。死是人的生命的必然的归宿。"生给人类带来有限的欢乐,死却给人造成无穷的苦难。"⑤纵观人类的发展史,尽管历代帝王都苦寻长生不老的灵丹妙药,但始终无一人成功从"死亡之途"中逃离。

第二,普遍性。死亡的普遍性主要体现在两个方面:一方面,从共时态来看,死亡是最公正的,死亡对待每个生命都是平等的,它从来不会漏掉任何一个人。每个人都要面对死亡,死亡是普遍发生的、每个人都无法回避的问题。尽管每个生命都是独特的、唯一的存在,有着不同的生命形态和生命历程,但其生命的起点和终点都是相同的,每个生命都会毫无例外地走向死亡。另一方面,从历时态来看,自生命孕育之始,生命的每时每刻都伴随着死亡,死亡是波及整个生命过程的普遍现象,而并非仅是生命的最后一个瞬间。"胚胎学告诉我们,就在胚胎发育期间,死亡已在悄悄地发挥作用了。在器官的正常形成中,必然伴之以细胞的死亡。就以我们手(足)掌的五指(趾)形成为例,正是某些细胞的死亡导致指(趾)间组织的消失从而使指(趾)分离。"⑥生命就是不断地面对死亡,又不断同死亡进行斗争的过程,每个人都在或间接,或局部地体验死亡,死亡是一种普遍发生在任何人、任何时刻的现象。

---

① 中华人民共和国2021年国民经济和社会发展统计公报[EB/OL].(2022-02-28)[2022-03-04].http://www.stats.gov.cn/xxgk/sjfb/zxfb2020/202202/t20220228_1827971.html/.
② 方研.快乐过暑假,安全不"放假"[J].生命与灾害,2020(7):4-5.
③ 王丽娜.四国儿童死亡原因分析:意外伤害是中国 5—14 岁儿童"头号杀手"[N].医师报,2019-03-21(7).
④ [德]兰德曼.哲学人类学[M].张乐天,译.上海:上海译文出版社,1988:202.
⑤ 沈毅.生命的动力意义:论死亡恐惧[M].杭州:杭州出版社,2001:249.
⑥ 吴仁兴,陈蓉霞.死亡学[M].北京:中国社会出版社,2004:13.

第三，不可逆性。从生物学角度来看，世间万物都由细胞组成，人也形成于细胞的分裂、进化的演变之中。人体中存在着很多的细胞，这些细胞支撑着人体的一切运动，当人体所有的细胞都停止运动时，机体活动逐渐停止，人的身体和心理机能将进入静止状态。当人不再呼吸时，大脑的细胞也将会死亡，因为细胞的运动需要氧气的供给，缺少氧气这些细胞也将因缺氧而亡。缺氧而亡的细胞无法复活，随之大脑功能不可逆转地丧失。人的死亡是不可逆的，一旦失去了生命，就无法重新再来。

第四，不可控性。正是因为死亡的必然性、普遍性和不可逆性，在一定程度上可以说，死亡是不可控制的。古语有云，"天有不测风云，人有旦夕祸福"，人的生老病死、旦夕祸福都是无法预测的，是不受人控制的，尽管从古至今，各个国家、民族的人都在绞尽脑汁思考如何避免死亡，虽然在一定程度上可以延年益寿，但总是无法控制死亡的发生。

第五，破坏性。一方面，死亡的破坏性体现在对个体的正常生命活动的损害，比如个体一旦死亡，其生理活动、心理活动和社会实践活动都彻底地无法进行。另一方面，死亡的破坏性体现在对家庭的完整性的极大破坏上，亲人离世的痛苦难以言表，痛失亲人的遭遇沉重地打击着家人的心灵，失去亲人的悲痛久久难以平复。

通过对生命和死亡的认识，我们可以总结出生命与死亡的关系：一方面，生是死的前提。只有生命的出现，才会有死亡的存在，死亡是生命的结束。另一方面，死是生的归宿，有生必有死。正是死亡的存在，才彰显出生的价值，人才会意识到生命的可贵，从而珍惜生命的存在、追问生命的意义、追求生命的辉煌。从表面来看，生命与死亡表现为个体生存的两种对立状态：生指的是人的生命的存续状态，死意指人的生命的终结，生就是不死，而死意味着不可再生。结合生与死的特征来看，生和死并非"势不两立"的完全对立状态，而是互为条件的，没有生，就没有死；没有死，也就无所谓生。

二、解读死亡意识

《论语·先进》中有一段孔子与他的得意门生季路的对话。"季路问事鬼神。子曰：'未能事人，焉能事鬼？'曰：'敢问死。'曰：'未知生，焉知死？'"[1]人们对这段话有着不同的理解，其中有一种观点认为，孔子的意思是告诉季路，你把人生在世的事情研究清楚了吗？如果你连生的事情还没有研究清楚，你还要问"事鬼神"的事情吗？还要问人死亡的事情吗？这种"未知生，焉知死"的思想影响着人们看待死亡问题的方式，但当我们辩证地看待生与死的关系时，如果我们不了解死亡，又怎能理解生命、善待生命、珍惜生命、弘扬生命的价值呢？基于此，教育有必要引导学生正确认识死亡，在理性把握死亡特性的基础之上，更加珍惜、敬畏生命，从生命的另一维度去理解生命存在的意义与价值，自觉追求、创造生命价值，在此意义上实现对生命有限性的超越。

（一）死亡意识的内涵

"死亡意识是此在对其感性存在有限性的深刻体悟，它迫使人们去关切自身生命的价值和意义，从而使人坦然地直面死亡，克服死亡恐惧，超越死亡，创造人的意义和价值。"[2]死亡意识促使个体思考生命的有限性，从而理解生命存在的价值与意义，正确的死亡意识能够促使个体珍惜有

---

[1] 杨伯峻.论语译注[M].北京：中华书局，1980：113.
[2] 丁颖.论死亡意识教育[D].开封：河南大学，2006.

限的生存去创造无限的价值。帕斯卡尔在《思想录》中写道:"人只不过是一根苇草,是自然界最脆弱的东西;但他是一根能思想的苇草。用不着整个宇宙都拿起武器来才能毁灭他;一口气、一滴水就足以致他死命了。然而,纵使宇宙毁灭了他,人却仍然要比致他于死命的东西更高贵得多;因为他知道自己要死亡,以及宇宙对他所具有的优势,而宇宙对此却是一无所知。"① 可见,死亡意识是人特有的生命意识,只有人类能够在对生存的思考中清醒地意识到死亡的存在,从而更自觉地从事着伟大的生命创造。死亡意识的产生便是生命意识的觉醒,也是个体成人的重要标志之一。

死亡意识是个深切的人生问题,无论是中老年人,还是幼儿、青少年对死亡都有自己的理解,只不过从幼到老有着不同的关注方式。在幼儿期,孩子们往往提出类似"人从哪里来,又到哪里去"的问题。幼儿往往认为死亡是可以逆转的,就像做梦一样。到了青少年期,随着知识的获取、阅历的增加和理智的培育,人逐渐加深对死亡的认识,并且开始因无法永生而感到悲哀。"春去秋来老将至",在中老年期则表现出对于生命的极度留恋和对死亡的深度恐惧。总之,死亡意识是对有限生命的自我意识,是对感性存在的有限性领悟,它迫使人们去审视自身的生存现状,正确的死亡意识能激励人去实现有限生命的无限价值。

1. 中国传统文化中的死亡意识

"中国传统文化的骨干是儒家、道家、佛教、道教,从本质上讲,它们都是人生哲学、人生宗教。儒家、道家是哲学,它们主要讨论人应该如何理解生命、安顿生命;佛教、道教是宗教,它们主要讨论人应该如何理解死亡、对待死亡。这四家相反相成,共同创造了中国人的生死智慧。"② 我们主要从儒家、道家、佛教的思想阐释中国传统文化中的死亡意识。

(1) 先秦儒家思想中的死亡意识

儒家作为统治中国数千年思想文化传统的显学,其死亡观念从思想意识到行为实践都对中国人有着根深蒂固的影响。先秦儒家似乎是有意识地冷落死亡这个问题,对待人生死亡问题持"疑而不问"的态度,孔子为儒家奠定的"未知生,焉知死"的生死观成为中国人"回避"死亡问题的开端。当然,"孔子所说的'生'不是我们普通意义上所说的'活着',而是指人应该如何活着,应该如何实现人生的价值和意义"③。先秦儒家主要从"仁""义""礼"的角度来探讨死亡问题,带有明显的道德哲学的色彩,其着眼点不在于"死亡是什么",而是"我们应当为什么而死或为谁而死"。例如,孔子的"杀身成仁""士不可以不弘毅,任重而道远"④、孟子的"舍生取义"和荀子的"礼者,谨于治生死者也"⑤等观点都说明了这一点。可见,先秦儒家思想的死亡意识更重要的特征体现在内在境界的超越,将死亡问题伦理化,以道德价值的实现作为解决死亡问题的关键,把对死亡的恐惧转化为对生的追求,即人生道德伦理的实现,从而超越死亡,纳无限于有限,将个体生命融入社会客体普遍存在的永恒。这就是先秦儒家文化建构起的独特的死亡意识。

先秦儒家以道德价值为核心的死亡意识,把死亡问题现实化、伦理化,以"仁""义""礼"实现对死亡的超越,数千年来在中国人的生活中始终占据着主流地位。儒家认为道德是人的天命之性,人生的意义就在于努力理解它、发展它、实现它,最终成为具备仁德的圣人;人生的责任就是

---

① [法] 帕斯卡尔.思想录[M].何兆武,译.北京:商务印书馆,1985:157-158.
② 陈战国,强昱.超越生死:中国传统文化中的生死智慧[M].开封:河南大学出版社,2003:前言 1.
③ 陈战国,强昱.超越生死:中国传统文化中的生死智慧[M].开封:河南大学出版社,2003:4.
④ 杨伯峻.论语译注[M].北京:中华书局,1980:80.
⑤ 北京大学《荀子》注释组.荀子新注[M].北京:中华书局,1979:316.

要"为天地立心,为生民立命,为往圣继绝学,为万世开太平"①;对待生死的态度是"鞠躬尽瘁,死而后已"②。这种积极入世的生死观深刻地影响着中国人的死亡意识,中国延传数千年的丧、葬、祭祀等死亡礼仪,都是儒家文化处理死亡问题而形成的死亡意识在现实生活中的外在显示。通过丧葬仪式的内在规定性,将生者的精力集中在以"仁"为核心的伦理观念及道德实践层面上,将死者的葬礼演变为对不朽者的赞礼,从而缓解生死矛盾,达到心理与情感上的平衡,减轻生者对于死者的悲痛之情以及精神世界的恐惧,引导生者达向超越死亡的境界。

先秦儒家以道德价值为核心的死亡意识有助于引导个体在生前努力地立德、立功、立言,通过走死而不朽之路,以达到对死亡的超越。但与此同时,先秦儒家思想的死亡意识也仍显不足:一方面,以现实、伦理地对待死亡易导致个体回避死亡、淡化死亡,造成人们缺乏必要的死亡意识。另一方面,儒家以道德中心主义的眼光去衡量生命的各个层面,就必然在理论上忽视或轻视人的生命的生物层面、心理层面等,在一定程度上贬斥人的感性生命。

（2）道家思想中的死亡意识

作为中国传统文化中的另一个思想派别,道家以不同于儒家的视角形成儒道互补的中国文化格局。"儒家讲仁义,道家重自然;儒家主有为,道家倡无为;儒家讲先天下之忧而忧,后天下之乐而乐,道家讲无心顺有、自在逍遥;儒家讲杀身成仁、舍生取义,道家讲养生、贵身、尽年……"③道家视自由为人的本性,"人应该自由地生活,应该生活得自由,而功名利禄、生死寿夭、贫富贵贱、善恶是非、荣辱毁誉等,都是对自由的限制、对人的桎梏。人要想自由自在地生活,就必须消除对这些东西的执着,就必须消除对这些东西的追求和牵挂,以一种超越的立场、超越的眼光、超越的心态,去'齐万物,一生死',让自己的精神与大道合一,自由往来,一任万物的变化、生死的往复"④。不同于儒家积极入世的生死观,道家的生死观恢宏豁达,超拔洒脱,向我们展现出一条淡泊宁静、逍遥无为的人生道路。这里主要以庄子的思想为例,阐释道家思想中的死亡意识。

庄子认为人的生死,取决于天地之气的或聚或散——生则有气,死则气绝;气聚则生,气散则死。庄子在《庄子·大宗师》中写道:"死生,命也,其有夜旦之常,天也。人之有所不得与,皆物之情也。"⑤死与生是命定的,正如昼夜更迭,有生就有死,这是自然大道的运行,死亡可以理解为是对天地自然的顺应。在生与死的关系上,庄子认为"方生方死,方死方生"⑥,生与死其实是一个同步进行的过程,生与死是同质的、一体的,并没有清晰的界限。庄子认为:"天地与我并生,而万物与我为一。"⑦在对"生死齐一"的真谛的领悟中看淡生死界限,在精神上与作为宇宙万物本体的"道"合而为一,顺乎自然、放达逍遥,主张在"尽年"的自由安逸中"知其不可奈何而安之若命",不必执着于短暂的生死。也正因如此,庄子才能面对妻子的亡故"方箕踞鼓盆而歌",坦然放达地面对生死、安顿生命。

庄子这种乐观主义的死亡哲学,对中华民族的死亡意识产生了深远的影响。他视自然天命为生死的本体,主张将个体的人完全返回到自然状态,人应避免在世俗社会中"争名于朝,争利于

---

① 龚杰.张载评传[M].南京:南京大学出版社,1996:31.
② 段熙仲,闻旭初,编校.诸葛亮集[M]北京:中华书局,2012:8.
③ 陈战国,强昱.超越生死:中国传统文化中的生死智慧[M].开封:河南大学出版社,2003:81.
④ 陈战国,强昱.超越生死:中国传统文化中的生死智慧[M].开封:河南大学出版社,2003:序言2.
⑤ 陈鼓应.庄子今注今译[M].北京:商务印书馆,2007:209.
⑥ 陈鼓应.庄子今注今译[M].北京:商务印书馆,2007:67.
⑦ 陈鼓应.庄子今注今译[M].北京:商务印书馆,2007:88.

市",为其所累,奔波不已。在庄子看来,"死使人摆脱了各种社会关系的束缚,摆脱了人间的种种不幸,进入了一个'无君于上,无臣于下'的平等而自由的境地,更因为死使人真正地消除了'自我',消除了自己的形体、聪明和思虑"①。他主张以审美的眼光看待死亡,以"真人"的心态面对生死,对死亡充满赞美向往之情。以庄子为代表的道家这种"佚我以老,息我以死"的自然无为的死亡意识,将死亡理解为自然巧妙的安排,在毕生的劳累后得以安息,启迪着人们在白驹过隙的短暂生命中不必去畏惧死亡、为死亡而悲哀,生可逍遥自在,死当翩然洒脱,从而在"道无始终,物有生死"的大道之中树立超越生死的生命意识,达到淡泊静观的至美境界。

(3) 佛教思想的死亡意识

同世界上的其他宗教一样,佛教的产生源自人类面对死亡与人生问题所作出的回应。佛教认为人的生命由于各种因缘、业力、因果,永远陷于痛苦的生死轮回之中。佛教的"基本宗旨就是证入佛道,超越生死。其基本精神就是把现实世界和人生非现实化,亦即否定世界和人生的真实性。其基本方法就是消除无明妄想,对现实世界和人生不执着"②。佛教自东汉初年由印度传入中国之后,历经数百年的传播和本土化,其中的禅学与中国的老庄思想及魏晋玄学相结合,并在印度民族文化与中华民族文化的相互碰撞下,逐渐形成了中国化的佛教——禅宗。

作为充满中国智慧的佛教思想,禅宗认为佛教主张不执着本身也是一种执着。禅宗在超越生死这一根本宗旨上与传统佛教相同,但超越生死的方法存在着差异。禅宗在将佛教中国化和世俗化的过程中,产生出以"出世"的精神干"入世"的事业的积极无畏的人生态度,非但不厌弃人生,反而主张让人在尘世间"明心见性",超脱生死的烦恼。

禅宗较少直接谈论生死,更不相信什么天界地狱、佛国净土,认为生死是个人的事,生死属于每个生命个体,是无人可以代替的。禅宗认为,"'心生种种法生,心灭种种法灭'。在真实的世界中,本来没有起灭、内外、去住、圣凡、生死涅槃的分别,这些分别都是由于心有分别才产生的,没有了分别心,也就没有了种种的变化和分别。心有分别叫作迷,心无分别叫作悟。迷时有生死,悟了无生死;迷时是生死,悟了是涅槃。生死即涅槃,不离生死而常住涅槃,这是禅宗对生死问题的根本性体验"③。悟透这一点,人就不应该执着于生死,而应超越生死,从人生这个色相世界解脱出来,消解死亡意识中生与死的对立和矛盾,认清生与死的完整意义,整体领悟生与死的一体两面性,在生死之间顿悟精神追求与希望,真正领悟到何谓人性、生命,懂得爱人、义务与责任,珍惜人生。

2. 西方哲学中的死亡意识

西方哲学的每一历史形态都是它所处时代的产物,伴随着西方社会从奴隶制向中世纪封建社会和近现代资本主义社会的演进,不同社会发展阶段的哲学思想和死亡意识也呈现出阶段性的特征。

(1) 古希腊罗马哲学中的死亡意识

西方历史上第一个哲学派别——米利都学派,最早提出"始基"这一哲学概念。米利都学派的创始人泰勒斯认为"水是万物的始基",泰勒斯的学生阿那克西曼德认为世界万物的始基是"阿派朗",阿那克西曼德的学生阿那克西米尼提出"气"是万物的始基。这种"万物皆一"的伟大洞见,试图用自然界中的某种物质形态来说明世界万物的多样性与统一性,阐述它们的产

---

① 陈战国,强昱.超越生死:中国传统文化中的生死智慧[M].开封:河南大学出版社,2003:148.
② 陈战国,强昱.超越生死:中国传统文化中的生死智慧[M].开封:河南大学出版社,2003:224.
③ 陈战国,强昱.超越生死:中国传统文化中的生死智慧[M].开封:河南大学出版社,2003:237-238.

生与变化,破除了传统的神创万物的原始宗教观念,标志着古代神话宇宙观向自然宇宙观的过渡。米利都学派的出现"宣告了以神话宇宙观为基础的原始死亡观的终结,标志着人对自己死亡的最终发现"[①]。

赫拉克利特视更加生动、更变动不居的"火"为万物的始基,是西方哲学史上第一个用朴素唯物主义观点来解释人的死亡事实和死亡现象的哲学家。赫拉克利特首次以"自然的眼光"看待死亡,认为人的死亡是人自身固有的本质属性,并用相反相成的辩证原理来考察人的死亡现象,提出"生死同一"的观点,他对人的死亡本性所提出的一系列唯物主义和朴素辩证法的见解构建了西方死亡哲学的最初形态。

毕达哥拉斯是古希腊第一个唯心主义者,他从俄耳甫斯教的宗教信条和唯心主义立场出发,提出并论证了灵魂轮回转世说和哲学净化灵魂说,认为死亡是灵魂暂时的解脱,也唯有死亡,可以让人的灵魂摆脱不洁身体之束缚,进入圣洁的天国世界。

苏格拉底认为自然界是由神创造并支配的,只有神能认识自然界,这种对自然界"自知其无知"[②]的原则影响着苏格拉底以不可知论的立场悬置前人的观点,认为只有神能回答生死及其本性问题,他认为"没有人知道死对人是否最好境界,而大家却怕死,一若确知死是最坏境界"[③]。苏格拉底虽不能"确知"死亡本性及其边界,但始终"对死抱着乐观的希望"[④],认为人死以后可以"摆脱俗累"[⑤]。苏格拉底面对死亡问题持不可知论的立场,希望以此来消除人们对死亡的恐惧,帮助人们树立无畏待死的态度。作为西方道德哲学的创始人,苏格拉底第一次从道德伦理视角考察人的死亡及其价值问题。在苏格拉底看来追求好的生活远过于生活,真理、道德和正义的问题高于生死问题,认为"稍有价值的人不会只计较生命安危,他唯一顾虑的在于行为之是非,善恶"[⑥],这种面对死亡所迸发出的无限道德力量也是苏格拉底能无畏待死的重要原因。

柏拉图继承了苏格拉底以及毕达哥拉斯的死亡哲学路线,在一定意义上,是对毕达哥拉斯死亡哲学的系统化发展。"柏拉图是西方哲学史上第一个把灵魂不死学说同认识论、本体论、方法论和道德伦理联系起来予以考察,从而赋予灵魂不死学说以一种普遍的世界观和人生观的意义,把毕达哥拉斯灵魂不死学说提升到了新的理论高度的人。"[⑦]柏拉图认为取得了"人的形式"的灵魂由理性部分和非理性部分构成,理性部分是灵魂中神圣纯洁和永恒不死的部分,非理性部分是灵魂中同肉体感官相连、滋生卑劣行径、随身体的毁灭而毁灭的部分。他认为哲学研究,就是不断趋向超然个人生死的思想境界,树立自觉的死亡意识的过程,即"死亡的练习"的过程。"只有那些具有死亡意识的人,那些从身体'监狱'的'囚禁'中最终解放出来,从而彻底克服掉肉体感官的障碍,完全摆脱意志和欲望羁绊的人,才有可能登堂入奥,进入神圣的理念世界、获得真正的哲学知识。"[⑧]

亚里士多德从质料与形式相统一的原理以及潜能与现实内在关联的学说出发,强调人的灵魂与身体的统一性以及灵魂对身体的依赖性。亚里士多德以种族延续意识同宗教色彩浓厚的灵

[①] 段德智.西方死亡哲学[M].北京:北京大学出版社,2006:55.
[②] [古希腊] 柏拉图.游叙弗伦·苏格拉底的申辩·克力同[M].严群,译.北京:商务印书馆,2009:151.
[③] [古希腊] 柏拉图.游叙弗伦·苏格拉底的申辩·克力同[M].严群,译.北京:商务印书馆,2009:54.
[④] [古希腊] 柏拉图.游叙弗伦·苏格拉底的申辩·克力同[M].严群,译.北京:商务印书馆,2009:66.
[⑤] [古希腊] 柏拉图.游叙弗伦·苏格拉底的申辩·克力同[M].严群,译.北京:商务印书馆,2009:66.
[⑥] [古希腊] 柏拉图.游叙弗伦·苏格拉底的申辩·克力同[M].严群,译.北京:商务印书馆,2009:53.
[⑦] 段德智.西方死亡哲学[M].北京:北京大学出版社,2006:77.
[⑧] 段德智.西方死亡哲学[M].北京:北京大学出版社,2006:79.

魂不死学说划清界限，认为"既然'完全同一的个体'不可能永远保持下去,则'以某种与它本身类似的东西继续它的存在'便成了'唯一可能的方式'"①。同时,他也是西方哲学史上首位明确提出如何让有限的生命具有不朽意义这一重要死亡哲学问题的哲学家,他认为过"理性生活"能使人们"不朽",虽然死亡是可怕的,但是可以借助诸如勇气和美德的道德力量去克服。

西方哲学史上第一位感觉主义者伊壁鸠鲁认为:"死对于我们无干,因为凡是消散了的都没有感觉,而凡是无感觉的就是与我们无干的。"②伊壁鸠鲁认为,快乐就是"身体的无痛苦和灵魂的无纷扰",从快乐这一人生最高原则出发,反对人们惧怕死亡、追求死亡,他认为"贤者既不厌恶生存,也不畏惧死亡,既不把生存看成坏事,也不把死亡看成灾难"③。

（2）近代哲学的死亡意识

无论是宗教神话的流传,抑或是图腾崇拜的广泛存在,都彰显着人类从产生自我意识到希望克服自我有限性的顽强反抗与不死信仰,从古代到中世纪这一漫长的历史进程中,西方人一直匍匐于各种神灵的脚下,直到文艺复兴、启蒙运动时期,其死亡意识才真正得以觉醒。近代西方哲学家逐渐从对上帝的信仰转向对人的关注,人及其理性成为其思考死亡问题的尺度与准绳。

作为近代西方理性主义哲学的奠基人,笛卡尔对死亡的认识基于他的身心二元论。根据笛卡尔的形而上学,他认为人的身体属于物质实体,心灵则属于精神实体,死亡意味着身体器官集合体的崩解,而灵魂并不随身体的死亡而死亡。由此可以看出,笛卡尔的死亡哲学或多或少仍保留着旧时代"灵魂不死"的思想陈迹。

德国古典哲学作为近代西方哲学的最高成就,其为理性的辩护和批判、对人的地位的界说和高扬直接构成了现代西方哲学的起点,其主要代表人物有康德、黑格尔、费尔巴哈。康德作为一个"理性的哲学家",他要求人们把死亡方式的选择自觉地建立在超乎个体的普遍利益和普遍道德准则的基础上,在处理生死关系的问题时始终关注"如何使人生更为充实"这一"生"的层面,并提出了"想得越多,做得越多,你就活得越长久"④的著名命题,主张在劳动中享受愉快的生活,在回首往事时不因虚度光阴而抱怨生命的短促,从而"觉得所经过的生命时间比按年代计算所确定的要更长久"⑤。

黑格尔哲学的基本概念是"绝对精神",他在《精神现象学》中写道:"精神的生活不是害怕死亡而幸免于蹂躏的生活,而是敢于承当死亡并在死亡中得以自存的生活。"⑥所谓承当死亡,就是不畏惧死亡、逃避死亡,而是敢于直面自己应当被否定的方面,从而在自我否定中不断超越自身。在黑格尔看来,死亡是生命的固有特性,是生命运动的"绝对的法律","生命本身即具有死亡的种子"⑦,死亡是一种扬弃,是肯定与否定的统一,是精神的自否定与自和解的运动。黑格尔以其精神辩证法、以其对生与死的矛盾运动的阐述,克服了近代死亡哲学中二元对峙的形而上学局限性。

费尔巴哈的人本主义死亡观可谓近代死亡哲学的最高成就,他不仅从人的理性出发,而且从整个人的观点来考察死亡。费尔巴哈反复强调"死亡的因果必然性",他认为"死本身不是别的,

---

① 段德智.西方死亡哲学[M].北京:北京大学出版社,2006:82.
② 北京大学哲学系外国哲学史教研室.古希腊罗马哲学[M].北京:商务印书馆,2021:357.
③ 北京大学哲学系外国哲学史教研室.古希腊罗马哲学[M].北京:商务印书馆,2021:381.
④ [德]康德.实用人类学[M].邓晓芒,译.上海:上海人民出版社,2002:137.
⑤ [德]康德.实用人类学[M].邓晓芒,译.上海:上海人民出版社,2002:136.
⑥ [德]黑格尔.精神现象学:上卷[M].贺麟,王玖兴,译.北京:商务印书馆,1979:21.
⑦ [德]黑格尔.小逻辑[M].贺麟,译.北京:商务印书馆,2009:178.

而是生命的最后的表露,完成了的生命"①,并始终将阐释人的必然有死性、唤醒人的死亡意识作为自己哲学著论的一项基本使命。费尔巴哈认为,死亡作为人的本性和规定性,是任何一个人在任何环境、任何世界都可以意识到的,人的有死性标志着人的局限性和被否定性。在费尔巴哈看来,人人都是有限者,没有人可以不死,所以在死亡面前人人都是平等的。在人与动物的区别方面,费尔巴哈认为人和动物虽都是自然之物,但人不同于动物之处在于人有理性与意志,可以认识死亡、预见死亡,并能够"愿意去死","把死提升为他意志的一个对象",只有人可以从死亡中解脱出来,更好地安排自己的"生",充分地度过一生,从而"属人地死去"。

（3）现代哲学的死亡意识

不同于近代哲学中黑格尔、费尔巴哈等人提出的死亡是人的"一个"规定性,现代哲学认为死亡是人的最内在、最本质的规定,是人的生存中的至要因素。意志主义是现代哲学,尤其是现代西方人本主义哲学的起始点。"一方面它具有现代西方死亡哲学的基本品格（例如它见重于死亡以及具有明显的非理性主义倾向）；另一方面又保留了中世纪和近代死亡哲学的一些陈迹（例如它尚未摆脱人的'类'概念的束缚、对个体死亡取漠视态度等）。"②

意志主义学派创始人叔本华是现代西方第一位全面、系统地研究死亡问题的哲学家。在他看来,死亡是人生的永恒伴侣,每个个体必然有生有灭,每时每刻都处于同死亡搏斗的"慢性的死"的生存过程,死亡是每个人的"艰苦航行的最后目的地"。叔本华虽然坚持个体的有生有灭性,但他认为人的这个类、这个物种、这个理念是永远不灭的,作为驱动个体生命活动的原始力量的生命意志是永远不可毁灭的。"叔本华认为摆脱死亡恐惧这种幻觉的关键一步是超脱死死盯住个体性不放的形而下立场,并进而上升到以生命意志为立脚点和出发点的形而上的立场上来。"③

存在主义是20世纪西方世界影响最大的哲学流派,存在主义者对死亡问题的讨论不再以死亡的不可避免性和终极性问题为中心,而是以此为前提,探讨面对死亡的不可避免性和终极性,我们当下该如何存在。海德格尔是最著名的存在主义哲学家,他认为人是一种"向死而生"的存在,死亡是"此在的最本己的可能性"④。海德格尔所谓的死亡,是作为一种生存的可能性或是对生存的威胁,并不是在个体生命的终结之时即人去世时才降临到人的头上,而是从人一出生就承担起来的去存在的方式,一种先行于自身的、可能的存在方式,正是在此意义上,海德格尔认为"刚一降生,人就立刻老得足以去死"⑤。生死一体,与生命相伴的、每时每刻"悬临"于人头上的死亡,作为人已然占有的最本质的可能性的存在方式,恰恰弥补了人身上存在着的不完整性,使人成为"有始有终"的完整的存在。海德格尔特别强调死亡的个体性,强调死亡"向来是我自己的死亡"⑥,是"最本己的、无所关联的、不可逾越的可能性"⑦。"死亡对于此在之所以'性命攸关',就在于只有'先行到死'才能使此在震惊不已,才能使人由'我自己的死'充分鲜明地意识到'我自己的在',才能使他保持自己的个体性和具体性,或者推动他从日常共在的沉沦状态中超拔出来,

---

① [德] 费尔巴哈.费尔巴哈哲学著作选集：上卷[M].荣震华,李金山,译.北京：商务印书馆,1984：208.
② 段德智.西方死亡哲学[M].北京：北京大学出版社,2006：215.
③ 段德智.西方死亡哲学[M].北京：北京大学出版社,2006：224.
④ [德] 海德格尔.存在与时间：修订译本[M].陈嘉映,王庆节,译.北京：生活·读书·新知三联书店,2014：302.
⑤ [德] 海德格尔.存在与时间：修订译本[M].陈嘉映,王庆节,译.北京：生活·读书·新知三联书店,2014：282.
⑥ [德] 海德格尔.存在与时间：修订译本[M].陈嘉映,王庆节,译.北京：生活·读书·新知三联书店,2014：276.
⑦ [德] 海德格尔.存在与时间：修订译本[M].陈嘉映,王庆节,译.北京：生活·读书·新知三联书店,2014：288.

'本真地为他自己而存在'。"①海德格尔区分了"本真的向死存在"与"日常的向死存在","日常的向死存在"是在死亡面前"有所掩蔽的闪避"的存在,常人在其无所作为的日常状态中认为死亡是"他人"的"偶然事件",以旁观者的身份赋予死亡以"经验上"的确知:人人皆有一死,死亡"总有一天但暂时尚未"②,便将"切近日常的放眼可见的诸种紧迫性与可能性堆到死亡的不确定性前面来"③,并未将死亡看作是一直"悬临"于自己头上的随时随刻的可能性。"本真的向死存在"则坚持何时死亡的不确定性与死亡的确定可知的同行性,意识到死亡是随时都有可能的,坚持"先行到死"地去思考此在之存在的意义。这里的向死存在并非指"实现"死亡,而是说关注人的在世的生存状况,从沉沦于世的境况中脱离出来,以死亡作为人生的根本坐标,自由而清醒地接受死亡,从而"为这种无可逾越之境而给自身以自由。"④

从总体上来说,死亡意识始终是中西哲学的重要议题,中国传统文化以"重生忌死"为核心,侧重于观照群体生命的"超越"性存在,注重死亡的社会性和伦理意义,主张个人内在"境界"的提升,体现出一种既超脱又积极的态度,强调死亡的意义和价值。西方哲学呈现出直面生死的悲情反思,较为注重对死亡本性的哲学追问,强调死亡的主体性原则和个体性原则,在诸多死亡哲学形态对立统一的矛盾演进中正面建构死亡意识,在对各时期死亡意识的自我否定的动态考察中螺旋式地前进上升,以接近形而上的精神世界。

(二) 死亡意识的教育价值

面对死亡的威胁,从原始社会至现代社会,无论东方还是西方,各个民族都在不停地思索着死亡问题,形成了不同的死亡意识。死亡意识为什么如此重要?死亡意识的形成对于个体生命有着什么样的重要意义?死亡意识教育具有什么样的价值?对死亡意识的教育价值的理解与把握,是充分认识并发挥其价值的必要前提,结合中西哲学中死亡意识的相关论述,我们可以从以下几方面来理解死亡意识的教育价值。

1. 有助于引导学生建构合意的生死观,理解生命真义

死亡意识所谈论的"死亡"也并不局限于生理意义上的"死亡",死亡意识教育所深切关怀的是如何引导学生建立正确的生死观,并在此基础之上实现自身生命品质的提高,从这个意义上来说,死亡意识其实是一种生存意识,是个体面对生命的限度该如何生存的自觉意识。死亡意识教育有助于学生获取对死亡的多维认识,从而引导学生建构合意的生死观,妥善对待死亡问题。建构合意的生死观是指:首先,在直面人生的时候,能够坦然地面对死亡,不畏惧死亡,从而享有生的欢欣和"死"的尊严。其次,能够正常地深思有关死亡的各类问题,在人生的过程中积极主动地掌握有关死的知识,为面对他人,尤其是亲人之死和自我生命的终点作好心理上准备。最后,死亡意识教育能够引导学生"把对死亡的认识转化为人之生活过程与生命进程的动力,将死亡观转化成规划人生的资源和促进人生发展的动力机制,从而既幸福地'生',亦坦然地'死',最后则能超越死亡,获得生命的永生与不朽"⑤。

只谈"生"而避言"死"的这种缺乏死亡意识的教育是"一半的教育",难以引导学生觉解生命的意义、追寻生命的整全、实现美好人生。正如中西哲学中所蕴含的"生死同一"的思想,人的生

---

① 段德智.西方死亡哲学[M].北京:北京大学出版社,2006:241.
② [德] 海德格尔.存在与时间:修订译本[M].陈嘉映,王庆节,译.北京:生活·读书·新知三联书店,2014:293.
③ [德] 海德格尔.存在与时间:修订译本[M].陈嘉映,王庆节,译.北京:生活·读书·新知三联书店,2014:296.
④ [德] 海德格尔.存在与时间:修订译本[M].陈嘉映,王庆节,译.北京:生活·读书·新知三联书店,2014:303.
⑤ 郑晓江.善死与善终[M].昆明:云南人民出版社,1999:18.

命就是生与死的一个集合体,生是相对死而言的,没有死也就没有生,不能正确地认识死亡,也就无法透彻地理解生命,领悟存在的真谛。"对'死'的沉默并不能使人在面临死亡时安之若素,亦不能制止和减少真正的死亡悲剧(如自杀)的发生;因而更为严重的后果也许在于,对'死'的思考的欠缺使我们对'生'的思考也很难深入,因为'生'与'死'是人生同一问题的两个相互规定相互转化着的方面。"[①]死亡意识教育是一种由"死"观"生"的教育,在对死亡的多维审视中丰富学生对于生命的理解,引导学生在对生命真义的深度把握中觉察人生的全景与限度,从而建构合意的生死观。

2. 有助于激励学生超越死亡羁绊,实现"本真生存"

作为"万物之灵",人类是有"意识"的存在,人能意识到自己的死亡、意识到自我唯一且短暂的一生,意识到生命的有限性。"死亡,是人对自身存在的最终归宿的自我意识。"[②]意识到死亡的终极性、建构正确的生死观是个体思考"如何生存"和"为何而生"的基础。死亡意识帮助个体意识到死亡是人无可逃脱的归宿,从而促使个体不停地追问——如何以有限的"生"面对"死"这一"彻底的空白"[③]。

按照海德格尔的观点,缺乏死亡意识的人,将无法意识到死亡的"悬临",以"庸庸碌碌的平均状态"虚度光阴。"常人怎样享乐,我们就怎样享乐;常人对文学艺术怎样阅读怎样判断,我们就怎样阅读怎样判断;竟至常人怎样从'大众'抽身,我们也就怎样抽身;常人对什么东西愤怒,我们就对什么东西'愤怒'……这个常人指定着日常生活的存在方式。"[④]在常人的日常生活中,人们茫然地接受公众意见,对所见所闻只是浮于表面地了解,将自我从万物本真的处身状态上割离,异化为没有根基的、飘浮着的人,无法领会到真实的世界并自以为过着完满的生活而洋洋得意,丝毫未察觉生命已在这种随波逐流的"非本真生存"中沉沦,失去了生命的诸种可能性。"本真生存"是指清醒地意识到自己是"向死而生"的生存,意识到人的悲剧角色、必死的宿命,从而倍加珍惜有限的生命,积极地在短暂的生命存活的期限内活出人生的意义和价值,发挥人之为人的人文意义、道德意义和社会意义,是一种"省察的人生"。死亡意识教育则有助于启迪学生审视自我生存状况、辨别"非本真生存"和"本真生存",进而引导学生在珍惜生命的基础上直面死亡,在对死亡的"先行领会"中肯定生命和生活的可能性,以对自由的本真的生活的向往之情坚定地承担起生存责任,以死亡这一"大限"时刻警醒自己、激励自己,珍惜有限的人生,不再消极度日、沉沦堕落、迷失自我,以积极筹划人生的充实感消解对死亡的畏惧,从而激励学生在正确认识死亡的基础之上实现"本真生存"。

3. 有助于引导学生追寻生命意义,走向美好人生

人寓于生命,追求价值,叩问着生命的意义。追寻意义是个体生命精神活动的内在本质,人通过精神建构活动以期超越给定现实,修葺无目的的世界,在自我确证和自我实现中确立自身在历史长河中的生存意义。人在日常生活中从自我觉醒到追求价值、寻找意义的过程也反映了人在更深层次的生命觉醒,是个体成人的重要标志之一。

死亡与生命意义并非对立关系,一方面,死亡与生命意义相伴而生,"关于死亡的一切思考,

---

① 张曙光.生存哲学:走向本真的存在[M].昆明:云南人民出版社,2001:138.
② 孙正聿.超越意识[M].长春:吉林教育出版社,2001:176.
③ 孙正聿.超越意识[M].长春:吉林教育出版社,2001:178.
④ [德]海德格尔.存在与时间:修订译本[M].陈嘉映,王庆节,译.北京:生活·读书·新知三联书店,2014:147.

都反映出我们对生命意义的思考"①。另一方面,死亡并不意味着生命意义的消失,人是(自然生命)有死性和(价值生命)不朽性的统一。死亡不是生命意义的终结,"死亡虽然能够结束生命的过程,却不能宣布生命内容的意义无效"②。高清海在《人就是"人"》中谈到,"人是有着第一生命和第二生命双重生命的存在,前者如果叫作'种生命',后者可以称为'类生命'"③。"'种生命'是自然给予的,它具有自在性质,服从自然法则,有生就有死,非人所能自主;'类生命'则是由人创生的,既内含了种生命又是对种生命的超越,它不仅突破了个体局限,也突破了时空局限,与他人、他物融合为一体关系,并获得了永恒和无限的性质。"④换而言之,"种生命"是指人生而具有的生存本能,它是指个体生命最基本的生理需要,"类生命"是建立在"种生命"的基础之上的"超生命的生命",是指向超越、追求意义的存在。"人是不会满足于生命支配的本能生活的,总要利用这种自然的生命去创造生活的价值和意义。人之为'人'的本质,应该说就是一种意义性存在、价值性实体。"⑤个体生命并非一成不变的"符号",而是一个追寻存在价值和生命意义的能动的主体,他不会仅局限于"种生命"之中,而是凭借着内部的力量积极地筹划自我。个体生命的最终目标是追寻一个美好的人生,过一种有意义、有价值的生活,活出生命的光彩、亮丽、辉煌和惬意来。死亡意识教育则有助于引导学生去思索和追求生命意义,激励学生在知识增长、技能提升、道德涵养、思想升华中不断自我解放、自我超越,追寻生命意义,创造生命价值,帮助学生意识到虽然无法对抗"种生命"之死,但可以积极追求"类生命"的永恒,在对价值和意义的追寻中,走向美好人生。

第二节 死亡意识的现实考察

死亡意识教育可以有目的、有计划地引导学生思考生死问题,能够使他们意识到人生的全景和限度,自觉地对自我生存境遇进行体察,拥有非凡的人生智慧,选择正确的人生道路,实现美好人生。正确认识死亡、解读死亡意识是培养学生正确的死亡意识的前提,对死亡意识的现实考察和问题分析,是优化死亡意识教育、提升死亡意识教育有效性的重要保障。

一、学生缺少正确死亡意识的表现

现实生活中部分学生缺乏生死常识、自杀或伤害他人漠视生命的恶性事件的发生以及精神家园的荒芜等现象,都是其缺乏对于死亡的正确认识的"警示灯",提醒着我们应更加重视引导学生正确认识死亡、认识生命。结合现实,学生缺乏正确死亡意识具体表现在以下几个方面。

(一)缺乏生死常识

科恩在《自我论》中谈到:"三岁至五岁的儿童图画和他们为图画所作的说明表明,他们把死同死人混为一谈,认为死是一种不会活动、没有知觉的身体状态。五六岁至八九岁之间的儿童开

---

① [美]艾温·辛格.我们的迷惘[M].郜元宝,译.桂林:广西师范大学出版社,2001:84.
② [德]西美尔.生命直观:先验论四章[M].刁承俊,译.北京:生活·读书·新知三联书店,2003:94.
③ 高清海.人就是"人"[M].沈阳:辽宁人民出版社,2001:11.
④ 高清海.人就是"人"[M].沈阳:辽宁人民出版社,2001:11.
⑤ 高清海.人就是"人"[M].沈阳:辽宁人民出版社,2001:213.

始把死亡人格化，把它看作是一种独立的实体，具有神秘而又可怕的属性，特别是具有把人偷走的本领。死往往使他们联想到黑暗，产生一种特殊的焦虑感，一种随着年龄增长而逐渐消失的死亡恐惧感，同时又使他们联想到衰老和疾病，而衰老和疾病与其说引起儿童的同情，莫不如说引起他们的厌恶和仍旧是恐惧。九至十二岁的儿童对死的看法又发生变化：他们开始不再把它看作是外在的力量，而把它看作是自然的、普遍的、无法消除的现象。但大多数儿童即使到了这个年龄期，也不把这种新得到的知识应用到自己身上。"[①]可见，人在儿童期就已经意识到了死亡，并会结合自身已有认知去思考死亡，但也因其心智发育和知识储备的有限性，在对生死的认识和理解上难免存在一些误解，需要家长和教育者的及时关注和积极引导。然而，中国几千年的文化传统是重生乐生，更多地关注"生"而较少谈论"死"，死亡往往被视为不吉利的字眼，一向噤言生死，死亡多以"去世""仙逝""不在了"等等词汇隐匿地加以表达，汉语中关于死的代名词比比皆是，如"驾鹤归西""撒手人寰""与世长辞""寿终正寝"等。死亡被置于一块"只可意会不可言说的禁地"，无论在家庭、学校还是社会当中，人们常与青少年畅谈理想、未来、前途等话题，却很少谈及死亡，或闪烁其词，或以一些不实之词美化死亡，如把"死亡"比喻成"睡觉"，告诉孩子死亡就是"安安静静地睡觉，睡好久好久永远都不起来"[②]；或把死亡说成"去很远很远的地方旅行了"[③]"到天堂去了"[④]；或以童话或故事里的情节讲述死亡，让孩子置身幻想的世界，遗忘对死亡的发问。

面对死亡这一"沉重"的话题，家长们的闪烁其词或婉言美化传达给青少年的往往是一些不适切的，甚至是错误的死亡常识，在一定程度上会增加青少年的困惑，成人世界对死亡问题的忌讳使他们误认为死亡是神秘的、不可知的，由此心生对死亡的恐惧，认为死亡是应该逃避的事情。纵使随着年龄的增长，面对从年幼儿童蜕变为心智较为成熟的大学生，人们仍较少地谈论死亡问题。据一项大学生生死观调查研究数据显示，"曾经和家人朋友询问或探讨过有关死亡问题的大学生只占到58%，仍有42%的大学生从未和家人朋友探讨过死亡的问题"[⑤]。这一数据反映出大学生在家庭及学校中就生与死的问题展开讨论的程度不高。一项大学生死亡态度调查研究显示，"家中讨论死亡的情形不同，大学生在死亡恐惧、死亡逃避、中性接受因子上均存在显著差异（$P<0.05$），进一步进行多重比较发现：在死亡恐惧方面，'从未讨论过死亡'的明显高于'讨论气氛很坦然公开'的；在死亡逃避方面，'从未讨论过死亡'的、'只有在必要时才会说，而且不在小孩面前说'的明显高于'讨论气氛很坦然公开'的；在中性接受方面，'从未讨论过死亡'的明显低于'讨论时气氛会有点不自然'的、'讨论气氛很坦然公开'的"[⑥]。在讳言生死的生命成长中，"从未讨论过死亡"的学生难以准确地认识死亡，难以理解生与死的关系，缺乏关于如何珍惜生命避免意外伤害、怎样正确看待死亡和生命的意义与价值的生死常识。

（二）漠视现实生命

学生未能正确认识死亡的第二个表现体现在学生自杀、伤害他人等漠视现实生命的事件时有发生。由于对生死常识的缺乏，学生在死亡面前表现出极端的害怕、恐惧，面临死亡的威胁往往不知所措，缺乏较强的自救意识和相应的自救能力。相关调查显示，"大学生对于'生存常识、

---

① [苏]科恩.自我论：个人与个人自我意识[M].佟景韩,范国恩,许宏治,译.北京：生活·读书·新知三联书店,1986：303-304.
② 吴仁兴,陈蓉霞.死亡学[M].北京：中国社会出版社,2004：227.
③ 吴仁兴,陈蓉霞.死亡学[M].北京：中国社会出版社,2004：227.
④ 吴仁兴,陈蓉霞.死亡学[M].北京：中国社会出版社,2004：227.
⑤ 李芳.我国高等学校学生生命观教育研究[D].长春：东北师范大学,2014.
⑥ 李彩妮.大学生死亡态度、生命意义及相关因素的研究[D].长沙：中南大学,2012.

逃生技能的掌握'很有限,'非常了解'和'一般了解'的仅占9%和60%,选择'不太了解'和'不了解'的大学生分别占到了28%和3%,由此可以看出大学生对各种逃生常识的了解程度不够,与其主观上珍爱生命的认识形成了强烈反差"①。更有极端者,漠视生命、寻求刺激,不珍惜自我生命,冷酷地对待他人生命——校园暴力时有发生,殴打、凌辱,甚至致人伤残、死亡者也不乏其例。近年来,青少年自杀呈明显的低龄化趋势,一例例漠视生命的自我伤害及伤害他人的事件令人触目惊心:

2022年3月21日,重庆市一名小学女生3分钟内被一群女生狂扇54个耳光,其间有人不断用脚踹、推搡该女生,还有人用啤酒淋在该女生头上。②

2021年10月7日17点50分左右,江西省丰城市孙渡街道发生了一起严重坠亡事件,在一个叫作金马御龙城小区内,一名年仅12岁的小女孩和年满10岁的弟弟,双双从小区的29层高楼跳下,经抢救无效身亡。警方在对此次事故调查时发现孩子放在床头的遗书,笔迹是先行坠楼的姐姐留下来的。遗书中写下了她对家庭的怨恨,说自己不想继续在作业中挣扎,并要求父母在她死后把她的作业撕掉。③

2021年8月上海南汇某中学准初二女学生因学习压力大跳楼自杀,留了一封三页长的遗书,近乎两页都是对父母的控诉。④

2020年10月13日凌晨,一名大连理工大学化工学院的研究生在实验室上吊自杀。⑤

2020年9月,南京大学仙林校区的一位博士生,从19栋宿舍楼一跃而下;同年12月,一名研究生烧炭自杀。⑥

2015年7月10日,北京大学吴某趁母亲换鞋时用哑铃砸死了她,从作案到现场被警方发现,吴某平静并且成功隐瞒母亲死讯长达半年。⑦

2013年4月上海复旦大学上海医学院研究生林某,因与室友黄某相处不和,将至少30毫升二甲基亚硝胺注入饮水机,超致人死亡剂量10倍,致使室友黄某中毒身亡。⑧

2013年4月16日,南京航空航天大学金城学院两名同宿舍学生因琐事发生口角,并发生肢体冲突。在冲突过程中,袁某拿起书架上的一把水果刀捅到蒋某胸部,蒋某经送医院抢救无效死亡。⑨

……

---

① 李芳.我国高等学校学生生命观教育研究[D].长春:东北师范大学,2014.
② 行叶老师谈教育.重庆:某小学生3分钟被掌掴54次[EB/OL].(2022-03-23)[2022-03-24]https://www.sohu.com/a/532147747_121086203.
③ 腾讯网.江西姐弟坠楼身亡事件追踪[EB/OL].(2022-03-07)[2022-03-15]https://new.qq.com/omn/20220307/20220307A07F2B00.html.
④ 腾讯网.上海一初中女生跳楼,留下一封遗书,引发了网友的深思[EB/OL].(2019-09-14)[2022-03-15]https://new.qq.com/rain/a/20210914A00RM000.
⑤ 威望.大连理工通报研究生实验室死亡[EB/OL].(2020-10-14)[2022-03-15]https://baijiahao.baidu.com/s?id=1680523417383502597&wfr=spider&for=pc.
⑥ 王永红.悲痛 南京大学又一女博士跳楼身亡![EB/OL].(2021-05-11)[2022-03-15]https://www.sohu.com/a/465815705_614573.
⑦ 广东金唐律师事务所.北大学子弑母案:杀她是"想让她解脱"……[EB/OL].(2021-08-27)[2022-03-15]https://www.sohu.com/a/486067482_120274264.
⑧ 腾讯网.复旦投毒案始末[EB/OL].(2021-07-25)[2022-03-15]https://new.qq.com/rain/a/20210725A0325T00.
⑨ 易旭律师.南京航大一起因未带钥匙引发的校园悲剧[EB/OL].(2021-10-09)[2022-03-15]https://baijiahao.baidu.com/s?id=1713138231033943348&wfr=spider&for=pc.

学生漠视生命的事件屡有发生,且呈现出低龄化趋势,青少年自杀现象已经成为一个社会问题。"在全球范围,自杀已经成为15—29岁人群的第二大死亡原因。英国杂志《经济学人》统计数据表明,中国青少年自杀率居全球第一;在国内,北医儿童发展中心发布数据显示,中国每年有约10万青少年死于自杀,平均每1分钟就有2人自杀死亡,有8人自杀未遂。"[①]如果说自杀是对自身生命的漠视,那么,杀害父母、霸凌同学则是对他人生命的漠视。这些令人惋惜悲痛的恶性事件都是部分受教育者缺乏对生命的敬畏之感、对他人生死的尊重之情的表现,也显现出培育学生形成正确的死亡意识的必要性。

(三) 疏离价值生命

人之为人,就在于人不仅追求活着,更追求有意义地活着;不仅追求物质方面和生理层面的满足,还有无限广袤的精神世界,追求生命意义的升华、生命价值的实现,积极地构建自己的精神家园。从古至今,无论是中国传统文化还是西方哲学,都在叩问生死以求超越生死,在有限的自然生命中积极创造价值,将生的希望寄托在价值生命的无限延续之中。对生命意义和价值的追问与思考,是人"成为人"的重要标志之一,是关涉受教育者能否拥有美好生活和幸福人生的根本性问题。

伴随着受教育者知识的增长和阅历的丰富,自我意识逐渐觉醒,随之而来的是诸多对于人生和社会的思考与困惑:人生的意义是什么?人应该如何活着?什么样的人生才是幸福美好的人生?怎样处理我和他人的关系?面对纷繁的物质世界、多元的价值选择该如何选择自己的人生道路?在诸多"成长的烦恼"中,学生面临着生命价值的迷茫与困惑,一方面,学生极易受到功利主义价值观的不良影响,在物质至上、功利主义、享乐主义肆虐的社会现实中迷失方向,深陷欲望的海洋之中难以自拔,随波逐流,不珍惜自己有限的生命,不懂得生命的意义在于自我价值的创造、自我存在意义的实现,生命的意义与价值被驱逐出精神花园,沉迷享乐,渴望一劳永逸而非脚踏实地。另一方面,学生极易受到虚无主义的消极影响,在惰性滋长的日渐麻木的生命异化状态里消极度日,在"无意义的空白"之中"淹没"了人生的滋味,无暇顾及或不愿意去思考生命的价值和意义。据一项学生生命观的调查数据显示,"2.1%的学生对生命表示'无所谓';5.0%学生认为'死亡是对生命的解脱';2.1%的学生对于活着是否有意义回答'没有意义',10.2%的学生回答'没有太大意义';9.5%的学生对自己的未来表明'没有信心';15.2%的大学生觉得生活'没有目标'"[②]。这些数据表明学生群体中仍有对生命的认识不清晰,对生活目标、生命的意义和价值缺乏深入的思考,生活在浑浑噩噩中,如同身陷生命的空虚感之中的"橡皮人"[③],更有甚者,在吸毒、酗酒、网瘾、赌博等"慢性自杀"行为中透支生命,这些都体现着部分学生在物质与精神、理性与非理性、生命与死亡、意义与价值方面的迷茫与困惑,缺乏关于死亡的正确认识,沉湎于现实的功利之中,对人生的思考停留在眼前的琐事上,从而难以觉察到生命的可贵、可敬与可爱,无暇去思索生命困境的破解之道,迷失了自己精神的归宿,疏离价值生命。

[①] 北月风清.孩子自杀,"凶手"谁?[EB/OL].(2021-08-23)[2022-03-15]https://xw.qq.com/amphtml/20210823A0COO600.
[②] 褚惠萍.当代大学生生命教育研究[D].南京:南京师范大学,2014.
[③] 《橡皮人》是王朔1986年发表的一篇小说,"橡皮人"意指一种社会人格:他们没有神经,没有痛感,没有效率,没有反应。整个人犹如橡皮做成的,是不接受任何新生事物和意见、对批评表扬无所谓、没有耻辱和荣誉感的人。

二、学生缺少正确死亡意识的原因

（一）中国传统文化的影响

中国传统文化实质是要求人们将生存的注意力倾注于眼前的世俗生活中，回避对死亡及死后世界的思考，从某种意义上说，这种将死亡问题排斥在生命视野之外的现实主义生存哲学直接影响了整个民族的生死观，是中国人讳言死亡、畏惧死亡的文化根源之一。"现代中国人大都仍受传统忌讳死的习俗观念的影响（连带着出现了不愿使用与'死'谐音的'4'作门牌号及电话号码等现象），不愿意去思考死，不愿意去谈论'死'，更万分害怕死神的降临。"①虽然在生活中我们避谈生死，但人的一生中必然会经历疾病衰老、亲友离世，以及终将面临自我的死亡等诸多复杂的问题，必然会使人们承受巨大的死亡哀恸与痛苦，对身心造成强烈的负面刺激，乃至引发身心疾病。由于缺少正常谈论死亡问题的文化氛围，部分学生从小就缺乏正确的生死常识，表现出对死亡的害怕、恐惧，或者不知该如何面对死亡的迷惘，成人对死亡问题的回避与遮掩无形中给本就如黑洞般存在的死亡更添神秘色彩。

同时，中国传统文化中死亡的政治化、伦理化倾向使关于死亡的诸多复杂问题被简化或弱化。一方面，死亡的政治化表现在社会性的死亡教育中，国家政权和主流文化倡导的核心观念是："死，或重于泰山，或轻如鸿毛，所以，每个人应该也必须去追求'重于泰山'的死法。所谓'重于泰山'，主要指建功立业、忠君卫国，这样一种死亡的态度当然值得大力倡导，却是远远不够的。"②这种死亡态度遮蔽了死亡问题的复杂性和多层面性，使中国人在死亡方面所接受的社会教育过于狭窄，遇上亲友离世等精神负荷的事件、自我生存等焦虑情绪时，缺乏相应的观念性资源。另一方面，死亡的伦理化表现在以道德价值规定死亡的意义与价值，个人的存在依附于"家"和"国"而存在，以"家"和"国"为依归、为中心，忽视对个体生命的关注。"对于'群体'（宗族、阶级、民族、人类等）来说，个体的'生''死'不过是群体得以长存的环节乃至手段，并不具有独立的目的性、自足性，可以略而不论。"③

（二）功利主义教育观的侵蚀

伴随着科学技术的飞速发展和智能时代的到来，物质世界日益发达、丰富，人们可以生活得更舒适、更便捷、更享受，但也悄然滋生着人的生活表层化、实利化、短平化的生命异化倾向，人们沉迷于物质生活之中而丧失精神追求，忙碌于现实中"何以为生"的考虑而缺乏"为何而生"的深度领悟，存在的意义被淹没在对物的片面追求之中，无暇去思考那些具有永远意义的价值、去寻找人生的答案，不再去寻求超越于现实利益的生活意义、理想、道德、信仰与终极关怀。在现代性的历史语境下，教育也陷入人文意蕴的消解和价值情思的遮蔽的现代性危机中，社会的需求取代了对人的关注，旨在实现个体成人的教育蜕变为成"器"的教育，即"在工具理性操纵下的功利主义教育"④。

正如雅斯贝尔斯在《什么是教育》中所说，"如果人被迫只顾眼前的目标，他就没有时间去

---

① 郑晓江.善死与善终[M].昆明：云南人民出版社，1999：19.
② 郑晓江.善死与善终[M].昆明：云南人民出版社，1999：65-66.
③ 张曙光.生存哲学：走向本真的存在[M].昆明：云南人民出版社，2001：138-139.
④ 鲁洁.教育的返本归真——德育之根基所在[J].华东师范大学学报（教育科学版），2001(4)：1-6，65.

展望整个的生命"①。太过忙碌于现实，执着于眼前有限的目的，就没有时间将思绪延展至生与死、价值与意义，更心无余力去建构自己意义世界和精神家园。"死亡的意义不在于它是一个实在的死——死亡这个事件，而是在于它震动了终有一死的人的心智，使人的认识、思维有所醒悟自己应该认识和思考什么——把死亡当作最关己的悬临此在面前的，并将其纳入自身存在结构来筹划未来——这就是哲学意义上的死亡意识。因此，死亡意识是使人心智敞亮的先验前提。"②教育这一最重要的培养人的社会活动，却在功利主义的侵蚀下日益疏离"构建个人与人类美好生活"的本义，异化为服务于人攫取功利的生存教育。大学成了职业培训场，最热门的专业是市场最需要、最能换来金钱的专业，文史哲之类的关乎人文关怀的专业被边缘化。大学教育的任务简化为提供给学生快速有效的、能够带来市场利益的实用知识。功利主义的侵蚀、实用主义的盛行挤压着青少年筹划未来、自由畅想的精神空间，时代的飞速发展裹挟着每个个体生命步履不停地向前进，功利化的教育无暇顾及学生对于生命的前方究竟是什么模样的茫然与焦虑，缺少对学生生命困惑的关注，忽视了作为敞亮心智之前提的死亡意识教育。

（三）死亡意识教育体系的缺位

死亡意识教育不仅需要学校教育的正确引导，更需要家庭教育的配合以及社会教育的强化。从整体而言，当前部分受教育者正确死亡意识的缺失也在于我国死亡意识教育体系的缺位，未充分发挥学校、家庭和社会的协同教育作用。

在学校教育方面，体现在死亡意识教育的滞后性。往往在现实生活中发生了某起青少年自杀或者伤害他人等漠视生命的事件时，人们才开始关注死亡意识教育，但这样的"缺补式"的教育缺乏系统的教育内容、课程体系和活动支持，为学生所提供的死亡意识教育也是零散的、短效的、不完整的。

在家庭教育方面，2022年1月1日起施行的《中华人民共和国家庭教育促进法》指出，"父母或者其他监护人应当树立家庭是第一个课堂、家长是第一任老师的责任意识，承担对未成年人实施家庭教育的主体责任，用正确思想、方法和行为教育未成年人养成良好思想、品行和习惯"③。可见，家庭教育肩负着学生教育的重要责任，应把握家庭生活中的种种教育契机，对学生进行积极引导，但由于传统文化的影响、家长教育能力有限等原因，未能有效发挥家庭教育对学生死亡教育的协同作用。

在社会教育方面，现实生活中时有发生的漠视自我生命、伤害他人生命和虐待生灵万物等各种事件，难以形成利于学生形成合意的死亡意识的良好社会氛围，缺少必要的、专业的死亡意识教育场馆。与此同时，大众传媒所报道出来的事件内容的客观性、完整性影响着学生的信息获取和价值判断。各类媒体的报道具有一定的"博眼球"的舆论发酵倾向性，在发生学生漠视生命等事件时，少有媒体后续跟进一些与心理或精神等健康知识相关的科普文章，以及救助电话、心理热线等求助信息，未充分发挥大众传播的教育功能，进行相应的全民普及性预防教育。

---

① [德]雅斯贝尔斯.什么是教育[M].邹进,译.北京：生活·读书·新知三联书店,1991：48.
② 张涤非.论生命意识教育[D].开封：河南大学,2007.
③ 中华人民共和国家庭教育促进法[EB/OL].(2021-10-25)[2022-03-17]http://www.moe.gov.cn/jyb_sjzl/sjzl_zcfg/zcfg_qtxgfl/202110/t20211025_574749.html.

第三节 正确认识死亡,达成美好人生

法国作家蒙田说:"谁教会人死亡,就是教会人生活。"① 死亡意识源于对生命的感悟,死亡意识教育是为了引导个体以"死"观"生",实现个体美好人生的教育。倘若人超越了生死界限,可以永无止境地活下去而不必直面死亡,获得震颤,那么人将"始终处于开端与终结两极:他可以做这件事也可以干那件事,一会儿是这样,一会又是那样,仿佛随时都可以做一切事,却没有一件是真实的。他会感到生活的无聊,生命的无意义……"② 开展死亡意识教育有助于传授给学生正确的生死常识,引导学生明白生命的珍贵、善待自我生命、尊重他人生命;使学生意识到虽然人的生命有其存在的限度,但在有限的生命里人可以自觉地寻求、创造出无限的价值与意义。具体而言,教育引导学生正确认识死亡、形成正确的死亡意识可以从以下几个方面着手。

一、建构死亡意识教育理论

美国教育家杜威说:"社会群体每一个成员的生和死的这些基本的不可避免的事实,决定教育的必要性。"③ 作为一项重要的责任,教育有必要建构关于死亡意识的教育理论,引导学生敬畏生命、正确认识死亡,并在这一过程中实现生命的价值。

(一) 厘清死亡意识教育的内涵

要真正地理解死亡意识教育,就要避免简单直白的望文生义,而是要在具备正确的生死观的基础上去领会其真义,死亡意识教育并不是告诉学生实际操作层面上应该如何去"死",这里所指的"死亡"也并非囿于生理意义上的死亡,而是一种对个体生命更深切的关怀,旨在引导学生建立合理合意的生死观,并在此基础之上实现意识、理念层面的生命品质的提高。概括而言,死亡意识教育即通过开展死亡教育,促进学生形成一种合理合意的生死观,达到发展个体生命、实现个体生命价值的教育,最终实现个体生命生活质量的提高和生命品质的完善,走向绚丽缤纷的美好人生。

在现行的教育中,人们大多从近几年来青少年自杀低龄化、自杀率不断上升这一残酷的现实中感受到死亡意识教育的重要性,因而对死亡意识教育的理解大多停留在教育学生珍惜生命、预防自杀的工具层面上,缺少对于死亡意识教育作更为科学、完善的深层理解,忽略了对死亡意识教育的终极价值追问。面向学生开展的死亡意识教育,不应该仅仅停留在知识介绍层面,简单直白地告诉学生"死亡是什么""死亡对亲友的伤害""面对各种与死亡相关的打击、挫折该作怎样的准备"这些"冷慧"的知识,而应该通过多种途径开展教育活动,如设计贯穿式的死亡意识教育课程、组织各类生命体验活动、发挥全媒体时代"两微一端"的宣传教育功能等,帮助学生正确认识死亡,多渠道探讨死亡现象、死亡问题和生死关系,引导学生形成关于生命与死亡的正确认识,从

---

① 夏中义.大学人文读本——人与自我[M].桂林:广西师范大学出版社,2002:324.
② [德] 雅斯贝尔斯.什么是教育[M].邹进,译.北京:生活·读书·新知三联书店,1991:47-48.
③ [美] 杜威.民主主义与教育[M].王承绪,译.北京:人民教育出版社,1990:7.

而在对生命与死亡的深层思考中提升生命品质,培育学生对于生命的敬畏之心,学会珍惜生命、尊重生命,充分认识生命的价值及其对自身的重要意义。

(二)拓展生命教育的层次

生命教育是"在学生物质性生命的前提下,在个体生命的基础上,通过有目的、有计划的教育活动,对个体生命从出生到死亡的整个过程,进行完整性、人文性的生命意识的培养,引导学生认识生命的意义,追求生命的价值,活出生命的意蕴,绽放生命的光彩,实现生命的辉煌"①。

有学者提出生命教育建构美好生命的五重境界:一是超越生命困顿的生命教育,旨在避免伤害自我、残害他人等暴力行为,为通往美好生活奠定了基础;二是走向生命成熟的生命教育,生命走向成熟的根本是充满爱的生命关系的建立,从家庭人伦走向社会人伦,甚至走向天地万物的爱的建立,让人的生命从抽象的个体落实到真实的生命关系中,是实现生命美好、生活美好的重要环节;三是提升生命能量的生命教育,激发个体生命的潜在能量,促进个体生命在身、心、灵各个层面都趋于美好并进而实现"全人"生命的美好;四是实现生死观照的生命教育,透过生死学的观照思索如何活得更好、活出生命的意义与价值,回应生命个体追求不朽的渴望与死亡焦虑的冲突;五是巩固生命根基的生命教育,在实现中华民族的伟大复兴的征程中,自觉意识到并肯定"中国人"这一生命存在之根,了解生命的源头,培养报本反始的生命意识,从国家、社会、民族、历史、文化的角度升华个体生命的价值。② 关注生命是教育功能根本性变革的立足点,人作为宇宙间唯一有意识、有精神的生命存在,应该正确地认识死亡、坦然地接受死亡、无畏地走向死亡,在有限的生命里追寻无限的生命价值和意义。正如生命与死亡的一体两面性一样,生和死始终联系在一起——"人的生命的价值是在与死亡的对照中,甚至是在生与死的对抗中映像出来的,没有死的悲哀就没有生的快乐,没有死的无法避免,就没有对生的珍爱和意义的追求。人就是在生中去想象死,在与死的抗争中追求生"③。可见,死亡意识教育是生命教育题中应有之义,是从另一维度对生命的观照,死亡意识教育与生命教育有着不可分割的有机联系,生命教育应肩负起引导学生正确地认识死亡、敬畏生命的重要责任。

(三)把握死亡意识教育的理念

中国传统文化中的"生死之道"未能很好地展现出中国人的时代精神与生命内涵,随着时代的前进和观念的更迭,个体个性的日益凸显和个体意识的日益强化,重构中国人的死亡意识显得尤为重要且迫切。一方面,我们应继续发扬传统文化中"天行健,君子以自强不息"的精神,摒弃其中回避死亡、漠视死亡的传统观念。另一方面,我们应拓宽视野,吸取西方哲学中先行到死、由死观生的"向死而生"精神,实现中西死亡意识互补,构建适合中国人生存发展的合理且合意的新时代的死亡意识。

1. 引导学生理性看待死亡

死亡是每个人必然的归宿,那么,只有当我们正视死亡、理性地看待死亡,在珍惜生命的前提下坦然地面对死亡,才能以一种轻松、积极的心态投入生活之中,才能在自我有限的生命中去实现无限的超越。一方面,死亡意识教育应帮助学生消解对死亡的过度畏惧。正如伊壁鸠鲁所说:"一切恶中最可怕的——死亡——对于我们是无足轻重的,因为当我们存在时,死亡对于我们还

---

① 刘济良.生命教育论[M].北京:中国社会科学出版社,2004:8-9.
② 何仁富.生命教育:建构美好生命的五重境界[J].中国德育,2019(11):24-28.
③ 刘济良.生命教育论[M].北京:中国社会科学出版社,2004:216.

没有来,而当死亡时,我们已经不存在了。"①这样的认识虽然无法为有限的人生加上无尽的时间,但是可以将我们从对于不死的渴望、对于死的恐惧中解放出来。对死亡的过度畏惧在本质上来讲是一种非理性,是人主观上的惧怕,死亡意识教育应引导学生理性看待死亡,将对死亡的畏惧转化为珍视生命、创造价值的精神动力。另一方面,死亡意识教育应引导学生积极地思考死亡。不同于无意识的物,人作为一种有意识的存在,在对世间万物的思考中把握对象、形成思想,并能够对思想再认识、再思考。人对死亡的思考也是如此,随着心智的成熟和阅历的丰富,受教育者对死亡的认识会更加深入、全面,对死亡的思考有助于个体的心灵成长,敞亮人生思考的视界。与之相反,不去思考死亡问题的人,他对人生的思考就会局限于人生内部事务的安排,将沉湎于现实的功利之中,难以摆脱功名利禄、滚滚红尘的束缚与羁绊,迷失精神的归宿,难以以一种超脱的态度去过好现实生活中的每一天。

2. 引导学生学会敬畏生命

敬畏是一种古老的价值观念,世界各原始氏族部落存在过的图腾,都表征着人类对自然和生命的敬畏。"从语义上讲,敬畏生命,就是人们对生命的敬重和畏惧。这里实际上包含着两层意思:一是敬重生命,二是畏惧死亡,而且人们对死亡的畏惧往往通过对生命的敬重表达出来,敬生畏死是人类最基本的认知和生存情态。"②海德格尔在《存在与时间》中区别了"畏"与"怕",他认为"怕之所怕总是一个世内的、从一定场所来的、在近处临近的、有害的存在者"③,即"怕"总是对某一具体东西的怕;而"畏"不知其所畏者是什么,是对非具体东西的怕,它引发的是一种在世中的超世情怀,即在"畏"中,人开始反思自己何以如是地存在,追问存在的意义,走向对存在本质的思考。"死"与"畏"有同样的功能,当人联想到人固有一死时,他就会重新审慎自己的在世、追问存在的本质,将人从具体在世的沉沦中"唤醒",朝向具有普遍性和本质性的超世的"本真的存在"。克尔凯郭尔也认为"畏"是人类最本真的生存方式,人类最大的"畏"就是"死",正是这种对死亡的畏惧让人类对生命产生了深深的敬重。

每个人的生命都来之不易,死亡意识教育应引导学生领悟敬畏生命的三重内涵:第一,生命是至高无上的,生命是人类必须敬畏的对象。《易经》中"天地之大德曰生"④体现着将孕育生命、承载生命和维持生命的延续视作天地之大德的生命至上的精神,从先秦到当代,可以说生命至上是贯穿于中华文化始终的一种基本理念。第二,敬畏生命不仅意味着珍视自己的生命,也意味着要善于尊重他人的生命,在处理人与自我、人与他人的关系时,应维护和尊重一切生命正当的生存权和发展权。第三,敬畏生命应树立生存共同体的意识,处理好个体生命与群体、人与其他物种的生命间的关系。人生活在群体之中,是一种社会性的存在,个体生命是社会群体中的基础,没有个体生命的存在及其为了生存发展所从事的生命活动,也就没有所谓社会的存在。人和其他物种共同生活在同一生态系统之中,彼此间存在着相互依存、错综复杂的联系。敬畏生命就是形成一种与天地万物相通、相依的"民胞物与"的共同体意识。

3. 培养学生的死亡悲剧意识

"悲剧总与意识相关,悲剧总是悲剧意识。死亡使人生成为悲剧总是由于死亡意识导致了人生的悲剧意识。没有对死亡的意识,也就谈不上由死亡而来的人生悲剧,是意识('知晓')使死亡

---

① 北京大学哲学系外国哲学史教研室编译.古希腊罗马哲学[M].北京:商务印书馆,2021:381.
② 陆树程,朱晨静.敬畏生命与生命价值观[J].社会科学,2008(2):141-147,191.
③ [德]海德格尔.存在与时间:修订译本[M].陈嘉映,王庆节,译.北京:生活·读书·新知三联书店,2014:215.
④ 黄寿祺,张善文.周易译注[M].上海:上海古籍出版社,2007:400.

作为人生悲剧的要素得以出现。可以说,死亡意识本质上就是一种人生悲剧意识。"[①]悲剧给人带来一种厚重感、悲壮感、崇高感,人通过对死亡悲剧的意识而给自己的生命带来启示和意义。正是这种死亡的悲剧意识使人振作起来、奋发进取,渴望无限与永恒,倍加珍惜一切价值,创造无限的生命价值。"如果人真正理解了死亡的意义,把死亡领会为自己的、别人不能替代的、确定的又是随时都会到来的,那么人就会有不同于常人的生存领会,人就会有先行的决心使自己成为自由的别具一格的自己,也就是为自己而活的决心;自由的或为自己而活的决心使我们对生存的筹划把死亡作为最重要的可能性纳入进来,这样我们既会真正领会过去作为'曾是'或'曾在'的意义,承担起自己的过去,也把死亡的可能性当前化为一种本真的生存,使现在或当前的生活在繁忙和沉沦中解脱出来。"[②]死亡意识教育应帮助学生认识人的存在是一种悲剧性的存在,从生命的消极之维去化育人的悲剧性,从而笑看人生的生死无常,静对生命的悲欢离合,以更加乐观豁达的心态去反抗生命的悲剧困境,抹去沉沦在世的麻木,超越生命的死亡,在有限的人生中实现无限的生命价值。

面对生命的悲剧困境,激发出个体坚强的意志品质和无限的创造精神,生命才会彰显出无限生机,人生的价值才会得以充分展现。在对待生命的悲剧困境问题上,西西弗斯为我们树立了榜样。西西弗斯是古希腊神话中的人物,是科林斯国的国王,他用计谋给死神戴上了镣铐,破坏了宙斯制定的人间秩序,导致世间没有了死亡,一直到死神被救出为止,西西弗斯才被打入冥界。西西弗斯触犯了众神,诸神为了惩罚西西弗斯,便要求他往陡峭的高山顶上推滚一块巨石,但由于那巨石太过沉重,每每未推至山顶就又滚下山去,前功尽弃,于是他就不断重复、永无止境地做这件事——诸神认为再也没有比进行这种无效无望的劳动更为严厉的惩罚了。在一般人眼里,重复着这种无效无望的劳动的西西弗斯是荒谬的,但古今中外的思想家却视西西弗斯为荒谬的英雄,因为他没有向悲剧性的命运低头,而是不屈不挠地同命运抗争、向宿命挑战。可以说,西西弗斯的形象是人类最优秀的理想人物的形象,西西弗斯清醒而又义无反顾地做推石上山无效劳动的举动,象征着人类中清醒的智者的生活:他知道生活是荒谬的,没有什么意义,但他仍然坚持着活下去,不自杀[③]。在加缪看来,人面对着世界孤立无援,日复一日承担着无意义的世界,始于荒诞,至于无穷。西西弗斯的行为就是对荒谬的反抗,死亡的必然性对人来说,就像西西弗斯推巨石上山一样,谁也无法躲避死亡这一必然的结果,但我们可以学习西西弗斯永不屈服的精神,在面对死亡对生命的沉重的威胁和必然性的毁灭时,学习他那时刻充满希望、挑战生命悲剧困境的精神,以一种坦然的态度、坚强的意志、满腔的热情和热切的希望从容应对,以"可为"之心去挑战"不可为"之事,重视生命过程中的价值而不在意结果如何。

4. 引导学生树立"超越"死亡的意识

面对生命的限度,对死亡的"超越"并非在事实层面获得不死的可能性,而是在珍视生命的基础之上,在精神层面上通过生命价值的无限创造突破死亡对于个体生命的限囿,实现更好、更有价值的生存。人是一个时间性、有限性的存在,终其一生难逃死神的步步紧逼,但与此同时,人也拥有着理性的灵魂,在面对死亡的不期而至时他会思考,意识到自己的生存困境并有所作为,以期超越有限的存在而创造无限的价值。人是一个超越性的存在,他从不满足于当下已获得的成

---

① 黄应全.生死之间[M].北京:作家出版社,1998:194-195.
② 孙利天.死亡意识[M].长春:吉林教育出版社,2001:104-105.
③ 黄应全.生死之间[M].北京:作家出版社,1998:207.

就,不止步于已有的辉煌,正如德国哲学家舍勒所说,人"永远在想方设法打破他的此时——此地——以此方式的存在和他的周围世界的樊篱,其中也包括他自己当时的自身现实"[①]。"人在现实中生活,人又在理想中生活;现实规范着理想,理想引导着现实;现实使理想获得'存在的根基',理想则使现实超越'存在的空虚'。对人类来说,只有追求生命的价值与生活的意义才能表征人的存在。因此,人无法忍受'存在的空虚',人要'超越'现实的存在而创造理想性的存在。"[②]面对无法逃脱死亡的现实命运,人也并非只能被动地等待死神的侵害和死亡的到来,还能以一种积极的姿态和奋进的态度去挑战生命困境、消解悲剧影响、"超越"有限生命、创造无限价值,践行着每个人对美好人生的追寻。对死亡的"超越",为个体生命实现美好人生提供动力,基于此,死亡意识教育应引导学生以坚定的生存信念"超越"死亡对自身价值创造的束缚,以对"生"的追求超越对"死"的畏惧,从容享受生活中的每一个瞬间,踏实做好人生中的每一件事情,认真过好生命中的每一天,丰富自己的人生意义,以自己绚丽缤纷的生命旅程"超越"死亡对于生命的规束,让仅有一次的宝贵生命活出意义、活出价值,实现个体生命对美好人生的精神追求和理想企盼。

二、构建死亡意识教育的立体网络

死亡意识教育既需要死亡意识教育理论的构建,同时还需要在此基础上构建出高质量的死亡意识教育的立体网络,形成家庭、学校、社会协同的死亡意识教育载体,多措并举帮助学生形成正确的死亡意识。

(一) 从时间上,针对不同年龄阶段实施不同的死亡意识教育

个体生命是一个发展性的存在,从出生到死亡,人要经历不同的生命阶段,不同的年龄阶段对生命和死亡意识的认识和体验各不相同。与此同时,个体生命也是一个整体性的存在,不同的生命阶段彼此联系着,因此,死亡意识教育不能仅就某一阶段而论,不能割裂地看待生命的整体性,不能忽视死亡意识教育的连贯性。基于此,死亡意识教育应遵循个体生命发展的时间顺序,面向生命的全景,针对不同年龄阶段实施相应的死亡意识教育。

在个体生命成长的原初阶段,即幼儿、儿童时期,应回到个体发展与教育的起点——回到人的生命所寄居的身体之中,充分认识生命的特点、身体的结构、发展的规律,掌握保护自然生命的基本常识,为个体正确认识死亡、理解死亡与生命的关系奠定基础。个体降生于世,首先是作为自然肉身的存在,身体在世之存在方式乃是个体存在的基本性存在方式,个体生命的学习方式是由触摸、抓握等身体感知的形式逐渐向语言学习方式转换,此阶段应注意引导儿童认识生命、了解身体、丰富体验,帮助儿童掌握生活中维持身体健康和保护生命安全的常识,在面对危及生命的突发事件时,能够知道如何求助、如何保护自己,引导儿童树立爱护自我生命、尊重生活世界中的一切自然生命、敬畏自然的意识。

在个体生命成长的跃升阶段,即飞速发展的青少年时期,可以从关注"如何生"到逐渐转向"怎样更好地生活""为了什么而生"以及死亡问题的探讨,从对自然生命的初期探索转向价值生命的思索与追寻。伴随着青少年知识视野的逐步拓展、思维能力的全面提升、理智认知的逐步成熟、社会交往范围的逐渐扩大,青少年所面临的人际交往、学习困难问题等"成长的烦恼"和"生命

[①] [德] 舍勒.人在宇宙中的地位[M].李伯杰,译.贵阳:贵州人民出版社,2018:48.
[②] 孙正聿.超越意识[M].长春:吉林教育出版社,2001:序4.

的困惑"频频出现。基于此,一方面,教育应引导青少年保持积极心态,积极适应社会、勇于面对挫折、掌握应对困难和挫折的具体方式,学会求助他人,建立社会支持系统,珍惜自己的生命、尊重他人的生命。另一方面,引导青少年认识生命的意义和价值,合理规划人生,确立人生的理想和追求;激发个体生命的潜能,培养青少年直面生死的悲剧意识和"超越"死亡的西西弗斯精神,勇于追求生命的崇高与伟大;超越"小我"的狭隘视界,拥有关心国家、社会和人类的胸怀和境界,在对价值生命的追寻中、在本真的生存中走向美好人生。

"个体生命是持续一生的,在终身教育理念下,个人生命受教育时间不仅是学龄期,而是包括学龄前、成人期、老年期等。"[①]因而,死亡意识教育不是阶段性的,而应是贯穿于个体生命全程的终身教育。在个体生命成长的中后期,在人的中老年阶段,面对着来自各方的生存压力以及身体机能的下降,各种健康问题和心理负担也随之而来。对于中年人而言,自己周围的亲人、同事、朋友的生老病死无形中也会使自己陷入恐慌和焦虑。此阶段应注重引导个体关注如何保护机体健康、应对心理压力,如何更加理性地规划人生,如何让自己更加从容、积极、乐观地对待生命的正常进程,做到老有所乐、老有所为。对于濒临死亡的病人而言,临终关怀是非常需要的,可以将健康教育和死亡意识教育结合起来,不仅针对患者也要针对其家属,对家属也要给予精神支持和心理安慰,进行相应的临终关怀和死亡意识教育。

(二)从空间上,开展不同角度的死亡意识教育

在学校教育方面,可以多途径开展死亡意识教育。在学校课程上,结合教育部《生命安全与健康教育进中小学课程教材指南》,设计规划、开发系列中小学死亡意识教育课程,将生死教育渗透于全方位的各科教育教学之中,组织各类校内外生命体验实践活动,引导学生积极地面对人生、健康成长,为大学阶段死亡意识教育的持续开展奠定基础。在教育方法上,可以通过知识讲授、作品阅读、角色扮演、情景体验、影视播放、案例讨论多种教学方法,从知情意行等多方面提升学生的生命品质。在教育途径上,可以将死亡意识教育同青春期教育、心理教育、安全教育、健康教育、环境教育、禁毒和预防艾滋病教育、法制教育等专题教育相融合。

在家庭教育方面,家长是孩子的第一任教师,每个人所接触到的死亡事件、感知到的死亡问题大多发生于日常生活之中。面对不同的情景,家长应给予孩子及时的、正面的引导,不回避问题,不隐瞒事实,帮助孩子正确认识死亡。"适当的做法是,生活里不要刻意去避免谈到死亡的问题,更不要压抑孩子哀伤的心理,让孩子自然表现出沮丧、气愤、流泪、内疚、反抗等情绪。也不要禁止孩子对死亡产生的怀疑、流泪、发问以及孩子对此提出的不同意见和疑问,父母尊重孩子对死、生意义的不同见解,不要给予孩子种种对待死亡的错误印象,或用类似童话的那种半真半假的说法去解释死亡。总之,解释死亡的最好原则就是:将事实明白且清楚地告诉孩子。"[②]

在社会教育方面,可以丰富死亡意识教育社会资源,建设专业的死亡意识教育场馆,为学生死亡意识教育提供外部支持。大众媒体应加强自身的责任意识,坚守死亡事件报道的客观性、完整性,并及时跟进相应的心理辅导、精神健康知识等科普类内容的宣传,提高心理帮扶等求助信息的扩散度,采取各种形式发挥大众传播的教育功能、引导功能,进行相应的全民普及性预防教育,积极引导各类群体和每个个体理性认识死亡、珍爱生命、弘扬生命价值。

死亡意识教育的目的在于引导学生珍惜自然生命、丰富精神生命、创造价值生命,形成不愧

[①] 刘慧.生命教育导论[M].北京:人民教育出版社,2015:11.
[②] 吴仁兴,陈蓉霞.死亡学[M].北京:中国社会出版社,2004:228.

为"万物之灵长"的智慧生命,从而在有限的生命中书写无限的精彩,走向美好人生。生命就像一张风光无限的单程车票,对于一去不复返的生命,我们要引导学生频频驻足流连,满怀深情地体味生命的意蕴、追求生命的意义、创造生命的价值,在有限的生命中,活出一个有意义、有价值、有诗意的美好人生。

思考题

1. 如何全面理解死亡的内涵?它具有什么特征?
2. 如何理解生命与死亡的关系?
3. 请联系实际,谈一谈你对死亡意识教育价值的理解。
4. 请根据本章所学内容,谈一谈你对海德格尔"向死而生"观点的理解。
5. 请联系实际,谈一谈你对敬畏生命的多重内涵的理解。

拓展阅读

1. 刘济良.生命教育论[M].北京:中国社会科学出版社,2004.
2. 刘济良,王定功.提升生命:生命教育的温情守望[M].北京:中国社会科学出版社,2017.
3. 段德智.西方死亡哲学[M].北京:北京大学出版社,2006.
4. 陈战国,强昱.超越生死:中国传统文化中的生死智慧[M].开封:河南大学出版社,2003.
5. 郑晓江,钮则诚.解读生死[M].北京:社会科学文献出版社,2005.
6. 吴仁兴,陈蓉霞.死亡学[M].北京:中国社会出版社,2004.
7. 孙利天.死亡意识[M].长春:吉林教育出版社,2001.
8. 陈新汉.关于生命意识的哲学思考[J].哲学研究,2022(1).

第十二章　教育如何坚定人生信仰

> 思维导图

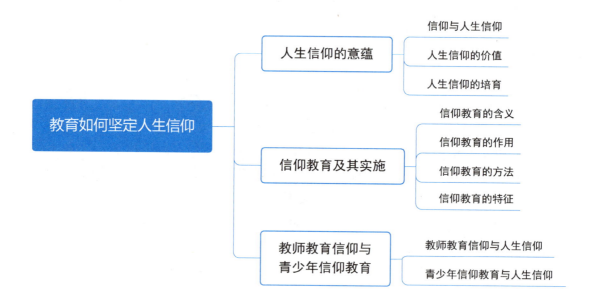

> 学习目标

知识目标	理解信仰与人生信仰的意义,了解教师的教育信仰内容与含义,掌握青少年信仰教育的方法
能力目标	通过阅读教材与拓展资料,学习和掌握分析信仰问题的方法
素质目标	正确认识信仰的时代内涵,树立积极向上的人生信念与坚定的人生信仰
思政目标	理解人生信仰的意义与价值,科学认识树立青少年崇高理想信念的时代意义

　　信仰是一个耳熟能详的词语。坚定的、科学的人生信仰是我们每个人奋斗的不竭动力。信仰的力量是强大的,对于每个人的成长以及集体价值的实现发挥着巨大的推动作用。教育在激发青少年树立远大的理想信念与崇高的人生信仰中起到关键的基础性作用。

第一节 人生信仰的意蕴

一、信仰与人生信仰

（一）信仰

信仰一词在《现代汉语词典》中阐述为："对某种主张、主义、宗教或某人极其相信和尊敬。"[①]这里的"信仰"被理解为人们的精神与信念，"相信"体现出了信服的心态。有学者认为，"信仰是指人们对某种事物或思想、主义极度地尊崇和信服，并把它奉为自己一切言行的准则和指南，甚至终身深信不疑、执着追求的一种意志行为，它是富于思维的人类所普遍具有的意志品质"[②]。这里的"信仰"是指一种源自思想、思维的指导行为的力量。信仰到底是什么，至今尚无准确的界定。从信仰的本质来看，它是人们对人生观、价值观和世界观的选择，属于文化体系架构中的核心部分。人类不仅追求物质生活的满足，更是在追求精神层面的富足中实现生存与延续的，这个过程始终离不开信仰的支撑。人需要信仰的力量，在漫长的人类发展历程中，个人、民族是否拥有强大的信仰力量决定了人类发展的方向与进程，而是否拥有信仰也是人与动物的本质区别之一。

信仰是个人的情感支柱和行动指南。一个没有信仰的人就会失去生活的意义，迷失生活的目标，不能成为一个"完整"的人。信仰不仅为人们提供人生观、世界观、价值观，而且人们可以从中得到心灵的慰藉，尤其在个人成长过程中，人生目标暂时不能得以实现的时候，容易产生心理失衡现象和各类心理问题，而信仰是人类的精神家园，有了信仰就有归属感和存在感，就有了生存的参照标准。

信仰对个人的重要性毋庸置疑，对于整个民族和社会的重要性更是不容小觑。科学、健康的信仰使一个民族的所有成员团结一心，拥有统一的认同感和使命感。共同的信仰造就共同的发展目标，当民族成员劲往一处使、心往一处想时，民族的发展才具有源源不断的动力。因此，信仰是社会精神力量的主要组成部分，反映了社会最崇高的理想，为社会精神文明建设及道德规范体系提供精神动力。

综合上述，信仰的含义主要包括以下几个方面：第一，信仰是内心对某思想、学说的信服的一种心理状态。《简明不列颠百科全书》中认为"信仰指在无充分的理智认识足以保证一个命题为真实的情况下，就对它予以接受或同意的一种心理状态"[③]，从这个意义上理解，信仰是对某个理论、学说、主义或人物等的信服和崇拜，是一种具有倾向性的心理状态。第二，信仰是个人的最高价值理想和终极目标。有学者认为"信仰就是人们对人生及生活于其中的社会乃至整个宇宙的起源、存在、性质、意义、归宿等重大问题的认定和确信，并以此形成人们的最高价值理想和终极目标"[④]，这个视角下的信仰概念凸显了个人思想中的理性，是在理性支配下确立的最高的实现目

[①] 中国社会科学院语言研究所词典编辑室.现代汉语词典[M].7版.北京：商务印书馆，2016：1670.
[②] 韩振峰.人格塑造与人生修养[M].北京：中央民族大学出版社，1999：223.
[③] 姜椿芳.简明不列颠百科全书：第8卷[M].北京：中国大百科全书出版社，1986：659.
[④] 郑永扣.道德信仰与自我超越[M].郑州：河南人民出版社，2004：6.

标。第三,信仰是集体的共同奋斗方向和终极目标。持此类观点的学者认为"信仰是指特定的社会群体和生活于该社会文化条件下的个体,基于一种共同目标期待之基础上所共同分享或选择的价值理想或价值承诺"①,该理解突破个人局限,把信仰放置于更具普遍性的大众层面。

(二) 人生信仰

人生信仰是信仰概念的具体化,是将个人理想信念与人生生涯规划相结合的一个概念,它既属于一种精神现象,也是一种心理状态。马克思主义认为区别人与动物唯一的标准是劳动,动物有着和人相同的精神活动,但是动物缺少人类特有的信念与理想。信仰的独特性在于社会生活中的每个人都拥有自己的独特的信仰,无论这种信仰是合理的还是消极的,它都影响我们的日常生活和奋斗目标。

人生信仰是指个体对自己生命的意义和价值、生活的前途和命运以及人生的状态和归宿等命题的最高信念及坚持,是价值观在人生问题上的集中体现。人生信仰还是"人们对于人生领域中所体现出来的最高价值信念的坚定不移的相信和矢志不渝的追求,它是人生目的、人生价值、人生态度的'合金'"②。在上述概念的界定中提到了"生命""信念""坚持""价值观"等关键词,也就是说,人生信仰离不开人们对自身生命的感悟、对信念的建构、对坚持的认可与落实、对价值观念的选择与践行。人生信仰是精神上的追求,这种追求往往是遥不可及的,又是通过我们的努力可以无限接近的。作为社会意识的形式,人生信仰是一定社会生产方式的产物。

人生信仰主要包括人生理想、人生目的、人生价值、人生态度四个方面。首先,人生理想是指个人根据自身客观条件建立的奋斗目标,为自己每天的实践活动指明方向。人生理想可分为人生当中不同发展阶段的单独理想或人生的终极理想。中华民族的共同信仰是把我国建设成为富强、民主、文明、和谐的社会主义现代化国家,每位青年学生的人生理想理应与之一致,因为,青年学生作为新时代国家的建设者与接班人,要将人生理想与国家命运和民族复兴的中国梦紧密联系。人生目的是回答"人为什么而活"的问题。每个人都会有自己的人生目的,不同的人生目的关涉"为国家""为集体",还是"为个人"的问题。从历史唯物主义的角度出发,每个人都不可能脱离人民群众而单独存在,人民群众是推动历史发展与社会进步的真正英雄和历史创造者。因此,人生目的要反对利己主义、个人主义的思想,而应时刻树立将自己的命运与国家、民族的命运相结合的人生目的。人生价值是指个人对社会的价值和作用。人生价值是从个人价值观念出发,衡量"什么是价值""什么是个人价值""什么是生命价值"等问题。要把个人价值与社会价值相结合,突破个人私利的局限,同时,也要在认识社会价值的实现中肯定个人的价值和人生意义。人生态度是指人生不同阶段中个人秉持的看待事物的情感与观念。积极的态度是成功的一半,它会激励我们奋发向上,勇攀高峰,化险为夷。青年学生要培养积极的人生态度。在漫长的人生旅途中难免会有坎坷,特别是在人生的转折点上,升学、工作、成家等人生大事有时让我们不堪重负,此时只有抱着积极的人生态度,才会柳暗花明,发现问题的解决办法。人生理想、人生目的、人生价值、人生态度这四个方面共同构成了人生信仰,任何一个方面都关系到我们的人生道路如何去走,因此,需要我们认真地体悟、深入地思考什么才是自己的人生信仰。

---

① 王玉樑.理想·信念·信仰与价值观[M].西安:陕西人民出版社,2001:361.
② 刘树宏.当代大学生信仰教育初探[M].哈尔滨:黑龙江人民出版社,2008:98.

二、人生信仰的价值

人生信仰是人们在满足基本物质条件基础上对精神境界的追求,它是人们保持前行的精神支柱与基本动力。摒弃或失去人生信仰的人会逐渐产生对信仰的渴望与向往,除非一个人愿意沦为动物,像动物一样只吃喝,否则一定会主动地树立人生理想和信仰。人生信仰的价值主要体现在于人生成长过程中对各类影响因素起到的统摄或引领作用,主要表现在以下几个方面。

其一,人生信仰为评判个人行为的善恶确立最高标准。人生信仰体现着人们价值追求的最高目标,是制约人生前进方向的标尺,代表人们最高的道德理想、道德标准和道德境界,从而对具体的善恶标准具有价值引导作用。道德与信仰之间构成密切的关联,从存在的形式和发挥的作用上看,道德活动是信仰活动的一种,属于人在思想上精神上的自律与行为上的自觉,也是实现个体自我超越和提升道德水平的根本要求和形式。道德与法律的差别在于,道德是从人的内心由内而外的自律,是从人的灵魂深处规范人的行为的,而法律更强调由外向内的一种行为上的规约。从马克思主义理论视角来看,道德不是外在于人、强加于人的东西,而是内化于人的精神状态和思想脉络,它是人们自我认识、自我肯定、自我超越、自我实现的表现形式。信仰是由"信""仰"两个含义结合而成的,信仰既体现出现实性,又体现了超越性,人生信仰为个人生涯规划与发展树立了最高的价值目标,同时也提供了一个评判行为善恶的最高标准,在价值目标与最高标准的驱动下,人生当中各种阶段的信念和价值观念被统摄起来,形成有序的价值观念系统,形成规范一个人全部人生活动和行为的基本价值框架,从而提高人生活动的自觉性、自律性和统一性。

其二,人生信仰是个人的一种心理需求。信仰本身就是一种心理状态,这就是为什么许多学者把信仰阐释为一种心理信服状态的原因。在现实的社会实践中,一个人将遇到许多意想不到的突发事件或影响因素,并非件件事情能够按照我们自己的意愿发展或顺利解决,当我们不能得到预期的结果或满足自身的需要时,我们的内心就会充满失望、沮丧、焦虑,打破原有的平衡。此时,人生信仰、人生理想信念就会凭借我们的理想追求来抚平心理上的创伤,安抚失落的情绪,调整复杂的心态。人生信仰在人们的思想意识上能够提供更为强大的心理承受能力,使人们心胸宽广,视野开阔,学会包容整个世界和他人,从而超越自身的局限性。也就是说,人生信仰能够给予我们心理上的指引和慰藉,当心理上有了寄托和归属时,我们就有了坚实的根基。

其三,人生信仰能够指导人们选择怎样的生活方式。众所周知,人们能够自觉、能动地根据自己的兴趣爱好和人生规划选择自己的生活方式,建立生活目标、履行生活秩序。美国学者托夫勒认为,人对生活秩序的需要是人生"三种基本需要"之一,"生活缺乏一个完整的秩序就如同行尸走肉。丧失生活秩序,就会导致精神崩溃"[①]。人们在实际的生活中,通过感受、体验不同的生活方式,形成关于不同生活方式的感性体验和价值经验;人们还作为能动的主体,自觉地将各种体验过的生活方式客体化,研究出不同生活方式的差异,并区分优劣,形成个人理性的价值判断。因此,无论是感性的生活体验,还是理性的价值经验积累与价值判断都集合了人们的精神信仰。不同的精神信仰使人们展现出不同的精神面貌。列宁曾指出:"意识到自己的奴隶地位而与之作斗争的奴隶,是革命家。不意识到自己的奴隶地位而过着默默无言、浑浑噩噩的奴隶生活的奴

---

① [美]阿尔温·托夫勒.第三次浪潮[M].朱志焱,潘琪,译.北京:生活·读书·新知三联书店,1983:436.

隶,是十足的奴隶。津津乐道地赞赏美妙的奴隶生活并对和善的好心的主人感激不尽的奴隶是奴才,是无耻之徒。"①可见,我们需要树立正确的人生信仰指点生活中的疑惑、失望、消极态度、迷茫等问题,并按照人生中不同阶段设立的信仰把人的认知、情感和意志统一起来,保持积极乐观的人生态度。

其四,人生信仰构成整个社会的凝聚力。共同的社会理想是社会成员个人理想的集中体现,共同的社会理想编织了一幅巨型的人生信仰画卷,带领着每个人朝着同一个方向努力前进。拥有共同的理想和目标,人们就拥有着共同的价值取向和利益取舍,这就形成了一种民族和国家的向心力,能够减少一些阻碍社会发展的矛盾,并且增长个人气势,增加个人信心。相反,如果一个社会没有共同的理想,那么整个社会就如同一盘散沙,个人的奋斗方向各不一致,每个人都在为自己着想,为自己而活,这将危害社会的安定团结,导致社会分裂、民族灭亡。缺乏保障社会稳定的前提,社会的发展也就无从说起。

其五,人生信仰为个人的发展提供动力。人生信仰是人们在人生发展道路上遭遇挫折后依然保持强劲动力、砥砺前行的精神支柱。它赋予了我们社会责任感和个人使命感。许多人在遇到一点小挫折就垂头丧气、怨天尤人、一蹶不振,甚至轻率地结束生命。正如罗曼·罗兰所说,"整个人生是一幕信仰之剧。没有信仰,生命顿时就毁灭了。坚强的灵魂在驱使时间的大地上前进,就像石头在湖上漂流一样。没有信仰的人就会下沉"②。人的一生要经历诸多坎坷和挫折,人生信仰的价值就在于当我们跌倒时,为我们指明光明和道路,让我们能够勇于站起来朝着光的方向前行。那些为共产主义事业奋斗终身的革命先烈正是在挫折中不断磨炼意志,在无数次的跌倒中一次次勇敢地站起来的,他们凭借着对共产主义伟大事业的信念不断努力奋进,实现自己的人生价值。

三、人生信仰的培育

人生信仰的时代意义在于使个体反思与把握自己生存的意义和价值、生活的前途和命运以及人生的状态和归宿等根本的人生问题,以期增强个人对生命的价值、生活的意义和人生的目标的信心。人生信仰既从个体层面反映人生意义的表述,又从社会层面反映人生取向,它是一种最具综合性意义的信仰表达。人生信仰的确立是一个长期的复杂的过程,需要从个人的生活环境、教育过程、个人感悟等多方面进行培育,也需要人们在自然、社会、文化、生态等方面不断积累认识和实践中获取个人体验,而系统的教育过程是帮助人认识和实践的关键环节。人生信仰教育,尤其是学校中的人生信仰教育,不仅能教给学生理想信念的相关知识,培养他们良好的品德,更能帮助学生正确认识自己,构建自己的人生信仰。学校教育与人生信仰之间有着明显的内在联系,事实上,任何学校教育的过程中都应该融入正确人生信仰的培育元素。在现代社会中,学校教育已成为最重要的教育方式,学校环境成为人们成长过程中必经的生活环境,学校也是学生最为集中的教育场所,在校期间是学生世界观、人生观、价值观形成的关键时期,也是开展人生信仰教育的最佳时期。所以,抓好学校教育中蕴含的人生信仰教育对于形成长效的人生理想信念和个人信仰起着重要的作用。

---

① [苏]列宁.列宁全集:第13卷[M].中共中央马克思恩格斯列宁斯大林著作编译局,译.北京:人民出版社,2017:36.
② 刘建军.信仰追问[M].北京:中国青年出版社,2014:257.

因此,从广义上讲,建立在正确的世界观、人生观、价值观教育过程基础上,凡是能增进青年健康成长且与主流意识形态、与社会主义相一致的知识和技能、影响青年的思想品德的活动,都可以称为人生信仰的培育。从狭义上讲,人生信仰的培育过程是指学校中依据青少年的身心发展规律,进行的树立崇高的人生信仰、培育高尚的理想信念、正确认识个人价值的教育过程。

(一)通过知识传授构建正确人生信仰

青少年人生信仰教育的主要途径为学校教育中的文化知识学习。文化知识中含有丰富的信仰教育内容,学生通过人文学科、自然学科的学习最早了解到"什么是信仰""哪些人是有信仰的""那些有信仰的人是怎么朝自己的信仰努力的"等问题。从这些与信仰相关问题的学习中,学生对信仰概念的印象与认识逐渐清晰,并开始建立属于自己的人生信仰。

人生信仰包括人生理想、人生目的、人生价值、人生态度,获取对这些内容的认知除了通过信仰主体日常学习生活中的直接经验以外,主要是通过对学校教育提供的文化知识等间接经验的学习。随着文化知识学习的逐步深入,学生对人生信仰的认识和理解也更加清晰和正确。学校教育主要教授文化知识、培养实践能力、开拓创新思维,这些都有助于学生认识分析思考人生信仰的特征、内容与本质,为人生信仰的构建打好基础。同时,知识传授还要消除不正确的人生信仰对学生产生的不良影响,也需要学生运用所学知识对人生信仰进行价值判断,辨别是非、善恶、真理与谬误。柏拉图认为"智慧是善,无知是恶"[①],没有知识的积累,不但不能形成正确的人生信仰,甚至连所拥有的正确的人生信仰也可能随外界环境的变化而发生异化,成为阻碍学生发展的精神障碍。因此,学校教育的首要作用就是让学生学会运用文化知识指导实践,树立对个体生命、人生价值、人生意义、人生态度的正确把握,帮助他们理性选择正确的人生信仰。

(二)通过学校德育构建正确人生信仰

学校道德教育是培养学生建立正确的人生观、世界观、价值观以及道德观的教育实践活动,道德教育中也包含形成科学人生信仰的内容。学校道德教育在引导学生认识世界、认识自我的过程中,不仅要培育学生的道德素养,而且要培养学生正确看待社会、自然、他人以及人生的态度,逐步形成科学价值观念,这个过程必然促使学生逐渐形成和完善人生信仰。关于人生理想与信念的教育主要是培养学生对人生意义的认识。当学生确立了崇高理想和信念时会在学习生活中秉持一种充实、深刻的人生感受,使学生人性丰满、人格健康、人生丰富,并保持一种积极健康的生命力。树立人生理想帮助学生明确了人生的目标和努力的方向,在追求理想、实现人生目标的过程中,个人的持续努力会让人生理想进一步得到升华和内化,从而在进入更高层次的精神境界中将其内化为人生信仰。道德教育与人生信仰教育机制间的相似性,决定了道德教育过程中也伴随着人生信仰的产生、发展和确立。因此,在学校道德教育中引导和培养学生的道德观念、规范行为的同时,也能帮助学生塑造和树立正确的人生信仰。

(三)通过学校心理健康教育构建正确人生信仰

学校心理健康教育的目标是科学合理地调整学生的心理状态,预防心理疾病及其可能造成的身体上的伤害,培养积极乐观的人生态度,使学生能够更为正确、客观地看待整个世界,科学规划人生,为学生的成长与发展打下坚实的精神基础。我们认为,健康的心理也是形成正确人生信仰的必要条件。许多人生信仰的问题源于心理问题。例如,当人的某些需要未能得到满足或是受到压抑时,心理上会受到一定的创伤,心理承受压力不强的人是无法形成合理的心态的,看待

---

① 李革新.灵魂的净化:柏拉图哲学的内在精神[M].上海:同济大学出版社,2018:265.

事物容易走向极端,这不利于人生信仰的建立,而心理比较健全的个人,容易形成正确的人生信仰。心理健康教育往往通过对人生信仰产生的心理因素进行分析,为生成相应的人生信仰情感打下基础,再通过创设情境,结合学生个人的直接体验,激发学生相应的情感,为构建科学的人生信仰作好心理准备。因此,心理健康教育对正确人生信仰的构建发挥的积极作用不容忽略。

(四)通过人生信仰教育构建正确人生信仰

人生信仰教育的独特性要求在教育过程中坚持书本与现实相结合,引导学生认识与构建正确的人生信仰。人生信仰教育要从学生关注的国内外政治、经济、社会、文化、生态等现实问题着手,与学生的实际学习生活相融合,才能提升教育的可信度和说服力,激发学生学习的兴趣和动力,使学生"知必信,信且行,行而果"。人生信仰教育只有通过个体与社会相互作用才能逐渐形成,社会实践活动是人生信仰形成和发展的基础,人生信仰教育要转变到以受教育者为中心上来。社会实践活动能够将集体教育与个别教育结合起来,组织学生参加社区献爱心、假期"三下乡"、暑假夏令营等活动,通过活动产生一种特殊的心理体验,这让学生感到充实、愉悦和高尚,从而激发崇高的人生信仰和坚定的理想信念。

第二节 信仰教育及其实施

一、信仰教育的含义

信仰教育属于一种特殊的教育实践活动。信仰教育的含义可分为广义和狭义两类。从广义上看,信仰教育是指一切与个人信仰的形成、发展、改变相关的教育活动;从狭义上看,信仰教育仅指学校中开设的旨在使学生形成预期信仰形态,有目的有计划有组织的教育活动,即学校信仰教育。"学校对学生的科学信仰教育,是学校通过课堂教学等多种方式,立足于一定历史阶段上人类所取得的科学文化成果,培养学生形成良好的信仰的教学活动"[①]。一般情况下,信仰教育特指学校开展的信仰教育。因此,信仰教育是教育者对一定社会成员进行的以树立符合时代要求与社会发展实际的信仰为目的的教育活动。

信仰教育是围绕个人独特的人生观、世界观、价值观的教育活动,是属于人类意识形态领域的教育活动。学校中开展的信仰教育要贴近学生的生活,能够回答学生日常遇到的困惑和疑虑,如"为什么要有信仰""为什么要做好人""一个人的信仰到底有哪些作用"等问题,如何通过学校信仰教育理顺这些疑问是教育成功与否的关键。"必须循循善诱运用各种传统与现代的中外人生智慧之学,如中国传统的儒学、蒙学、'孝'道文化及西方文化中生死学等知识,使学生深刻理解生命的价值和信仰的意义,正视并满足作为人之生命重要组成部分和获得幸福生活必需的精神需求,建构起自己的精神家园。"[②]

信仰教育作为一项重要的教育活动,在人类社会发展的不同时期和不同阶段中发挥着不同的作用,因此,信仰教育带有明显的时代烙印。当前,我国的信仰教育特指社会主义—共产主义

[①] 复旦大学博士后工作办公室.全球视野下的科技与人文[M].上海:复旦大学出版社,2015:449.
[②] 何仁富,肖国飞,汪丽华.大学生命教育的理论与实践[M].北京:中国广播电视出版社,2012:122.

信仰教育,教育的目的是使人们确立社会主义—共产主义理想和信念,构建自己的人生信仰,树立辩证唯物主义与历史唯物主义世界观、人生观,形成社会主义—共产主义的价值观,自觉地为实现共产主义理想而坚持不懈,为实现中华民族伟大复兴的中国梦而努力奋斗。

结合我国新时代的工作任务和要求,信仰教育与中华民族的伟大复兴休戚相关。学校当中的青年群体是祖国未来的主力军,是我国现代化建设重要的人才支撑力量。通过信仰教育,使这些未来的骨干拥有正确的信仰,树立科学的人生信仰,是我国能够顺利实现一步步发展的关键步骤。通过对学生开展形式多样的信仰教育,为在校生提供精神动力,为尚在价值观、人生观和世界观形成过程中徘徊的学生指明人生方向。同时,信仰教育还要为学生提供科学的价值评价系统和方法,为最大程度上发挥学生的主体能力提供持续的动力。

二、信仰教育的作用

(一) 引导个人理想信念的形成

理想信念是人生活当中的精神支柱,没有坚定的理想与信念,精神上就会"缺钙",就会发生信仰迷茫、精神迷失的后果。以信仰教育引导个人理想信念的形成是实现信仰教育目标的首要任务。

首先,通过信仰教育引导学生正确看待个人理想与信仰之间的关系。我国正处在社会主义现代化建设中,社会生活发生着深刻复杂的变化,只有将个人理想和信仰相结合,形成一致的价值取向,才能使理想与信仰互相促进、共同发展。

其次,通过信仰教育加强对个人理想信念的引导,提高主动性。信仰教育的目标不仅是让学生拥有有关理想信念的理论知识,更要使其正确看待社会发展的现状,始终站在社会发展的前沿,利用这些相关的认识和个人体验主动分析问题、解决问题。在实际的信仰教育中,利用信仰教育内容和方法加强对学生个人理想的引导,是培养学生主动性的基础性工作,这项基础性工作需要坚持实事求是的态度,结合学生学习生活中的现实问题,从政策、理论、实践等方面深入浅出地与学生共同分析、共同分享,使其发现和体会个人理想信念的时代意义。

最后,利用信仰教育促进学生在理想信念中形成踏实作风。当前,我国正处于全面深化改革的关键时期,面临着诸多困难和阻碍,需要广大学生能够积极主动、发挥创造力,以更加踏实的作风开展学习工作。践行踏实作风就要在行为上,严格遵守学校相关规定,发扬艰苦奋斗、求真务实的作风,在实践中不断得到锻炼与考验;在精神上,要大力提高自身修养,坚定理想信念,增强自身对社会不良风气的抵抗能力,戒骄戒躁。

(二) 拓展个人发展空间

信仰教育的重要目标是使学生坚定信仰、拓展个人的发展空间。每个人的发展空间都会随着知识的逐渐丰富和实践经验的日益积累,不断得以拓展。在这个过程中,学生的眼界不断拓宽、思维更加缜密。坚持以信仰教育拓展学生的发展空间,是从根本上解决学生发展问题的基本要求。每位学生都是直接参与我国社会主义现代化建设的宝贵动力,这要求将加强和改进学生思想政治教育工作摆在更加突出的位置。

一方面,通过信仰教育丰富学生个人发展机会。信仰教育是以教人成长成才为目标的,在实施信仰教育的过程中,为充分将信仰教育与实践相结合,来自社会、学校和家庭的各类资源被整合在一起,现代社会生活中丰富的信仰教育素材通过学校教育和家庭教育持续加工,成为贴近学生心灵的信仰教育内容,学生从各个事例中能够认识到信仰带给个人发展的十足动力,也能体会到信仰的力量能够使人善于捕捉和抓住各种人生机遇,从而实现个人发展。

另一方面,通过信仰教育提高学生的综合素质能力。教师作为学生人生道路上的引路人不断引导学生树立正确的人生信仰,形成核心价值观念,在教学活动中融入信仰教育是现代教师的基本素养和要求,而学生的综合素质能力不但包含对文化知识的积累,更要有博大的胸怀和远大的抱负,因此,学校信仰教育遵循学生身心发展规律,循序渐进地帮助和指导学生增长知识和提升精神境界,通过综合素质能力的整体提高激发个人成长成才,实现个人发展。

(三) 强化个人民族责任感

培养民族责任感是学校信仰教育的重要目标之一。"强烈的民族责任感是关系到祖国兴旺发达甚至生死存亡的大事,也是衡量一个人的道德和人格是否高尚的试金石。"[1]树立民族责任感和自豪感,坚定不移地为民族复兴奋斗终身是每位中华民族儿女所应具有的理想信念。它既是爱国主义的体现,也是社会责任感的集中体现。信仰教育要求给学生传递民族责任感的时代内涵与现实意义,让学生领悟只有形成坚定的民族责任感,才能将国家的发展、民族的复兴作为个人奋斗的目标,才能在大是大非面前形成统一思想,才能彰显中华民族的凝聚力和向心力。着眼于国家未来长期良性发展,加强信仰教育,强化其民族责任感,将关系到我国未来发展的可持续性。

首先,将信仰教育中的实践与民族责任感相结合。信仰教育中既要传授理论知识,又要开展实践活动,而民族责任感的培养更需要实际行动。要高度重视理论与实践的结合,丰富、创设信仰教育的实践教育环境。同时,加强对与民族责任感相关的案例分析,通过对不同社会发展时期案例进行分析,明确民族责任感的必须性。

其次,引导学生正确认识信仰与民族复兴之间的关系。信仰强调的是个人理想信念,民族责任感强调的是爱国主义精神;信仰是抽象的,存在于思想当中,民族责任感更加具体,可以通过个人或集体的行为与表现进行判断。在信仰教育过程中,坚持以民族责任感为核心,以树立理想信念为手段,推动民族责任感的实施。当面对遇到的各类问题时,能够站在民族复兴的高度,用理性看待社会发展中存在的各种问题,求同存异,实现更大发展。

最后,赋予信仰和民族责任感更加全面的依据。新时代下的信仰和民族责任感需要被赋予更多更全的依据,才能使信仰和民族责任感具有更坚强的执行力。民族责任感的执行力最直接的体现是正义感,以信仰教育强化民族责任感就要鼓励学生以正义的勇气和果敢的行为抵制各种社会不良现象,充分利用法律手段与不良行为做斗争,从而使民族责任感和信仰的执行有理有据。

三、信仰教育的方法

(一) 启发式教育

启发式教育充分尊重学生的独立意识、竞争意识和自主性,符合信仰形成过程中的基本要求。信仰教育中,在突出教师主导地位的同时不能让学生一直处于被动地位,要强调学生的主体性和能动性,激发学生主动参与的热情,培养学生在信仰教育中的自主发展、自主选择、自主评价

---

[1] 覃辉银.革命历史文化与思想政治教育[M].广州:华南理工大学出版社,2018:58.

等方面的能力。首先,要在信仰教育过程中激发学生的内在动力,促进学生开展自我教育。自我教育是学生信仰教育最直接的体现,也是提高信仰教育实效性的重要手段。自我教育的内容源自学生自身对生活对社会的观察、认识、学习,学生主动发展的自我意识才会最终决定信仰教育的有效性。其次,要加强信仰教育的实践,开展行动教育。行动能够让学生更直观地将信仰教育的理论、内容和实践联系在一起,也能让学生的信仰更加坚定。行动教育要契合学习生活实际,让学生多参与到信仰教育的实践中,起到潜移默化的教育成效。最后,要营造理想的信仰教育氛围,产生潜移默化的影响作用。一方面要加强对校风、教风的建设,良好的校风能够焕发师生的精神面貌,另一方面要加强对校园制度文化的建设,对学生起到调节、约束、规范的作用。

(二) 成才教育

践行以生为本的教育理念就是教人成长、成人、成才,增强信仰教育的有效性就要坚持将理想信念注入成才教育当中。父母希望自己的孩子能够成器,教师希望自己的学生能够学有所成,学生希望自己能够学以致用。成才教育是"把人作为一个活生生的个体生命来加以呵护和培养,是在有温度、有激情、有思想的环境下促使生命最大限度地生长和发展,是真正的培养人的教育"[①]。成才的理想和愿景早在教育之初就已经在各类群体的思想中打下基础。尤其是学生都非常渴望成才,大多数学生希望能够通过在校的学习让自己的综合素质得到全面的提升发展,对自身要求高的学生更是希望自己在学校期间能够博学多才,在未来的工作岗位上大展宏图。所以,信仰教育要将成才教育的理念植根于教育过程中。

首先,在信仰教育过程中要将学习成绩与思想品德同时作为重要评价内容,确保学生在学校期间具备成才的基本条件。其次,高度重视对学生的思想政治教育,使其始终保持高度的向心力,坚定共产主义信仰和实现中华民族伟大复兴的远大理想。最后,要加强对文化教育与成才教育的双重考核,即通过文化成绩、思想品德的考核,确保两种教育共同推进学生进步,激发他们的先进性、积极性、创造性。

(三) 思想教育

思想教育是促进信仰形成的关键教育途径,思想教育的质量将直接影响信仰教育的实效。思想教育并非单纯地影响思维方式、思想内容以及思考过程的教育,它还要对学生的行为进行指导与管理,也就是在规范个人行为中融入思想教育。有效的个人行为规范是开展思想教育的基础,而思想教育又将一些学生认为枯燥乏味的行为规范升至人文内涵丰富、思想性较高的思想空间中,能够将学生觉得缺乏人情味、生硬的行为规范进行情感上的升华,从而消除学生的抵触心理与情绪。设想思想教育如果没有指导与管理行为的作用,那么个人行为就会失去基本的依托和保障,不仅行为不能落到实处,更不会具备一定的权威性和导向性。因此,思想教育要与个人行为规范相结合才能在信仰教育中真正发挥作用。这就要求:首先,学校中要具有健全的管理规范和管理制度,使学生明晰各种社会行为准则。其次,将适应于信仰教育的思想准则融入个人行为规范中,渗透在学生的学习生活中。最后,根据学生"求真""求善""求美"的学习与生活目标,充分发挥思想教育指导行为的作用,让学生能够在轻松愉悦的氛围中得到启迪和鼓励,从而提高信仰教育的成效。

(四) 现代科技教育

现代网络信息技术的高效性、开放性可以有效地促进学校信仰教育。信仰教育要注重现代

[①] 刘凤军.课堂跨越:一所农村中学的课改探索[M].沈阳:辽宁教育出版社,2015:41.

科技在学生现实生活中凸显的影响力,加强日常教学活动中科技教育的教学模式,提高信仰教育的实效。现代科技和教育技术手段使各种信息实现高速、高量、开放、自由、交互性的传输,时空限制得以突破,信仰教育也要打破传统学习方式,融入通过网络开展教育的新型学习方式。然而,现代科技手段也给信仰教育带来严峻的挑战,只有改进传统信仰教育方式,运用网络信息技术,探索信仰教育新方式新途径,开辟信仰教育新天地,才能使信仰教育走上具有时代性的发展之路。现代科技教育可以利用网络带来的丰富的信仰教育内容,让信仰教育蕴含在精神文化和现代科技文化中,让信仰教育更加贴近学生生活学习的实际,让他们对信仰教育产生认同感。

四、信仰教育的特征

信仰教育是触及人灵魂的教育,是对社会成员实施的价值观教育活动。当面对丰富知识和多样信仰形态时,个人的信仰自主选择能力显得尤为重要。信仰培育的关键是"在承认个体是由肉体、智力、情绪及精神等方面构成的基础上,帮助个人认真思考各种价值观并将之应用到与他们自身、他人、团体及世界普遍相关的实际中去,进一步深化其理解、动机及责任感,并作出积极的个人或社会抉择;鼓励个人选择自己的个人观、社会观、道德观及精神观,并懂得使其提高及深化的实际方法"[①]。也就是说,信仰教育要培养具有自主意识强、自主行为独立的信仰个体,而信仰教育的过程是提高个人的自主选择能力,以及在信仰抉择中能够作出明智判断的能力。因此,信仰教育在确立信仰的过程中发挥着增进个人自主意识、提升自由选择能力、强化信仰价值判断的作用,具体表现出以下特征。

(一)包容性与导引性

信仰教育重视在多重价值观交流碰撞的基础上,对个人价值观进行科学指引,因此,具有包容性与导引性的特征。信仰教育的包容性是指在坚持马克思主义主导地位的基础上,承认社会中存在多样化的信仰客体、多元的价值观,并包容不同的生活方式和价值追求。信仰教育的导引性是指从多元化的价值观念中选择必然性的内容作为主导,用它引导人们向着崇高的理想目标迈进。信仰教育是塑造人的灵魂的系统工程,人的精神是自由的,意识是自由的,信仰的自由与选择体现了对现实世界的超越。因政治、经济、文化等方面存在差异,不同的思想观念和多元化的价值观念的存在,要求信仰教育必须坚持正确的导向,在坚持马克思主义主导地位的基础上,客观审视不同社会思潮的存在,对不同思想观念采取包容开放的态度,只有合理地引导人们对信仰作出正确选择,才能促使马克思主义信仰逐步深入人心。因而,建立在包容批判和科学引导基础上进行的信仰教育,能实现人的思想自由,进而促进信仰教育目标的实现。

(二)科学性与价值性

科学性是指对事物客观真实的反映,回答"是什么"与"为什么"的问题。价值性是指对事物满足主体需要的判断与评价,回答"怎么样"与"怎么做"的问题。科学性与价值性是我们对事物作出自我判断必不可少的两个方面,不是所有具有科学性的事物都能得到人们的认可,人们还需要从自身需要出发对其进行价值判断与选择,也不是所有被创造出的事物都具有价值性,还要根据主体需要进行客观审视。信仰教育的科学性是指在信仰教育过程中,要采用科学的方法、确立科学的思维方式,满足社会发展、遵循社会发展规律以及符合个人的价值判断。信仰教育的价值

---

① 天津市高等教育学会.继往开来[M].天津:天津人民出版社,2006:421.

性是指信仰要符合人的本质属性,能够提升人的精神境界,赋予人们追求幸福生活的权利。从这个意义上说,信仰教育就是提升道德人格、提高人的尊严,使人的行为符合社会发展规律的教育过程,这符合教育呼唤人性、回归本真的本质要求。因此,信仰教育涵盖了科学性和价值性两种属性,抛开科学与价值判断的信仰教育将失去真正的意义。

(三)长期性与复杂性

信仰教育的长期性和复杂性是由信仰的本质、特点、作用以及不同的评价标准决定的。从本质上看,信仰是人们预设的某种精神机制,属于复杂的价值观念;从特点来看,信仰的形成和发展不是直线式的,而是曲折起伏、跌宕变化的;从作用来看,信仰指引个人看待事物的态度和做出的行为,决定着努力的方向;从评价标准来看,评判信仰的标准必然不具有唯一性,而且带有时代的痕迹。随着社会的发展,人们的精神世界愈加复杂,加大了信仰教育的难度。这要求我们在进行信仰教育的过程中,根据不同教育对象的条件与状态,交替使用各种不同的教育方法,这些教育方法不同于常用的学科知识的传授,而是采用复杂多样、多渠道、多途径的培育方式,循序渐进地加以推进。同时,信仰教育还要不断改善教育方式,逐步熏陶和感化受教育者,逐渐强化教育内容,进而达到预期的教育效果。

第三节 教师教育信仰与青少年信仰教育

一、教师教育信仰与人生信仰

(一)教师教育信仰的时代内涵

教师教育信仰是教师开展教学工作、实现专业发展的巨大精神动力,是教师为教育理想的实现奋斗终身,不断提升自身教育素养和教育境界的动力之源。教师之所以能够认同教师职业以及与教师职业相关的生活方式,并将自身对教育事业的理想和追求与人生理想融为一体,在较大程度上依赖于教师教育信仰的建立与对教育信仰的坚持。教师教育信仰的时代内涵主要体现在以下几个方面。

1. 敬畏个体生命

生命是教育的前提与基础,激发生命活力,促进生命发展是教育的根本使命,一切教育活动都是围绕生命的升华进行的。叶澜曾说:"人的生命是教育的基石,生命是教育学思考的原点。在一定意义上,教育是直面人的生命、通过人的生命、为了人的生命质量的提高而进行的社会活动,是以人为本的社会中最体现生命关怀的一项事业。"[1]教育过程应从生命出发,根据个体生命的特点与身心发展规律,引导和促进生命实现不断完善、发展,促使生命价值持续提升。因此,教师的教育信仰首先表现为教师对个体生命的敬仰与尊重。

在对生命的敬仰与尊重下,教师的教育信仰表现为把学生当作具有生命潜能的、独立的、完整的人来看,而不是过分强调他们缺乏知识、能力和经验的一面。由此出发,每一个学生的身上都蕴含着巨大的发展潜能与力量,教育信仰要遵循生命发展的客观规律和个体生命发展的独特

---

[1] 叶澜."教育的生命基础"之内涵[J].山西教育,2004(6):1.

性,而将学生在发展中出现缺点和不足视为生命发展中不可或缺的一部分。同时,更要看到学生所具有的旺盛的生命活力和多方面发展的可能性。因此,教育信仰要求教师树立对生命的敬仰和尊重,进而形成合理的科学的学生观和教育观,依据个体生命发展的特点和规律教育学生,持有这种教育信仰的教师不再是教书的机器,学生也不会沦为接受知识的器皿,课堂才会焕发出生命的活力。

2. 怀有仁爱之心

关爱是"爱"的情感中重要的组成部分,师生关系中的关爱是教育本质的基本体现,是教育教学活动有效开展的基石。苏霍姆林斯基说:"没有爱就没有教育。"[1]孔子思想中的"仁"即"仁者爱人",它是儒家思想的根本,也是教师信仰的本质要求。教师的教育信仰中也是充满爱的,离开对学生的爱,教育信仰如同无源之水、无本之木。那么,教师教育信仰中的爱包含着哪些内容呢?

首先,这种爱是一种奉献。它意味着对学生成长成才的责任心,给予学生关怀、尊敬和了解,属于积极的人类情感之一。其次,这种爱赋予教师强大的力量,抵御现实生活中的各种诱惑,给人以勇气和力量战胜生活中的痛苦与挫折,使人超越现实存在,向着未来的理想境界,追求自由本性的充分发展。最后,这种爱是一种行动,是在教师践行各种教育理念的过程中形成的。教师只有深刻理解爱、感悟爱、体验爱,才能形成真正的教育信仰中的爱,否则,教师内心的爱只能停留在较低的喜欢和关注层面,缺乏持久性。只有真正理解教育信仰中的爱,教师才会形成对教育事业的真挚的爱和对学生的爱,这种爱是无私的、理智的、永恒的。

师生之间的爱是互通的,教师给予学生多少关爱,同时也会获得学生爱的回报。学生在感受到教师给予他们生命关怀时,会发自内心地热爱教师、尊敬教师、理解教师、关爱教师。教师感受到学生的爱,增强对自身工作的热情和积极性,对自己所从事的职业愈发热爱,坚定自己的教育理想信念。

3. 追求教育智慧

信仰是离不开智慧的,教师教育信仰中含有丰富的教育智慧。智慧与知识不同,智慧中包含知识,知识是智慧的基础,智慧是知识的追求。教育是一项需要大智慧的事业,教师在教育教学活动中形成的智慧即为教育智慧,它体现的是一种品质、状态和境界。教师的教育智慧具有明显的实践性,实践中的智慧是指能够透视实践、改造经验、提升自我的能力。因此,教师的教育智慧表现为真正意义上的尊重学生、关注个性,追求人生的幸福境界,又表现为一种举重若轻的气度和化难为易的本领。教育智慧中蕴含的这些特性与教育信仰的本质一致。

真正的信仰必是从智慧中孕育出来的。雅斯贝尔斯认为,"如果人要想从感性生活转入精神生活,那他就必须学习和获知,但就爱智慧和寻找精神之根而言,所有的学习和知识对他来说却是次要的"。教育不仅是对知识的关注,更是对智慧的关怀,教育把人的精神世界引向真理,使人的灵魂转向智慧,教人利用智慧摆脱困境。任何一种信仰倘若不是以人的根本困境为出发点,它作为信仰的资格也是值得怀疑的,教师教育信仰如果不是利用各种教育智慧克服种种教育活动中的困难,最终成就学生、实现教育目的,那么,这样的教育信仰是不牢固的,随时会崩塌。因而,教育智慧是一种独特的教育认知和教育境界,教育信仰是教育智慧的终极追求。

(二) 教育信仰促进教师坚定人生信仰

教师是教育活动的主体,教师的言行受到教师信仰的影响与制约。教师教育信仰在整个教

---

[1] [苏]苏霍姆林斯基.给教师的建议[M].周蕖,等译.武汉:长江文艺出版社,2018:10.

育过程中,对教师个人的生存与发展、学生的学习与成长、教师职业意识的强化与教育理想的实现起到独特的影响。

1. 教育信仰促进教师建立教育理想

教师教育信仰是通过教学过程中不断强化的教育理想和信念而产生的,教育理想和信念不仅使教师在教育过程中自觉地使自己的行为规范化、合理化,按照教育的规律教书育人,而且要求教师秉持较强的目标意识、责任意识、求知意识和创新意识。当教师将教师岗位视为自己热爱的教育事业,并能够从中汲取价值感与幸福感时,教师崇高的教育信仰便能为教师正确树立职业意识起到极大的推动作用,端正的职业意识又对教师更好地履行教书育人的工作职责发挥极其重要的意义。

教师的教育理想是教育信仰在教育生活中的一种折射。没有树立教育理想的教师不能成为一名好教师,而在崇高教育信仰的指导下,教师的教育理想较易实现。雨果有这样一句名言:"信仰,是人们所必须的,什么也不信的人不会有幸福。"①教师教育信仰很大程度上是在其教育理想的基础上产生的,植根于实际的教育教学活动中,很多教师之所以成功地实现了自己的教育理想,离不开他们教育信仰的支撑,离不开他们对教育事业、教师职业正确的理解。冯友兰先生曾提到:"人所实际享受底一部分底世界有小大。其境界高者,其所实际享受底一部分世界大;其境界低者,其所实际享受底一部分底世界小。"②因此,教师教育信仰的程度影响着教育理想与信念的强度,也决定着教师个人幸福的实现。

2. 教育信仰促进教师实现职业发展

教师的教育信仰给教师带来强烈的使命感。教育信仰自身的内在性、终极性和动力性促使教师持续深化对教育理论与实践的认识。首先,在教育过程中,教师教育信仰使教师成为敢于追求、敢于创新、敢于超越自我的人,持有这些精神和思想的教师往往能在教育方法、教育手段与教育过程中不断取得创新成就。其次,教育过程中形成的教育信仰能够使教师足够认清自己的教学水平对于学生成长的重要性,能够对自己教育教学精益求精、勇于进取、敢于创新。再次,教师信仰使教师教育教学工作有内在的推动力,对教师专业发展和专业成长具有引导作用,能够激发教师对教学工作保有的高涨热情。孟子的"君子有三乐",即"父母俱存,兄弟无故,一乐也;仰不愧于天,俯不怍于人,二乐也;得天下英才而教育之,三乐也",体现了一个有教育信仰的教师愿意在教师神圣的岗位上坚守一生,这样的教师才能在教育过程中自由地、有创造性地发挥自己的全部潜力。最后,教师教育信仰的确立使教师端正态度,推进教师职业的专业化进程。教师职业不仅要有很强的专业知识,更要有健康的心理素质、良好的道德品质、高尚的人文素养,有了崇高信仰的指引,教师才能以饱满的热情,推进整体专业化的进程,同时对学生形成正确的世界观、树立良好的生活态度、激发浓厚的学习兴趣、挖掘潜在的创造力产生重大影响。

3. 教育信仰促进教师培育学生核心素养

教师的崇高信仰时刻对学生产生积极的影响。教师的职业本质要求教师对学生发挥示范引领作用,做到学高为师、身正为范、立德树人、言传身教。教师教育信仰反映教师的心境、情感、精神、思想、态度等方面的内容,在教师形成的价值观、思维观、行为观上都会烙上信仰的印记。因此,教育信仰决定着教师的道德人格、生活理想等价值取向和人生态度,它们对学生的影响不仅

---

① 王建南.信仰的力量——青年学生谈马克思主义(第2辑)[M].福州:福建人民出版社,2020:41.
② 冯友兰.冯友兰谈哲学[M].北京:当代世界出版社,2006:235.

在于对学生的知识结构与实践技能的形成上，还从根本上对学生的心灵进行洗礼。

首先，教师教育信仰能够促进学生学会怎样做人、做事、成人、成事，促进其拥有高尚情操，成为一个独立思考的人，而不会沦为一个时代的盲从者。苏霍姆林斯基曾指出："教育——首先是关怀备至地、深思熟虑地、小心翼翼地去触及那幼小的心灵。"①教师持有的正确的教育信仰使学生内化道德认知，形成道德素养，成为推动社会发展的有用之人。其次，教师教育信仰有助于学生养成良好的生活态度和学习兴趣。教师的信仰在实际的教育过程中，会给学生一种生活的启示，教学生保持良好的人生态度，热爱人生，深爱自己的事业，助力在生活中不断取得各方面的成功，指引在学习上驰骋想象，引领在做事上积极主动。同时，教师教育信仰教学生关注精神生活、意识世界、心理过程，激发学生内心对自己人生意义与生命价值的追问，引导他们对真、善、美的追求。最后，教师教育信仰能够为学生营造出自由的氛围、自主学习的空间、充分发展的契机，挖掘学生的潜在创造力。教师教育信仰的力量是强大的，它能够感染每个学生试图成为他们自己，为自己感到骄傲与自豪，从而产生对生活的热爱以及对未来的信心。

二、青少年信仰教育与人生信仰

（一）青少年信仰教育

青少年正处于在校或即将离开校园迈向社会的重要人生阶段，肩负着个人成才和社会建设的重要使命，只有树立正确的坚定的人生信仰才能用公正的视角看待社会中出现的各种问题，学会用积极的心态协调处理各种是非争端，才能实现健康稳定的发展。当今，经济全球化、非主流意识形态、多元文明以及社会的转型，持续冲击着青少年的信仰，导致信仰危机。信仰危机是"因某种原因导致人们对原本坚持的信仰产生的怀疑、动摇、否定、无信仰或者对正确、科学信仰体系的怀疑、动摇和抛弃的一种精神意识状态"②。因此，必须正确认识和研究青少年信仰观念，开展信仰教育，帮助青少年坚定信仰，为他们的身心健康发展、个人稳步成才、树立正确稳定的人生信仰奠定基础。

从社会层面来看，青少年要紧跟时代步伐，践行社会时代要求，坚定信仰，促进社会发展，就要求青少年信仰教育中传授什么是正确的信仰，如何充实自己的信仰，如何使自己的人生信仰带动个人，促进社会文明共同进步。社会文明的进步离不开精神文明建设，我国社会主义精神文明具有社会主义独有的特征。在社会主义精神文明建设中，民族信仰、道德信仰、人生素质是一个有科学信仰的人所应具备的。这些要求是新时期我国青少年信仰教育的方向指南，是信仰的航标。

为使青少年信仰教育真正发挥促进社会发展的作用，我们要做到这几个方面：一是坚持马克思主义的指导地位。这是社会主义各项事业顺利完成需要坚守的理论阵地，是我们不可动摇的政治信仰。马克思主义中国化的最新成果和中国特色社会主义的共同理想是时代信仰的核心内容，也是政治信仰的理论基础和信仰目标。二是秉承民族精神和时代精神是我们信仰教育的精神内涵，也是信仰所应具备的根本品质。青少年内心的信仰认同感能够激发其对主流价值意识的关注和认同，并主动接受主流意识的要求，并将其内化为自身的价值取向。三是培育稳定的信

---

① 崔景贵.积极职业教育范式导论[M].北京：知识产权出版社，2016：237.
② 谢成宇，侯欣.大学生信仰教育的困境与路径论略[J].湖北社会科学，2011(2)：189-191.

仰认同感是精神文明建设不断前进的有力支撑。信仰支撑着民族发展的思想,只有认同社会理想才会不断创新与丰富民族血脉。

从个体层面来看,青少年信仰教育不断激励个体身心健康成长。新时期具有坚定的信仰是青少年健康成长所必须具备的,这使青少年能够在信仰的指导下经受住各种困难与挫折的考验,自觉克服自身的不足,用科学的观念和态度看待社会、明晰社会问题,运用高尚的道德素养规约自己的行为,并用积极的心态科学合理地规划自己的人生,只有这样青少年自身的社会价值才会实现。为此,青少年的信仰教育要做到促进他们的身心健康发展,培育青少年独立自主、自尊自强的健全人格;提高明辨真假,辨别善恶,判断科学与迷信、正确与谬误的能力;培养遇事冷静、办事沉稳,充满热情和自信心,积极向上的人生态度,使青少年在信仰教育中明白事理,活出有价值、有意义的幸福人生。

(二) 信仰教育促进青少年坚定人生信仰

1. 信仰教育促进青少年培育健康心理

青少年信仰教育首先对其心理健康发挥重要的推动作用。心理健康的基础是智力的开发与发展。从生物学上看,青少年的大脑机能随年龄的增长不断健全与提升;从社会学上看,青少年的生活空间与社交圈不断扩大,社会实践活动不断增多,促使其认知能力获得了长足发展。信仰的形成基础是智力,青少年智力水平的提高,也使他们的各类感觉、知觉变得更加灵敏,记忆力与思维能力不断增强,逻辑思维与创新能力也在逐步占据主导地位,能够主动运用分析、综合、抽象、概括、推理等方法判断事物间的关系和内在联系,并逐步用批判的眼光看待周围事物,形成独特的见解,这些是心理上成熟的表现形式,也是自我意识形成的标志。自我意识是认识的一种特殊形式,是指个体对自我的认识、对自我及周边人之间关系的认识。随着对外界认识的不断提高以及生活经验的不断积累,青少年在自己的内心世界和个性品质方面倾注更多观察与评价,这对于提高对事物的识别能力,提升看问题的全面性,提振遇到暂时的挫折和失败时的心理状态,稳定情绪都有重要的作用。青少年认知视野的拓展与心理状态趋于平衡的趋势为信仰教育实施提供了可能与必要的条件。

2. 信仰教育促进青少年增强政治认知

青少年对信仰的理解和选择主要源自个体对政治现象及其本质的领悟与判断,青少年的信仰教育中蕴含丰富的政治观念与政治信仰的内容。在主导政治观的教育和传播下,青少年的政治认知在总体上与主导价值观是一致的。在围绕主导政治价值观的信仰教育中,青少年形成强烈的爱国心和社会责任感,认识到自己的利益和国家的利益在根本上是保持一致的。青少年信仰教育中涉及的政治认知方向总体上是正确的,但由于青少年对我国政治问题和政治现象的认知不够深入或存在模糊的观念,因此,在信仰教育中突出青少年信仰认知要具有一定的稳定性和主动性。一方面,青少年对社会主义的认识逐渐加深,对党的信任感逐渐增强,这样对政治现象和问题就会形成较为稳定的认知。另一方面,青少年在政治活动中总是希望争取更多的社会权利,实现自身的利益和价值,因而,青少年会主动自觉地认识政治问题和政治现象。总之,青少年信仰教育从整体上能够促进他们主动形成稳定的政治价值观与政治信仰。

3. 信仰教育促进青少年提升思维水平

青少年的思维水平是决定信仰教育成功与否的重要因素,能独立思考的青少年更容易形成稳定的信仰,同时,信仰教育为青少年提高思维水平提供正向的引导。众所周知,个人的思维具有独立性、合理性与灵活性。一方面,青少年活跃的思维方式不满足于教师和教科书上的内容,他们善于独立思考,并对独立思考的结果进行检查和评价,尝试多种解决问题的方案。独立思考需要具有批判性思维,即不轻易接受各种观点,认知过程要通过评价、判断正误,提出疑问或新的见解,形成争论,最终作出自己的选择。当代我国青少年大多具有强烈的爱国主义情怀和民族主义精神,关注国家发展与民族复兴大任,将个人利益与国家前途与命运联系在一起,这是经过独立思考后在思想中形成的稳定认识,认识的不断积累为形成坚定的信仰提供思维支持。另一方面,信仰教育对青少年的思维实施教育与引导,使思维在锻炼过程中不偏离正途,同时,经过思考问题的视野不断扩大,思考不同理论知识和实践领域问题的程度不断加深,信仰教育使青少年思维的广阔性和深刻性有了大幅度的发展。

思考题

1. 如何理解人生信仰的时代含义?
2. 简述信仰教育的作用有哪些。
3. 如何理解教师的教育信仰及其实施途径?
4. 结合自身的理解,谈一谈青少年信仰的意义。

拓展阅读

1. [英]希克.信仰的彩虹:与宗教多元主义批评者的对话[M].王志成,思竹,译.南京:江苏人民出版社,1999.
2. [法]葛兰言.中国人的信仰[M].江润,译.哈尔滨:哈尔滨出版社,2012.
3. 檀传宝.信仰教育与道德教育[M].北京:教育科学出版社,1999.
4. 李少斐.社会主义理想信念教育方式、方法再探讨[M].北京:社会科学文献出版社,2016.
5. 微信公众号:"哲学与艺术"

第十三章 教育如何促进心理健康

思维导图

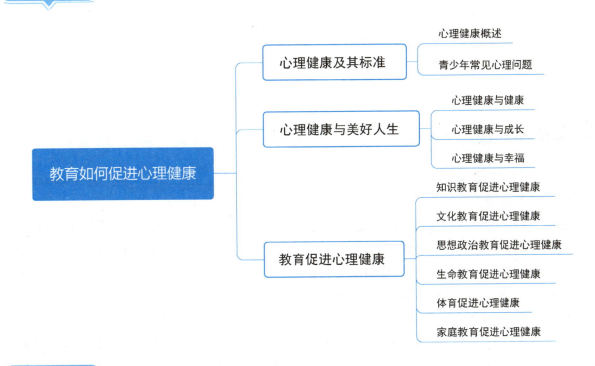

学习目标

知识目标	了解心理健康的内涵和概念,掌握判定心理健康的标准,理解心理健康在生活中的重要性,学习如何通过教育促进学生的心理健康
能力目标	通过理论知识的学习,加强对心理健康概念的理解,促进学生群体的心理健康,正确认识自我,培养学生健全的人格,增强心理韧性
素质目标	提高学生的心理素质,提高心理健康水平,培养学生乐观向上的心理品质,促进学生健康成长、全面发展
思政目标	加强育心与育德结合,促进学生心理健康、思想道德、科学文化素养协调发展

随着时代的发展,健康愈来愈得到人们的重视。社会经济的发展促进了人们生活水平的提升,身体健康需求已经基本得到了满足。但随着现代生活节奏的加快,社会竞争压力日趋激烈,

人们的心理健康状况并不乐观,且由于对健康的认识不全面,心理健康也未受到相应的重视,因此,心理健康作为健康中至关重要的组成部分,需要受到进一步的关注与重视。

心理健康与美好生活息息相关,个人的成长与发展离不开健康的心理。首先,心理健康与身体健康对于个人而言同等重要,注重身体健康的同时也不能忽视心理健康,需注重身心健康全面发展。其次,心理健康对个人成长起着至关重要的作用,心理健康促进个体全方位的健康成长,促进个人的全面发展。最后,心理健康与幸福感存在正相关关系,心理健康增进个体的幸福感。

那么,如何促进学生的心理健康呢?主要有以下几个方面:一是通过知识教育促进心理健康;二是通过文化教育促进心理健康;三是通过思政教育促进心理健康;四是通过生命教育促进心理健康;五是通过体育促进心理健康;六是通过家庭教育促进心理健康。通过以上六个方面,发挥教育对学生心理健康的促进作用。

第一节　心理健康及其标准

一、心理健康概述

(一)心理健康的内涵与标准

1. 心理健康的内涵

如何判断人的心理健康与否?这是一个复杂的问题。对此问题进行回答,需要明确心理健康的概念。随着时代的发展和社会的进步以及人们认识的提升,对于心理健康的概念也在进一步深化。1948年的第三届国际心理卫生大会认为:"心理健康是一种状态,它会因生物和社会因素的影响产生波动,能够使人对自身潜在的冲突、本能的欲望进行满意化处理,以及建立、保持与他人的和谐关系,在自己的社交和客观环境中作出积极的改变。"[①]世界卫生组织2001年的报告中将心理健康定义为:心理健康不仅仅是没有精神疾病,更可视为一种幸福状态。在这种状态中,每个人认识到自己的潜力,可以应对正常的生活压力有效地从事工作,并能够为社会作出贡献。[②]

心理健康包括狭义和广义、消极和积极两个层面。从广义上讲,心理健康是一个人具有良好的心理品质和健全的人格,个体适应良好,能充分发挥其身心的潜能;从狭义上讲,心理健康是指人的基本心理活动过程内容完整、协调一致,个人能顺应社会,调整自身状态,以使自身与社会保持一致。另外,从消极层面看,心理健康是指无心理疾病,这是心理健康的最基本的标准;从积极层面看,心理健康是指一种积极发展的心理状态,在这种状态下,个体能够维持自身的心理健康水平,减少问题行为的发生。

2. 界定心理健康的原则

界定心理健康的原则有以下几点:

---

① Bertolote J. The roots of the concept of mental health[J]. World Psychiatry, 2008(2): 113.
② World Health Organization. The world health report: 2001: Mental health: new understanding, new hope. World Health Organization, 2001.

(1) 心理与环境的统一性：人的心理是在社会生活环境与实践活动中逐渐形成和发展起来的，是对客观现实能动的反映。任何正常的心理活动与心理现象都来源于客观的社会生活环境。因此，正常的心理现象必然与客观现实保持一致性。

(2) 内在心理活动的统一性：一个人的认知、情感和意志行为构成人的心理活动过程的完整统一体。人对客观事物的认识与改造客观世界的言行是在意志的控制下，情绪、情感的调节下进行的。同样，随着对客观事物认知的不断深化，心理对行为的调控能力也不断增强，从而构成心理与行为协调一致的统一体。

(3) 健全的人格：人格是在先天遗传素质的基础上，在后天社会现实生活中逐渐形成的独特的个性心理特征。日常生活中个体在各种信息和周围客观事物的刺激作用下，不断充实、完善和丰富了自身内心世界。在其影响作用下逐渐形成了具有相对稳定的个性心理特征，并在一切活动中显示出自身的特点。

3. 心理健康的一般标准

心理健康标准的确立是建立在对人类心理活动规律的正确认识和科学分类基础上的。到目前为止，心理学界对这种规律和分类还在不断地探索过程中，有关心理健康的标准也在不断发展。例如，1948年第三届国际心理卫生大会提出了心理健康的四个标志：身体、智力、情绪十分协调；适应环境，人际交往中能彼此谦让；有主观幸福感；在工作和职业中，能充分发挥自己的能力，过着有效率的生活。马斯洛以自我实现的人为研究对象，得出了自我实现的人的心理健康标准[①]，即充分的安全感；充分了解自己，并对自己的能力作适当的估价；生活的目标切合实际；与现实的环境保持接触；能保持人格的完整与和谐；具有从经验中学习的能力；能保持良好的人际关系；适度的情绪表达与控制；在不妨碍团体利益的前提下，有效地发挥自己的才能与兴趣爱好；在不违背社会道德规范下，个人的基本需要可以得到一定程度的满足。

(二) 青少年心理健康的标准

青春期是儿童发育到成人的重要转折时期，此时的心理健康对于培养独立健全的人格、形成自信自强的精神品质、树立理想信念和生活目标都至关重要。近年来，我国青少年心理健康问题越来越引发社会关注，一些青少年出现焦虑、抑郁等情绪，严重影响了生活和学业，个别甚至发展成精神疾病，因而需要迫切关注青少年的心理健康。为深入了解青少年心理健康问题，则需要明确青少年心理健康的标准。根据青少年时期的心理特征以及心理健康学的基本理论，青少年阶段的心理健康的标准如下：

1. 智力正常

智力是以思维为核心的各种认识能力和操作能力的总和，也是衡量一个人心理健康的重要标志之一，正常的智力是生活和学习最基本的心理条件。青少年要保持着积极的学习态度，保持对新奇事物的求知欲望，并且能保持一定的学习效率，在此基础上，更易保持一个健康的心理。

2. 情绪健康

心情愉快和情绪稳定是判定心理健康的重要指标。情绪影响人的健康、工作效率和人际关系，健康的情绪产生积极的影响。心理健康的人乐观豁达，情绪稳定，自控能力较强，其内部心理结构总是趋于平衡和协调，既有适度的情绪表现，又不为情绪所左右而言行失调。

---

① 刘永安.试论心理健康的标准[J].东莞理工学院学报，2001(1)：104-108.

3. 人格完善

人格指一个人所具有的稳定的心理特质的独特综合。人格完善指具有健全统一的人格,即心理和行为和谐统一的人格。包括:① 人格要素无明显的缺陷和偏差;② 具有正确的自我意识;③ 人生观正确,并以此支配自己的心理与行为;④ 人格相对稳定。青少年期是个体人格发展的关键期和成熟期,因此,保证人格的完整对青少年的心理健康至关重要。

4. 自我意识明确

自我意识是个体对自己的认识和评价,是个体对自己以及自己与周围世界关系的认识和体验。心理健康的个体有明确的自我意识,能正确认识自己,做力所能及的事,努力使现实趋近理想,能合理调控自己的行为,使个体和环境达到平衡。

5. 人际关系和谐

人际关系状况反映了人的心理健康状况。人际关系是人们日常在工作、生活和学习中所形成的心理关系。心理健康的个体乐于与他人进行人际交往,并且能够和大部分人建立良好的人际关系,能够宽容、理解、信任和包容他人,具有集体荣誉感,在人际交往中,积极态度大于消极态度。

6. 社会适应正常

个人的成长和发展始终在社会中进行,因而人们常以社会适应正常与否判定一个人是否心理健康。心理健康的个体,能和社会保持良性的互动,正确认识环境,处理好个人与周围环境的关系。当环境发生改变时,也能随之调整个人的状态,使得个人能够适应变化的环境,从而更好地发展自我。

7. 心理年龄与生理年龄相符合

在人的每一个生命发展阶段,都存在与之相对应的心理行为表现。心理健康的个人,其认识、情感、言行举止都与其年龄阶段相匹配,如果心理和行为严重偏离年龄阶段,可能存在心理发育问题,如果严重滞后或超前,是心理不健康的表现。

二、青少年常见心理问题

青少年是儿童转变为成人角色的过渡时期,这一阶段是心理发展最关键的阶段。然而,大部分青少年对于自我意识的概念比较模糊,加上一些外界因素的干扰,很有可能出现一些心理问题。

1. 适应问题

每个人在人生发展的特定阶段,都会遇到一些事情让他产生一些不良情绪或者心理上的困惑,这种常见的、人人都会遇到的、随着年龄的增长问题会自动解决或缓解的一系列问题称之为"心理不适应"。在青少年群体中,尤其是刚步入新环境的学生,可能还处在适应角色的转变中,面对陌生的环境,可能会感到难以适应,从而产生一些消极情绪,若未得到及时缓解,便有可能产生焦虑、抑郁等心理问题。

2. 人际交往问题

青少年有强烈的交往需要,渴望他人能理解自己,成为自己的朋友,然而部分人因为社交技能缺乏、人际关系敏感、以自我为中心的心态容易与他人产生冲突,导致了交往困难,从而产生孤独感,出现恐惧、焦虑等许多不良心理状态,进而影响学习和生活。

3. 学习问题

随着学习的内容更为复杂且更为系统,部分学生在学习上较为吃力,对知识难以掌握和理解。久而久之,由于跟不上学习进度,便可能产生学习动力不足的问题,表现为在学业上提不起兴趣,萎靡不振。另外,部分学生自控力较弱,平时不抓紧学习,临考前拼命复习,导致考试焦虑,从而影响自身心理健康。

4. 恋爱与性心理问题

处于青春期的青少年,生理上逐渐成熟,情绪、情感丰富、强烈,渴望与倾慕的对象谈恋爱。但由于部分青少年的爱情观还不成熟,加上未形成正确、稳固的性道德观,因而常常在恋爱及性心理问题上出现困惑和茫然,导致出现焦虑、抑郁等情绪。

5. 人格存在缺陷

人格缺陷是人格的某些特征相对于正常而言的一种边缘状态或亚健康状态,青少年常见的人格缺陷主要有:性情暴躁、自私狭隘、虚荣心强、遇事冲动、冷漠孤僻、郁郁寡欢等。这些缺陷或多或少存在于每个人身上,但经过合理的指导和有效的控制,个人便会进一步完善和发展;若听之任之,这些缺陷甚至会产生人格障碍,进一步阻碍个人的成长与发展。

第二节 心理健康与美好人生

一、心理健康与健康

每个人的成长与发展,都需建立在健康的心理之上,心理健康是个人正常生活、学习、工作和交往的前提与保证。心理健康不同于身体健康,心理健康作为精神现象,并未有具体的生理指标,如体温、心率、血压等,其内涵的界定也随着时间的推移得以丰富。现代社会对健康的认识已经较为全面,认为健康包含身体健康和心理健康。无论是嗷嗷待哺的婴儿、朝气蓬勃的年轻人、事业有成的中年人,抑或是步履蹒跚的老年人,每个个体的成长、发展与生活都离不开健康。健康贯穿个人的一生,为个人的发展与成功奠定了基础。但长期以来,许多人持有一种传统的"无病即健康"的概念,未能掌握科学的健康的内涵,因而科学的健康观亟待树立。

联合国世界卫生组织对健康的定义为:健康,不但没有身体缺陷和疾病,还要有完整的生理、心理状态和良好的社会适应能力。由此概念可知,健康不仅包含了生理的健康,也涵盖了心理健康。但绝大多数人只重视生理健康,如按照计划每天进行一定强度的锻炼,饮食上注重荤素搭配、营养均衡等,却忽视了心理健康,如即使有严重的抑郁情绪也未采取措施等。片面地重视身体健康而忽略心理健康对个人的发展是不利的,会导致许多不良后果,如长期对抑郁情绪的忽视有可能会导致心理疾病,甚至发展为抑郁症。因此,心理健康不容忽视。

近年来,世界卫生组织又提出了身心健康的八个标准,即食得快、便得快、睡得快、说得快、走得快、良好的个性、良好的处事能力、良好的人际关系。食得快,即进食时胃口很好,不挑食,这证明内脏功能正常;便得快,即排便时轻松自如,说明肠胃功能良好;睡得快,即上床后很快能入睡,且睡眠质量较好;说得快,即语言表达流畅,头脑清晰,思维敏捷;走得快,即行动自如,精力较为充沛;良好的个性,即有坚强的意志,具有乐观精神,性格温和且幽默;良好的处事能力,即自身修养良好,看待问题客观,自我控制能力较好;良好的人际关系,即乐于助人,遇事不斤斤计较,能与周围的人保持良好的关系。这八个标准涵盖了生理、心理和社会适应三方面,强调了身体健康与心理健康对个人发展的重要性。

综上可知,心理健康是完整健康概念的重要组成部分,对人的成长与发展具有至关重要的作用。心理健康与身体健康二者是相辅相成的关系,在保持身体健康的同时,也要注重心理健康。因此,在日常生活中,一方面要重视身体锻炼,注重个人身体素质;另一方面也要注重保持乐观情绪,陶冶情操,避免长时间处于不良情绪中,以保证心理和生理的全面健康。

二、心理健康与成长

心理健康在个体的成长过程中发挥着至关重要的作用,个体的心理健康水平不仅与个体自身的健康状况有着重要的关联,而且对其家庭关系以及社会方面都会产生影响。青少年时期是个体从儿童向成人转变的重要过渡时期,这种过渡不仅是身高、体重、形态等身体方面的变化,更重要的是个体在心理方面的过渡。在心理方面,青少年在这一时期发生了一系列明显的变化,比如:青少年的内心活动和情绪不愿意向他人表露;成人意识和独立意识的产生使得青少年要求自己被当成成年人来对待,从而可能会与家长或老师产生矛盾;青少年在此阶段产生的强烈自尊感,如果没有得到满足和认同可能会使得青少年产生消极情绪。由于青少年心理状态的特殊性,他们的心理健康状态更容易受到威胁,表现不稳定。

心理健康能够促进个体全方位的健康成长。青少年时期是个体成长的关键期和黄金期,在这个时期个体的成长是全方位的,是多种能力共同高速发展的,而高水平的心理健康能够有效促进个体的发展和成长,低水平的心理健康可能会使得青少年产生各种相关的心理问题。心理健康是实现青少年全方位健康发展的基础,而保证青少年心理健康需要多方共同努力来实现。影响个体心理健康水平的因素主要有以下几个方面:

首先是家庭方面的影响。随着社会的进步和人们对生活需求的变化,我国的离婚率不断上升,父母的情感状况不可避免地会对孩子的心理造成一定的影响。青少年的心智尚未发展成熟,对家庭状况的变故等问题的承受能力也尚不够强大。一旦家庭出现问题,青少年容易产生焦虑、抑郁等消极情绪,对自身的生活兴趣和热情不高,阻碍自身学业和生活的正常进行。而且有的家长"望子成龙、望女成凤"的愿望过于急切,希望孩子体谅自己的艰辛,在孩子身上赋予了太多自己的想法和夙愿,并不断给孩子施压,对青少年提出过高的学业要求,使得青少年背负了沉重的心理负担,给青少年的心理问题埋下了隐形的炸弹,加剧了青少年心理健康的不稳定性。

其次是学校因素。虽然国家在不断推进和实施"双减"政策,但升学依旧是学校、学生不得不面对的问题,青少年必须面对激烈的竞争。而青少年承受挫败的能力还比较弱,如果辛苦学习并未取得成效,或者遭遇考试失利以及同学关系相处不恰,不良情绪不断积压,加上青少年时期的他们不愿与他人沟通交流,消极情绪无法得到有效的疏通和排解,长此以往就会面临心理危机,从而影响青少年的健康成长。

最后是社会因素。社会因素对青少年的心理健康的影响举足轻重。随着活动范围和交往对象不断扩大,青少年的社会身份也在不断转变。他们逐渐从家庭中脱离出来,身份从之前父母的子女转变为老师的学生、同学的朋友等,交往的对象远不能像家庭中父母那样包容和理解他们。

在不断转变成其他的社会角色中,如果青少年处理得当,那么随之产生的积极情绪会使得他们的心理健康维持在一个正常的水平;但如果事情的发展并未达到青少年的预期,如在学校的努力并未得到老师的肯定和赞赏,以及难以融入新的班集体中等,那么青少年就容易产生苦恼、焦虑甚至厌学的情绪,进而产生心理障碍,不利于维持健康的心理水平。

因此,只有家庭、学校、社会等多方面力量共同努力,增强对青少年的关注和体谅,才能更好地保障青少年的心理健康,促进青少年全方位的健康成长。另外,对于青少年心理健康的关注,不仅是发现问题之后及时介入和调节,更重要的是做好预防青少年心理健康水平降低的工作,从源头上减少青少年心理健康的相关问题,帮助青少年学会调节不良情绪,使得青少年实现身心两方面的健康发展。

三、心理健康与幸福

人们对于生活的要求渐渐不止于物质的满足,对于精神世界和幸福指数的要求与日俱增。个体的幸福感不仅包括物质层面所带来的满足,也包括精神和心理层面的快乐。个体心理层面的幸福感建立在心理健康的标准上,此意义层面的幸福感和心理健康都是非物质的,它们与个体的主观意识分不开。

心理健康对于个体幸福和幸福感的作用是毋庸置疑的,"心理健康是指个体持续的积极的心理状态,在这种状态下,个体心情舒畅、能感受到生命的价值,与环境、他人和社会协调一致,并能充分发挥身心的潜能"[①]。具有积极心理状态的个体会倾向于看到事物的积极意义,从中获取能量,从而实现幸福和满足;而不具有积极心理状态的个体会倾向于看到事物的消极方面,衍生出畏惧、焦虑等消极情绪,从而影响个体的心理状况,不利于个体从中获取幸福感。从积极心理学和消极心理学的角度来看,一些不健康的心理状态严重时甚至可以使得个体丧失某种生理机能,损害个体的身体健康;而一些积极健康的心理状态却使得个体的心理健康维持在正常的水平上,对个体的身体健康和幸福感的提升都是有益无害的。

心理健康的幸福者很少会受到不利环境的影响和干扰。普遍认为心理健康的幸福个体具有如下的共同特征:

(1) 能从消极事件和情境中发现积极意义;

(2) 能够运用自身的幽默、主观意志等克服困难;

(3) 不轻易钻牛角尖;

(4) 会使用合适的方式进行社会比较。

越来越多的学者利用主观幸福感作为评判个体心理健康的重要指标,也有相关的实证研究表明,个体的幸福感水平越高其心理健康水平就越高。当然,虽然幸福感的三个维度(即生活满意度、正性情感和负性情感)跟心理健康有着密切的关系,但幸福感并不能等同于心理健康。有实验研究表明,个体如果在某种事件或情境中获得了积极的情感体验,那么该个体在之后类似的事件或情境当中会倾向于进行重复相似的活动或行为;但如果个体在某种事件或情境中获取了消极的情感体验,那么该个体在之后类似的事件或情境当中会倾向于进行回避相似的活动或行为。由此可见,积极的情感是影响个体心理健康的基础,也是促进个体产生幸福感和满足的重要

---

① 林婵.大学生心理健康教育有效途径探索——积极心理学视角下的"感恩教育"[J].曲靖师范学院学报,2020(2):115-116.

因素。反过来,具有积极情感和幸福感的个体在面对情境时也倾向于表现出包容、信任等积极态度;而不具有积极情感和幸福感的个体在面对不利情境时则倾向于表现出逃避、敌对等消极情绪。

　　幸福感以及心理健康与个体所处的阶段有关,个体处于不同的成长阶段,他们所面临的问题和相应的心理状态也不相同,因此也就会导致不同水平的幸福感和心理健康状态。例如,大学生的生活满意度和幸福指数普遍偏低,这是因为他们该阶段正在面临专业选择、人际关系、就业等问题,大学时期也是各种心理问题和困扰高发的时期,这意味着他们的心理健康水平具有极大的波动性和不稳定性。而处于婴幼儿时期的个体,他们的活动范围和社会接触还比较单一,因而个体在这一阶段的心理健康水平比较稳定,且幸福感也比较强。

　　心理健康与幸福的关系是相辅相成的,心理健康正常水平的维持有利于个体幸福感的产生,而个体幸福感的产生又反过来会促使个体具有相应的积极情感,从而能够有效地维持心理健康水平,有利于个体的身心发展和健康成长。

第三节　教育促进心理健康

一、知识教育促进心理健康

　　随着社会的发展,人们的生活压力和心理压力已经跟过去有着相当大的区别,青少年作为社会成员的重要组成部分,他们同样面临着各种压力。青少年心理疾病的发病率不断递增,因此,对于青少年心理健康问题的预防以及对青少年心理健康正常水平的调节和维持工作就变得尤为重要。而增加青少年对于心理健康相关知识的学习是帮助他们保持心理健康水平的有效方法之一。

　　推进心理健康知识教育,不仅要调动多方力量共同努力,同时也需要注重方式方法,使得青少年乐于接受心理健康知识的相关教育,否则强硬的灌输只会取得相反的效果,引起青少年的叛逆心理,甚至使得潜在的心理问题得不到正确的疏解,进而引发相关的心理危机,不利于青少年的健康发展。心理健康知识教育的目的在于提高青少年自身对于心理健康的重视程度,使得他们能够正确看待心理健康问题。

　　学校教育要承担起推进心理健康教育工作的重要责任,适当开展以心理健康知识教育为主题的讲座等活动,实现青少年心理健康知识的科普工作。心理健康相关的知识教育不只是增强青少年对心理活动的认识,也包括该时期的身体变化以及由此引发的一系列心理变化的认识。对于青少年身心的快速发展,相关的知识教育要使得他们认识到该阶段的变化是个体成长过程中的正常现象。心理健康教育要杜绝浮于表面的形式,要将心理健康的知识教育贯彻到底,将相关的知识教育延伸到活动外,深入青少年的具体成长当中,帮助他们逐渐掌握正确对待和调节不良心理活动的方法,摆脱相关心理危机的困扰,实现促进心理健康水平的目的,最终实现青少年的全面发展和快乐成长。

　　学校在进行心理健康教育时,要考虑到青少年特殊的心理特征,尽量使用青少年感兴趣的方法来进行,如将心理健康的相关知识融入生活情景中,做成短视频或者微电影的形式。

　　家校联合是实现"1+1＞2"的有效途径,家庭相较于学校来讲,对于青少年来说可能具有更多的亲和性和信任度,因而充分发挥家庭在心理健康知识教育中的作用能为青少年的心理健康奠定基础。家长在个体成长中扮演着不可或缺的角色,对于青少年也有着非同一般的意义。家长要能够觉察到青少年的心理变化,以及由心理活动而引发出的外显行为,从而跟他们进行合适的共同交流,理解青少年的所需所求,在此基础上采取相关的心理健康知识教育。家长在此特殊时期要放下长辈的身段和角色,能够以朋友的视角去跟青少年进行互动,和他们一起学习和成长。比如,在节假日家长可以跟青少年一起读一些与心理健康相关的书籍,并交流对于心理健康的看法。同时,家长应将他们视为一个独立有思想的个体,而不是以一种高高在上的态度去劝说青少年,否则家长的所作所为可能会适得其反,加剧家庭亲子矛盾,使得青少年的心理健康水平降低,甚至引发相关的心理问题。

青少年的心理健康问题关乎自身、关乎其家庭、关乎社会,以知识教育促进青少年的心理健康是个体的责任,是家庭的责任,也是社会的责任。当心理健康得到多方面足够的重视时,心理健康的知识教育工作也会更加顺利地进行,青少年的心理健康问题才可能得到有效缓解和治疗。

二、文化教育促进心理健康

当前社会更加开放和多元化,个体接收信息的方式更加便捷,各式各样的信息扑面而来,多种文化的渗透紧随其后,在丰富个体认知的同时也对尚未形成稳定三观的青少年的心理形成了潜在的威胁。

"文化教育的实施是促进学生心理健康发展的基本条件,而校园文化的好坏能够对学生心理健康发展起到推动与限制作用。"[1]良好的校园文化可以潜移默化地对学生的认知和价值观产生影响,进而促进青少年心理健康的教育;而不良的校园文化则会使学生产生不正确的认知和价值观,不利于青少年心理健康正常水平的维持,容易引发心理异常等问题。

校园文化具有渗透性、互动性和传承性的特点,可以通过校园文化建设来营造良好的校园文化氛围,从而对学生的心理健康产生影响,因此加强学校的文化建设就显得非常必要[2]。校园文化的渗透性意味着校园文化的作用不限于课堂上的学习,而是存在于校园的各个方面,包括师生的言行举止、处事态度等。这一特征可以将良好的校园文化传递到校园的每个角落,感染到每一位学生,对于学生心理健康的促进有着积极意义。校园文化的互动性意味着校园文化的形成依靠的是多方的相互影响,并不是单靠教师或学生一方可以实现的。校园里的每一位成员都是校园文化的重要奠基者,尤其是学校领导的作用,他们所主导的办学理念和校园精神是校园文化的重要内容,对于校园良好氛围的形成起着不可忽视的作用。互动性使得校园文化流动的方向不是唯一单向的,而是多种且多向的,这也意味着学生的心理健康不仅受到教师以及思想意识的影响,也受到同龄群体观念的触动。校园文化的传承性意味着学校精神文化的形成不只是一代人的努力,而是几代师生代代相传的结果。这种传承性会使得校园文化经久不衰,内化为师生的共同信念,有益于学生的心理健康,促进学生身心的全面发展。

要想充分发挥校园文化对于促进学生心理健康的作用,就要加强校园文化建设,而校园文化建设包括校园物质文化建设、校园制度文化建设、校园精神文化建设等多种形态。校园物质文

---

[1] 吴碧丹.创建多彩的校园文化,促进学生心理健康发展[J].当代家庭教育,2020(33):26-27.
[2] 张小刚,兰牡丹.生态文明视野下高校"两型校园"建设的影响因素[J].湖南工程学院学报(社会科学版),2021(4):98-99.

和校园制度文化的有效结合可以形成积极健康的校园氛围,提升校园文化环境,帮助学生深化自我认知,发展学生的个性特征,提高学生的适应能力。校园精神文化是校园文化建设最重要的部分,它可以潜移默化地优化学生的心理素养,使不符合校园精神文化氛围的不良心理状态和行为感受到一种无形的压力,进而促使学生调整自我的心理状态,增强他们的集体主义思想意识,从而使学生的心灵得到净化,帮助学生协调发展。

加强校园文化建设,除了对文化精神的内化外,对校园文化的对外宣传也很必要。对外宣传的方式有很多种,包括举办以心理健康教育为主题的知识竞赛、以心理健康教育为主题的宿舍文化活动以及跟心理测试相关的趣味活动等。内化和外化的效果同样需要等待时间的检验,而采取内化和外宣双管齐下的方法,可以有效加强校园文化建设对于学生心理健康的促进作用。

文化教育的场所包括校园,又不仅限于校园,它可以发生在社会的各个角落。充分发挥文化教育的导向作用,可以引导学生建立正确积极的心理健康认知,树立正确的观念和价值体系,促进学生的心理健康发展。

三、思想政治教育促进心理健康

思想政治教育的核心就是一种价值传播,是根据当代社会发展的需要以及青少年身心发展的特点,对青少年思想道德进行的一种意识形态的教育,旨在帮助学生树立正确的价值取向与道德观念以及积极的生活态度,从而有所成就。众所周知,世界上最难的事就是把一种思想装到别人的脑子里。尤其是当今社会,在物质条件满足的情况下,人们的自我意识强烈,主观性提高,个人需要和目标追求也很明确,因此,思想政治教育的难度也增加了。这对思想政治教育提出了更高的要求,需要重新思考思想政治教育的本质以及作用。从本质上讲,思想政治教育的前提是让青少年以健康的心理体会思想教育的内涵,激发学生内心积极力量,从而实现自我成长。同时,在当代青少年的成长过程中,他们的价值观一方面来自思想政治教育的长期教导,另一方面与自己的个性心理发展密切相关。由此可见,思想政治教育与心理健康具有相互促进性和内在一致性。尽管心理问题和思想道德问题,无论是从问题的性质、内容,还是从问题产生的源头上,都不属于同一类问题,但两者都是为了提升青少年自我认知水平,培养其坚定的意志、良好的心态和成熟的人格,从而促进青少年健康成长。

(一)心理健康和思想政治教育的关系

心理健康是思想政治教育的前提,思想政治教育是心理健康的一种促进方式,两者之间存在相互补充相互渗透的关系。学生在形成良好品德的过程中不能忽视心理健康,因为良好品德的形成不仅与学生的思想信念有关,而且还与学生对社会认知、情感、态度和行为评价等各种心理因素有联系。同时,在思想政治教育中,还需要考虑学生的具体心理,注重针对性教育、注重学生主体性和自我内在体验的思路和方法,才能够提高学校思想教育的效果。因此,"在对学生进行心理健康教育时,有必要以思想道德教育为主导,以提高学生的思想道德素质来促使其心理素质的提高;在进行思想道德教育时辅以心理健康教育,以提高学生的心理素质来保证其思想道德素质的提高"[①]。

思想政治教育对心理健康具有引导作用,心理健康对思想政治教育起着支持效果。青少年

---

① 严丽丽,周振座,蓝琼丽,等.实施思想道德教育和心理健康教育相结合的思考[J].经济与社会发展,2007(8):169-172.

的心理健康需要正确的思想政治教育引导,个体的思想形成与发展受到外界客观条件(如社会法律)的制约,又受到主观内部因素(如人们的生理和心理发展状况)的制约。思想政治教育可以通过润物细无声的方式,培养青少年健康的心理品质、良好的心理素质、成熟稳定的情绪、坚强的意志品质,引导青少年正确地认识自我,拥有一个健全的心理状态。保持健康的心理是青少年接受教育的基础,是培养良好的政治素养、思想品质的基础。同时,由于思想政治教育与心理健康紧密联系,所以在进行思想政治教育的时候一定要区分思想政治问题和心理问题。尤其是青少年正处于心理逐步成熟的时期,也会面临各种各样的问题,同时每个人的具体问题与具体情感都有所差别,所以,不能将青少年存在的问题都简单地归为道德问题或者心理问题,然后加以评判和分析。在解决问题时,心理问题应运用心理手段,思想政治问题以思想政治工作方法为主来解决。在进行思想政治教育时要注意运用心理教育的方法,创造良好的学习氛围与对话环境,根据青少年的心理特点来进行思想政治的指导,引导他们正确地看待身边的事物。由于青少年的心理正处在自我统合的关键时期,具有一定的反抗性与自我性,对事物有自己独特的看法,因此,教育者应该根据这一特点进行适当的改革和适当的引导,尽量用探讨的方式让学生从心理上认同,而不是用强硬的态度来灌输意识方面的观念。这就要求教育者需要积极创新教育方式和观点,不能以传统的思想和角度看待思想政治教育,因为社会在快速发展,青少年的心理状态也更具有复杂性。我们应该加强理论知识的学习,把握新时期思想政治教育的新特点,根据新的社会条件,加强和改进青少年思想政治教育以及心理教育的新途径。

(二)思想政治教育促进心理健康的途径

1. 利用课堂教学,加强主题教育

政治课和思想品德课是对当代青少年进行马克思主义理论教育和思想品德教育的主阵地。对青少年开展思想政治教育,必须始终坚持"以人为本"的教育理念,以当代青少年为主体,充分给予青少年尊重和关心,在实际教学工作中关注青少年的心理状态与思想意识动态,培养与发展学生的综合能力与素质。应该充分发挥好"两课"的主渠道作用,认真组织实施"两课"课程方案,不断进行教学内容和方法的改革。在内容上要注重理论联系实际,既要注意理论深度,又要贴近现实生活,重视学生的个体差异性,增强教学内容的针对性。在教学方法上,力求避免"满堂灌",不要认为所有学生都是差不多的水平,要发挥学生的主体作用,调动他们积极参与教学过程,启发学生善于提出问题,引导学生独立思考。对一些学生关心的社会热点问题、理论问题等,可以通过团体讨论、辩论等方式,使学生在讨论和辩论中明辨事理,让学生用辩证的思维看待问题。要采用多样化的教学形式,特别是应加强现代化教学手段在政治理论课教学中的应用,寓教于乐,提高学生的学习兴趣。

2. 培养专业的教师队伍

作为教师队伍的重要组成部分"思想政治辅导员",是学校从事德育工作,开展思想政治教育的骨干力量,在青少年健康成长的道路上起着协助和引导的作用。首先,学校要明白师德师风建设对于学校思想政治工作能否取得成效是极其重要的。把具备较强综合能力的、能起模范榜样作用的、善于团结的人才选拔出来,建立一支政治思想成熟、业务能力过硬的思想政治工作队伍,是推进学生思想政治教育工作向着健全方向发展的必备条件。比如:可以对现任的辅导员加强专业培训;在辅导员当中实行分工,有的专门负责学生的心理健康教育,有的负责学生的学业学习,有的负责学生的素质拓展活动,等等,使辅导员牢固树立爱岗敬业精神,在工作中学会讲责任、讲奉献。对辅导员的管理做到"三个结合",即把对辅导员的培训教育和严格的考核结合起

来，把个人的愿望和共同的目标同实际的政绩结合起来，把对在校学生的管理教育同对毕业后学生的成长调查结合起来。让辅导员在自身工作中懂得自己的使命，懂得自己的责任，进入奉献自己的工作状态。正所谓"师者，所以传道授业解惑也"，而在帮助学生树立正确的思想观念上，教师要做的却不仅仅只是传授相关知识，最重要的在于将积极向上的生活态度教授于学生，帮助学生在挫折和困难中学会自我调节，在迷茫中学会自我摸索，在低处能够自我成长，进而树立健全的人格，达到思想政治教育的目的。

3. 注重人文关怀，引领学生自主进步

青少年的心理活动和思想跳跃都比较大，容易接受新事物，不管好的还是坏的思想，容易受到他人的影响，没有确定的自我，这些阻碍了青少年树立正确的三观。要促进心理健康教育与思想政治教育的契合，要使两者有效结合，需要做到尊重学生的个体差异性，从每个人的实际需要出发，帮助学生解决实际问题。学生遇到心理问题时要及时给予疏导，学会从心出发，去关心学生，使他们感受到关怀的温暖，为有效地开展思想政治工作创造良好的氛围。师生之间要学会以诚相待，彼此相互尊重，相互理解，架起信任的桥梁。思想政治工作是一项具有奉献精神的工作，没有对学生满腔热情的爱，没有对教育事业的执着追求，就不能做好新形势下的思想政治工作。对于学生的意见和建议要虚心听取，对暂时处于后进的学生，要注意发现他们身上的闪光点，不断给予鼓励和帮助，使其从根本上克服后进状态。只有当学生感受到被关心时，才会打开自己的内心，去信任别人，从而去认同别人的正确观点，想要更加优秀，主动提升自我意识就会加强。

四、生命教育促进心理健康

关于生命教育的解释有很多，归纳起来主要有三个方面：一是帮助学生认识生命，进而重视、珍惜生命。让他们了解生命的诞生，感受哺育生命的艰辛，从而形成对生命的珍惜之情和敬畏之情，让他们体会生活的艰辛、生命的脆弱与顽强，使他们学会感恩，懂得珍惜生命，从而更加热爱生命，提升生命的意义与价值。二是教育学生正确对待挫折和困难，培育积极的生命态度。人生路上会遇到各种艰辛、挫折和不幸，它不仅仅属于个体本身，还与父母、朋友、社会密切相连，所以在逆境中，谁都没有权利草率结束自己的生命。生命教育就是要让学生明白：我是独一无二、与众不同的，世界上没有一个人能替代我。三是探讨生命的意义，提升对生命的尊重与关怀，陶冶健全人格。人之所以为人，就是会去追寻存在的意义与价值。因此，把握好生命教育可以将学生培养成一个独立的、身心健全的个体。

对于学生进行生命教育极其重要，因为当前社会中学生自杀、校园暴力、残害生命等事件层出不穷，这也反映出学生缺乏生命意识。生命意识不强可能使学生及其家庭、学校和社会付出惨痛的代价，而造成这种现象的原因有很多。一方面，在校园中，对生命教育的重视还不够。现在校园过分地强调智育和技能，导致学生既不尊重他人的生命，也不珍惜自己的生命。另一方面，由于学生正处于青春发展的迷茫期，从而导致对生命认知的不准确和生命信仰的匮乏以及无法正确理解生命存在的意义及生命价值，心灵空虚迷茫，容易去寻找无聊刺激，虚度光阴，自暴自弃等。青少年正处于心理学家埃里克森所说的"自我认同的危机阶段"或者说"心理断乳期"，容易陷入对自我的怀疑，也容易陷入对生命方向的茫然中。因此，加强生命教育已是必需。

（一）生命教育与心理健康的关系

生命教育与心理健康有相同的目标。生命教育强调对生命的关怀和爱护，心理健康是培养

一种积极健康的心理,强调拥有乐观心态;生命教育侧重于"完善的人",心理健康侧重于"健康的心"。但是二者的共同目标都是让学生更加珍惜自己与他人的生命,促进身心全面健康发展。

生命教育与心理健康相互联系、相互促进。生命教育的内容包含了心理健康教育,心理健康也意味着学生领悟到生命教育的意义。根据生命教育与心理健康相互融合的关系,将生命教育融入学生心理健康教育,可丰富学生心理健康教育的内容,提升教育效果。或者将心理健康教育融入生命教育,使学生提高对生命价值的认识,认识到生命的可贵性,从而能够以积极向上的心态面对生活,也能培养其对他人及社会的爱心,使其人格得到完善。青少年阶段是世界观、人生观、价值观形成的关键时期,也是成长过程中最易遇到困难和挫折的时期,学业、就业、经济、情感、发展等方面的压力会带来或多或少的困扰和冲突,形成或轻或重的心理问题。而这些心理困扰与问题又往往同世界观、人生观、价值观的形成交织在一起。因此,加强生命教育才能有效促进学生的全面发展。

(二)生命教育促进心理健康的途径

生命意识缺失属于一种特殊的心理问题,需要进行及时的心理干预。但目前还没有成套的生命教育体系。因此在教育教学中开设生命教育课程是非常有必要的。生命教育不等同于知识教育,教师在课堂上不能用单一的教学目标进行教学,而是要在学生成长过程中,让学生体验生命的价值,如可以在生命教育过程中实施分享与体验方式的教学——体验式教学是通过戏剧、角色扮演、模拟情景等各种方式的体验活动,让学生直接参与表演、分别感受'真实情境'中的人物的各种情绪,然后进行彼此分享[①]。在有实际体验的背景下,学生才能更理解别人的需求和处境,进而学会体谅别人,珍惜生命。比如,可开展模拟盲人生活的活动,体验盲人生活的艰辛,学习他们在逆境中坚强生活的精神。同时,还要提高教师的知识与业务水平,在生命教育的师资队伍建设上,鼓励并支持青年教师进修与参加学术研讨会,保证学科间的有效融合,建成心理健康教育和生命教育兼通的专业化教学团队。

生命教育还要善于引导学生体会生命的消极状态。比如,国外开展的模拟葬礼,旨在引导学生体验死亡的感觉,以刺激其重新发现和体认生命的美好,从而珍惜生命,寻求和实践自身独特的生命意义与价值。教育机构应当开设相应的课程,积极创建让学生参与的教育教学情景。课堂教学是师生有效沟通的地方,教师在教学过程中要尊重学生的独立人格,给学生适当的空间,和学生一起去探讨生命的美好和积极的生活,在平等的课堂教育环境中,推动学生心理素质的发展。

积极创建有关生命教育的校园文化建设,实现教育资料、信息、设备、平台等资源的互通共享,营造相互学习、相互支持的开放式的校园氛围,将生命教育与学生日常的校园文化活动结合起来,让学生在活动中感悟与体验。结合各高校的实际条件,可以学习我国香港与台湾地区生命教育的实践方法,如服务学习、劳作教育、工作坊、活动体验、设计竞赛、作品义卖、爱心传递等,在这些丰富多彩的校园文化活动中,融入生命教育理念,让学生从中体会生命的美好与幸福,发展健全的人格。

将生命教育与心理健康教育融合发展。负责生命教育和心理健康教育的教师可以共同探讨各自教育的优缺点,然后将两者相互融合,取长补短。比如,学生生命教育的主题要注意从培养健全人格的角度出发,结合学生在人际、亲情、友情、爱情、学业、就业、创业、自卑、逃避、拖延、应

[①] 辛继湘.体验教学研究[M].长沙:湖南大学出版社,2005:22.

激、厌世、自杀、吸毒、生存、生活等方面存在的实际难题来确定,帮助学生从问题中领悟到生命的可贵。心理健康教育的教学则要借鉴生命教育,在相关内容中融入生命教育,如尊严与尊重、欲望与生命价值、行动的意义、思想决定行动、学习与发展、挫折与人生、身心灵意义、态度、感恩等生命主题教育。建立良好的两者融合体系,开设系列生命教育专题课,结合心理健康教育开展各类生命教育活动;将生命教育的核心内容如生死教育,具体化到心理健康教育中去。

五、体育促进心理健康

众所周知,体育对心理健康具有积极的作用。未来人才不仅要掌握现代化的科学技术,具有较全面的能力,而且要有强健的体魄、健全的人格、健康的心理素质。学校体育也成为当前教育的重点之一,体育应树立"健康第一"的指导思想,重视对学生的身体健康和心理健康教育的培养。

(一)体育能够促进心理健康的原因

在体育过程中,学生身体活动的行为、表情等外在表现是其内心活动的真实反映,所以,学生存在的心理问题很容易被发现。

体育运动可以使人健康,使人快乐。各种各样的体育项目、不同强度的运动对人的心理施加不同的影响,可以缓解心理的紧张及烦躁情绪,消除心理上的疲惫,实现移情效应,减轻心理压力,达到一种心理平衡。作为一种宣泄的方式,体育运动起到了预防心理问题的作用。研究表明,适当的体育锻炼可以分泌一种积极激素多巴胺,是治疗忧郁症及焦虑的有效手段之一。

经常参加体育运动类的比赛,感受不同的成功与失败,可以增强学生对于胜负的承受力,能够更容易接受失败和挫折,锻炼了克服困难、正确看待成败的良好品质,可培养良好健康的心理素养。

体育是一种积极、主动的活动过程,在此过程中学生需要组织好自己的注意力和协调能力,以及有目的的知觉、记忆、思维和想象。因此,经常参加体育活动能改善人体中枢神经系统,提高大脑皮层的兴奋和抑制的协调作用,使得大脑思维想象的灵活性、协调性、反应速度等得以改善和提高,可以进一步提高自我知觉并增强自信心。

有些体育活动是团体项目,如篮球、足球等,需要多方共同参与,所以体育活动能增加社会交往,有利于形成和改善人际关系。通过参加团体运动,可以使人与人之间互相产生亲近感,使个体社会交往的需要得到满足,从而给个体带来心理上的益处。

在提高学生身体素质的基础上,有效的体育活动可以培养学生在体育中的竞争意识和抗压能力,"大多数的体育项目体现为集体性质,学生在参加这些项目的时候,其实可以暴露出很多的问题,比如学生合作能力的强弱,人际关系是否和谐……学生在参与这些体育项目的时候,可以逐渐培养自己坚持不懈的能力和顽强毅力品质,促进自己心理素质的提高"[1]。

最重要的是,重视体育符合国家对于人才培养强调的素质教育要求。体育教学的活动多种多样,学生参与到这些体育活动中,对学生的个性发展具有十分重要的意义。那些内向的、孤僻的学生,可以多参加一些集体比赛,如拔河比赛、篮球比赛、跳绳比赛,等等,学生参加这些活动的时候,可以与其他学生交流,对改善学生的个性特点有着重要的意义。对于那些浮躁的、急性子的学生,可以选择一些考验耐力的项目,如太极拳、长跑等项目。还有一些容易犹豫、退缩的学

---

[1] 鱼得海.体育教育对大学生心理健康的促进[J].体育世界(学术版),2019(1):117,135.

生,教师可以选择一些运动量较大的项目,还可以选择跳高、乒乓球等项目,发展学生的灵活、协调能力。"体育教学中可以给予学生更多的参与机会……进行充分的身体训练、心理体验……培养学生的竞争意识、合作意识、科学精神等,使学生在活动中增强能力并形成良好的心理品质"[①]。

总而言之,从学生特点与个性出发,加强体育活动,对于促进学生心理不断成长和全面发展具有关键作用。

(二) 体育促进心理健康的途径

1. 发挥教师主导作用,促进学生心理健康

在体育中,体育教师对学生的影响是方方面面的。因此,体育教师必须要持续地发展自身素质,长久地保持积极进取和奋发图强的敬业心态,利用自身优秀强大的心理品质去感染学生。体育教师不仅要教授学生体育锻炼技巧,还要在体育教学的过程中,使师生之间的交流更直接更容易。比如:在体育训练的某些项目中,学生可能会产生惧怕的心理,教师可适当降低训练强度,通过语言和手势给予积极暗示,消除和缓解学生过度的紧张、焦虑和畏难的不良心理,使之获得战胜自己的信心和顽强的意志品质。体育教师还可以利用各种比赛来激发学生的参与意识和对体育运动的兴趣以及集体荣誉感。体育教师的职责不是只教会学生锻炼身体的方法,还应结合体育运动的特点和学生心理发展的特点,使学生在进行体育运动时身心受益,成为身心健康的人。

2. 注重创新教学方法,尊重学生独立人格

在进行体育教学时可以改变传统的教学模式,添加多样式的教学策略来激发学生的体育意识,增强学生的体验感,从而让学生在体育运动中真正体会到快乐。在教育过程中融入游戏元素,如在热身阶段,教师要转变教学方法,积极利用体育游戏的方法,增加趣味性。像在篮球教学中,让学生通过运球、传球、投球等小游戏进行热身运动,教师也可以根据学生的实际情况设计符合学生习惯的游戏类型,帮助学生更好地融入体育运动中。在体育教学中,教师还应该创造机会发挥学生的独立性。比如,在体育教学过程中,可以让学生自编游戏内容和规则,培养创新精神,从而建立自信心。游戏前,教师鼓励学生积极创新,想方设法创编出具有新意的游戏活动;游戏后,教师还要对创新性的小组给予肯定和表扬,对游戏活动缺乏新意的小组进行启发和帮助。这样,有效地发挥了学生自主练习的积极性和学习的热情,培养了学生的创造性思维能力和实践能力。

3. 创设体育教学情境,激发学生体育兴趣

尝试创新性虚拟情境的课堂教学模式,让学生在模仿中创造,体验运动的乐趣。学生具有很强的模仿能力,他们想象力丰富,形象思维也很活跃。在教学中遵循学生认知和情感变化的规律,进行生动活泼和富有教育意义的教学,以迎合学生的心理需求和学习的需要。学生好奇心强,对体育课具有浓厚兴趣,在教学中应该保护好这种好奇心和积极性。情境化的教学设计关键在于通过区别于传统形式的教学设计,帮助教师降低体育教学的难度,帮助学生更好地理解和实践体育内容,激发学生对于体育运动的兴趣。教师可以根据实际情况选择情境设计方案,包括场地和器材的合理设计与安排,为学生营造良好的体育锻炼环境和氛围。如教授跳高时,教师可以用不同于常规的形式摆放垫子,通过这种器材的合理设计让学生感受到一种愉悦感,从而激发学生对于体育运动的兴趣。在体育教学中,要注重因材施教,注重学生的个体差异性,从生理、心理和社会适应等多方面,全面、准确地了解学生的需要,才能有效地促进学生的身心健康发展。

[①] 蒋桂凤,黄祁平,许方龙.在大学生体育教学中渗透心理健康教育的探讨[J].河北体育学院报,2004(3):62-63.

总之，对学生进行体育工作是一项系统工程，是培养新型人才中十分重要的工作。有效实施体育工作可以促进学生的身体和心理健康发展，帮助他们形成健康的、完善的人格，最终提高他们适应未来更加复杂的社会环境的能力。

六、家庭教育促进心理健康

家庭教育是指在家庭生活中家长自觉地有意识地按照社会培养人才的要求，通过自身言传身教和家庭生活实践，对子女实施一定教育影响的活动。孩子出生就开始受到家庭的影响，家长是孩子的第一任老师，家长对青少年成长的影响是潜移默化的、意义深远的，良好的家庭教育是青少年健康成长的第一要素。[1]

目前，心理学上区分了四种家庭教养方式。第一种：溺爱型。家长以孩子为中心，无条件满足孩子的要求，造就了家中的"小皇帝""小公主"。溺爱使孩子自私、任性、骄横，以自我为中心，缺乏责任心，不懂得尊重、关心和感恩。这样的孩子一旦离开家庭走向社会，会处处碰壁，无所适从。家长的爱恰恰害了孩子。第二种：专断型。家长对孩子的教育过于严格苛刻，粗暴生硬，强迫孩子按自己的意愿办事。家长的简单粗暴使孩子自卑、懦弱、冷漠、逆反，没有安全感。这样的孩子或唯唯诺诺，或冷漠麻木，或无所畏惧，很难与别人友好相处，会使孩子身心都受到严重伤害。第三种：放任型。家长对孩子不管不问，放任自流。家长对孩子不关心，使孩子冷漠、自私，不懂爱和关心，行为放纵，没有责任感和同情心。这样的孩子一旦受外界刺激，容易产生偏激行为，导致违法犯罪。第四种：民主型。家长对孩子关心、尊重、理解、信任，爱而不惯，严而不苛。对孩子多鼓励和引导。家长的关心和尊重使孩子真诚、自信、自尊，积极进取，有责任感，人际关系融洽，社会适应良好。显然，四种教养方式中民主型教养方式对青少年健康成长是最有益的。

目前，在家庭教育方式上存在常见的误区，主要表现：

首先，认为教育孩子就是对孩子进行智的教育。家长很舍得教育投资，想方设法让孩子上重点幼儿园、重点小学、重点中学。除了正常在校学习之外，家长还给孩子报名各种培训班、特长班，希望孩子掌握更多的知识和技能。家长认为，只要孩子学习好，以后就能成为社会所需要的人才，而自己为人父母的任务就完成了。这种唯分数论忽视了孩子爱玩的天性，使孩子觉得学习不快乐，生活没意思，容易产生厌学心理和对父母的逆反心理，甚至逃离家庭，引发一系列社会问题。

其次，家长言传多于身教。对于孩子的有些不当行为，家长对孩子唠叨做人的大道理，但又不以自己的行为作为榜样。在实际生活中家长可能也不是完全讲道理，做事不是完全符合社会规范的。比如，有些家长教育孩子要遵守交通规则，有时候却带着孩子违反交通规则，家长这种表里不一，口是心非，经常使孩子不知所措，无所适从，不知道自己应该如何做人做事和立足社会。

最后，对孩子物质要求的满足超过对孩子精神需求的关注。很多家长普遍认为再苦不能苦孩子。对孩子的物质要求，家长大都有求必应。孩子想要什么就给什么，想要用物质满足孩子，如果孩子学习进步，成绩提高了，家长更乐于满足孩子的要求。而当孩子情绪低落时，家长很少关心孩子的内心感受和负面情绪，多表现平淡，只一味督促孩子不要胡思乱想，好好学习，否则会影响成绩。这样孩子感受不到父母的理解、关心和爱护，从而导致在家庭中孩子与父母的有效交

---

[1] 余凤红.浅谈家庭教育对青少年心理健康的作用[J].教育探索，2010(9)：137-138.

流很少,这直接影响了孩子的情商发展、人际交往能力提高和心理的健康成长。

(一) 家庭教育对心理健康的影响有好坏两个方向

家庭教育对学生心理健康产生的良好作用在于:家庭教育以品德教育为主,培养孩子良好的道德品质,教会孩子如何"做人",帮助孩子养成良好的行为习惯。这些都会在学生的学习和生活中,甚至在人格形成上产生良好的影响。家庭良好的教育方式可以使学生情绪稳定,生活独立。特别是成熟型家庭中的学生,他们有自我管理和自我教育的能力,有恰当的学业发展规划,能够很快地适应学校生活,能够愉快、顺利地度过学生生涯。

家庭教育对学生心理健康产生的负面作用在于:由于家庭状况不同,特别是经济状况不一,部分学生互相攀比,从而产生骄傲或自卑心理。有的学生因为家庭问题,如单亲家庭、父母身体有缺陷等,产生心理不平衡。另外,有的家长对学生抱有极大希望,将他们视为自己的全部,视为家庭的中心,给学生带来了很大压力。这种压力可以是他们前进的动力,也可能会成为其健康成长的极大阻力。

由此可见,家庭教育对于学生是否能健康成长起着重要的作用,家庭教育是促进学生心理健康的关键一步。

(二) 家庭教育促进心理健康的途径

从主观上,首先家长要改变错误的教育观念。家长不能只关心学生的身体健康,还需要关注学生的心理发展。父母要关心孩子、尊重孩子、理解孩子,与孩子保持良好的亲子关系。这些都有助于孩子学习如何表达自己、如何关心帮助他人、如何建立良好的人际关系,会很好地促进孩子心理的健康,为孩子日后的成功和一生幸福奠定基础。其次,家庭之间的关系应该往积极的方向发展。从心理学的角度讲,夫妻相爱就是对孩子最好的教育,然后两者再共同去爱孩子,家庭的成员需要放正自己的位置,不能以孩子为主,把孩子的培养放在家庭第一位。当然,家长也不能完全沉浸在自己的世界里,不关心不在乎孩子的成长。不要在孩子面前争吵,而要共建一个温暖和谐的家庭氛围,给孩子心理健康成长做好保障。再次,家长需要关注自己的心理健康情况,要不断提高自身的心理健康水平,掌握一定的教育方法,如用积极的眼光看待孩子。积极心理学提出,应该用一种积极的方式来解释人的心理与行为。家长要重视表扬在教育中的作用。很多家长认为表扬不利于孩子谦虚性格的养成。其实鼓励或表扬最能促进个体的学习发展,用积极的眼光看待孩子,多进行表扬,有利于他们的健康成长。只是家长在进行表扬时要把握好时机。应该注意以下几点:第一,表扬要及时。第二,表扬要适度。第三,表扬要具体。同时,学生正处于学习的关键期,面对不确定的答案以及目标,家长要帮助孩子建立合理的期望,树立正确的观念,与孩子进行良好的沟通。没有沟通就没有理解,人际关系的好坏是评价心理健康水平的重要指标。亲子关系是最重要的人际关系之一,父母孩子的良好沟通保证了他们的健康成长。最后,家长教育孩子的时候,不可忘记尊重的重要性。和子女以平等的姿态交流,这样可以和孩子建立良好的亲子关系,有利于孩子的心理健康。

从客观上讲,家庭教育与学校教育必须实现沟通与协调,只有实现家庭、学校、社会教育有机结合,建立全社会共同育人的大教育体系,育人环境才能得到进一步优化,改善当前存在的家校分离的现实局面,加强学校与学生家庭的联系。目前,许多学校正在建立和完善心理健康教育机制,构建健康向上的校园文化,开设心理健康专门课程,同时,还开展了心理咨询,进行心理干预等。但学校与学生家庭的联系较少。因此,学校在重视学生心理健康的同时,应建立良好的平台,与学生家庭进行及时的联系和有效的沟通。学校与家长的联系不能局限于传统的开家长会等形式,两者有效合作不是为了互相推卸责任,而是一起去解决学生存在的心理问题。沟通的渠道是很多的,关键在于监护人的态度和教育者的关注点。学校可以通过举办讲座、报告会、线上家长研讨会、公众号或者印发一些宣传手册来向家长科普心理健康的重要性以及让家长认识到家庭教育的重要性。实施学校—家庭心理健康教育不仅可以很好地培养年轻一代,而且还可以使家庭和父母的道德面貌和心理素质得以完善。

总而言之,家庭是孩子成长和发展的重要场所,父母应为自己的孩子创造一个良好的家庭环境,倡导健康的家庭生活,提高家庭生活的质量,保护孩子的身心健康。

思考题

1. 阐述心理健康的概念及其标准。
2. 学生心理健康的标准有哪些?
3. 学生常见的心理问题有哪些?
4. 思想政治教育在心理健康教育中的作用有哪些?
5. 如何结合学校和家庭促进学生心理健康发展?

扩展阅读

1. 王伟,辛志勇,雷雳.大学生价值观与其应对方式、心理健康的关系[J].中国人民大学教育学刊,2012(4).

2. [美]伯恩斯坦.情绪管理[M].范蕾,等译.北京:中国水利水电出版社,2005.

3. [美]桑特洛克.心理调适:做自己心灵的CEO[M].王建中,等译.北京:机械工业出版社,2014.

4. [美]彼得森.积极心理学[M].徐红,译.北京:群言出版社,2010.

5. 李宝城,张杰,张小楠.新形势下培养大学生爱国爱疆的理论与实践[M].北京:中国文史出版社,2015.

6. 闵祥娟.家庭教育促进学生心理健康的途径探讨[J].知识文库,2020(2).

7. 陆宇榕,王印,陈永浩.体育文化与健康教育探究[M].北京:新华出版社,2018.

第十四章 教育如何提升艺术素养

思维导图

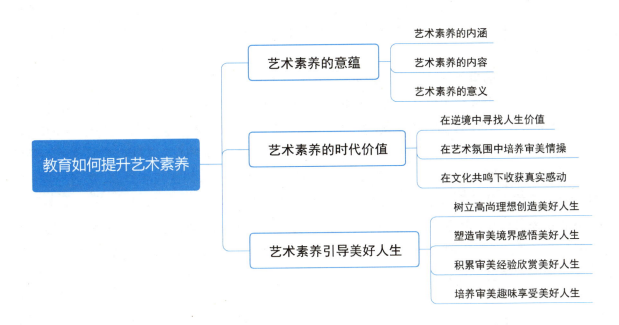

学习目标

知识目标	掌握艺术素养的基本概念及意义,了解艺术素养如何引导人去创造美好生活,走向美好人生
能力目标	能够将艺术素养用于生活之中,更好地感知与认识世界 学会利用艺术素养去观察丰富多彩的世界,保持积极的人生态度
素质目标	提升艺术素养,提高审美能力与鉴赏能力,增强综合素养,促进全面发展
思政目标	能够保持积极的学习态度,树立正确的人生观、世界观、价值观,增强不断进步的意识,塑造良好品格

第一节　艺术素养的意蕴

世界上最纯洁的欢乐,莫过于欣赏艺术(傅雷语)。艺术素养是我们每一个人走向美好人生所应具备的一个基本素质。如果一个人拥有较高的艺术素养,那么他的人生将会过得更加精彩,其精神世界也会变得更加丰盈和充足,生活品质也会得到极大提高。

一、艺术素养的内涵

艺术素养是文化素养的重要组成部分,受到了中外学者的广泛关注。古希腊学者柏拉图认为艺术教育会影响个体的心灵发展,其后亚里士多德、康德、黑格尔等一大批西方教育家都肯定了艺术教育的重要性。

随着艺术素养的重要性越来越得到重视,关于艺术素养概念内涵的讨论也日益增多。薛莉指出艺术素养是每个人与生俱来且逐渐通过后天的实践展现出来的一种潜质,他将艺术素养归纳为"个体先天所具备的艺术天赋,通过社会环境和美的艺术教育在社会实践中所表现出来的较为稳定的欣赏美、创造美的特征"[1]。也有学者将艺术素养看作是个体发展过程中形成的一种发现、感受和欣赏美的能力。刘勇认为,"艺术素养是指一个人对艺术的认知和修养,它是对艺术欣赏能力和表现能力的综合体现"[2]。柴唤友等在谈及艺术素养的概念时,界定其为"学生理解和欣赏艺术作品及其他美的事物的能力,并且表现出一定的审美鉴别和评价能力,分为艺术感受和艺术表达"[3]。总的来说,所谓"艺术素养",就是关于艺术的感知、体认和理解等方面的素质与修养,即一个人对美的感受和体验。

二、艺术素养的内容

在古希腊时期,柏拉图就已注意到艺术"潜移默化"的作用,他主张用诗歌、音乐去教育人,从而使人的心灵获得滋润且产生"高尚优美"的性格[4]。在我国古代,孔子对艺术素养的培养非常重视,《论语·泰伯篇》云:"兴于《诗》,立于礼,成于乐。"[5]这里的"乐"其实也是提升艺术素养的重要内容。我国学者朱立元认为,"'艺术素养'亦称'艺术修养'。人对艺术的感受、体验、评价和能动创造的能力。是'审美修养'或'美学修养'的主要内容,包括对艺术理论、艺术史知识的掌握,对艺术创造、艺术鉴赏、艺术发展规律的理解,以及对艺术的感受力、想象力、判断力、理解

---

[1] 薛莉.当代大学生艺术素养基础理论研究与探索[J].教育与职业,2013(11):183-185.
[2] 刘勇.论卓越小学全科教师艺术核心素养及实施策略[J].杭州师范大学学报(社会科学版),2019(3):122-127.
[3] 柴唤友,陈丽,郑勤华,王辞晓.学生综合评价研究新趋向:从综合素质、核心素养到综合素养[J].中国电化教育,2022(3):36-43.
[4] 王姣.艺术素养的人本意义探究[J].文艺争鸣,2020(9):193-195.
[5] 钱小北注释.论语译注本[M].南京:江苏文艺出版社,2018:95.

力、创造力等"①。在新时期,《教育部关于加强和改进普通高中学生综合素质评价的意见》也对艺术素养的内容有了更进一步的规定,强调"主要考察学生对于艺术审美感受、理解、鉴赏和表现的能力"②。

三、艺术素养的意义

艺术素养作为人文素质的重要内容,其重要性不言而喻。《教育部关于进一步加强中小学艺术教育的意见》中指出:"美育是国家教育方针的有机组成部分,艺术教育是学校实施美育的基本途径,是素质教育不可或缺的重要内容。"③由此可见,艺术素养已经成为综合素质的有机组成部分,对于学生综合素质的全面发展具有重要作用。

艺术教育通过提高个体对艺术的感受力、鉴赏力和创造力,并在此过程中不断平衡人的理性与感性,促使个体形成正确的人生观,深化对生活的理解与热爱,对于健全人格的培养具有不可替代的作用。除此之外,艺术素养的提升还能够调节个体的情感,促使人们形成健康、丰富的情感世界,从而能够使自身不愉快的情感通过正常的渠道宣泄出去,以平和的心态去面对生活中的各类事件,这对于个体净化心灵、形成健康的心理品质有着极其深刻的积极影响。

第二节 艺术素养的时代价值

有人说:"人生在世,吃穿二字。"也有诗云,"人生得意须尽欢,莫使金樽空对月"。那么,我们的人生是不是只有"吃""穿""金樽"和"享受"呢?事实上,我们的日常生活除了"吃喝拉撒"之外,肯定还应该有更高的精神追求。而对于艺术的追求、对于生活中美的向往,是我们生活中的动力所在,也是艺术的魅力所在。有的人可能会认为只有艺术家才具备艺术素养,而普通人并不具有艺术素养。事实上,这是对艺术素养的一种误读。会欣赏、理解艺术,也是一种艺术素养。俞伯牙弹奏之时,唯有一个樵夫钟子期能识得曲中高山流水之义,引得伯牙惊呼"善哉,善哉,子之听夫!志想象犹吾心也"。钟子期死后,伯牙再也找不到一个知音之人,从此摔琴绝弦,终生不操。诚然,钟子期作为一个樵夫,当然是不会弹琴的,他却能听出其他人所不能听出来的妙处,可见他的艺术素养之高。我们可能受限于种种因素,不能成为俞伯牙这样的琴师,但学会欣赏艺术,成为像钟子期一样能感受艺术之美的欣赏者也是一件乐事。较高的艺术素养,可以培育高雅情趣、丰富精神世界、帮助我们理解艺术之美、提高生活的品质。

在新时期,提升学生的艺术素养已成为当下学校教育中的重要内容,是评价学生综合素质发展状况的重要维度。2014年,《教育部关于加强和改进普通高中学生综合素质评价的意见》出台,对学生的艺术素养提出了明确的要求:"(艺术素养)主要考察学生对艺术的审美感受、理解、鉴赏

---

① 朱立元.艺术美学辞典[M].上海:上海辞书出版社,2012:176.
② 教育部关于加强和改进普通高中学生综合素质评价的意见[EB/OL].(2014-12-16)[2022-04-29].http://www.moe.cn/srcsite/A06/s3732/201808/t20180807_344612.html.
③ 教育部关于进一步加强中小学艺术教育的意见[EB/OL].(2008-09-08)[2022-04-29].http://www.moe.cn/srcsite/A17/moe_794/moe_795/200809/t20080908_80591.html.

和表现的能力。重点是在音乐、美术、舞蹈、戏剧、戏曲、影视、书法等方面表现出来的兴趣特长，参加艺术活动的成果等。"①文件侧重考察学生对艺术的审美能力。也就是说，一个人确立了什么样的审美观，他对艺术的感受力是如何的，他对艺术的理解力是怎么样的，进而通过这种艺术的熏陶，能够呈现出一个什么样的精神状态。它重点强调了受教育者对音乐、美术、舞蹈和戏剧等方面所表现出来的兴趣，以及通过参加一系列的实践活动或者艺术活动，所取得的相应的艺术类成果。那么，良好的艺术素养能赋予我们什么样的力量呢？

一、在逆境中寻找人生价值

1994年，有一部电影横空出世。虽然它没有拿到任何一项奥斯卡金像奖，但它在人们心中的地位是不可撼动的——它就是《肖申克的救赎》。当一个人被监狱的高墙困住，也许一开始会愤怒，会不安，会向往自由。随着时间的推移，大多数人便习惯了监狱的生活。可是安迪不一样，他在牢房中也要播放《费加罗的婚礼》，他虽然在牢房中度过了十年，心中却依然住着莫扎特。音乐让他的心中始终葆有对美好生活的向往和追求。可以说，是莫扎特，是艺术，救赎了安迪，最终让他走过最黑暗的时光，迎来了生命的解放和自由。

艺术，给困境中的人带来慰藉，带来美的感受，让人重新抓住生活的希望与意义，发现人生的价值，进而重新振作，获得走出困境的力量。艺术教育有助于学生在逆境中追求人格品质中的真善美，寻找人生价值，且这种教育"不是直接的道德教化，而是在审美体验、审美想象、审美理解中润物细无声地完成其伦理功能"②。

二、在艺术氛围中培养审美情操

如果我们身处一个风景秀丽、流水潺潺、鸟语花香的环境里，那么，我们的心情一定会感到非常的惬意和舒畅。同样，如果我们处在一个古色古香、丝竹入耳、充满艺术气息的氛围里，那么，我们的身心也会潜移默化地受到这种艺术的熏陶和感染，艺术素养也能够得到提升。

有学者指出，气氛的渲染或画面的结构能让人感受到画家良好的艺术素养的同时，也让人们获得非凡的感受③。例如，在《自由引导人民》这幅画中，整个画面的主体为一名年轻女性，左手提枪，右手高擎一面三色旗。她着装朴素，甚至因为参加战斗，而显得衣衫不整。但她面容刚毅，毫无惧色，带领民众不断地向前。她用自己大无畏的献身精神，激励了她身后的革命者去反抗压迫、反抗剥削。在她的右边，裹着红头巾的爱国者抬头望着象征自由的化身，充满了希冀和憧憬；旁边戴礼帽的男子，手中紧握长枪，同样凝视着自由女神，以她为榜样进行战斗。画面中不同的帽子（高礼帽、圆扁帽和布帽等），表示革命获得了除顽固的君主制度拥护者以外的各个阶层的支持，而倒地的士兵也是反抗行列中的一员④。法国画家德拉克罗瓦创作的这幅画气势磅礴，不仅给我们以视觉上的巨大冲击，同时也满足我们内心的精神需要。这些优秀艺术作品的强烈感染

---

① 教育部关于加强和改进普通高中学生综合素质评价的意见[EB/OL].(2014-12-16)[2022-04-29].http://www.moe.gov.cn/srcsite/A06/s3732/201808/t20180807_344612.html.
② 易晓明.当代中国艺术教育的人文目标建构[J].南京师大学报（社会科学版），2021(1)：24-37.
③ 张立喜.中国水彩画新拐点——"水彩与新时代"中国水彩画泰山学术论坛综述[J].美术，2021(8)：91-97.
④ 丁宁.西方美术史十五讲[M].北京：北京大学出版社，2003：344.

力和号召力,给我们带来了震撼和冲击,有利于营造一个良好的艺术氛围,更好地培养艺术情操,促进个体艺术素养发展。

三、在文化共鸣下收获真实感动

在《中国三军仪仗队高唱"喀秋莎"通过红场》视频中,我们可以听到《喀秋莎》这首歌曲,它描绘了苏联人民浴血奋战、保家卫国的光荣事迹。它不仅仅是俄罗斯人民的记忆,也伴随着我国几代人的成长。唱着这首歌曲,我们能想象出当年斯大林红场阅兵的壮怀激烈,更能回想起20世纪50年代时,我国人民与苏联援华专家的深厚友谊。某年,俄罗斯又一次红场阅兵,中国作为出席的代表,又一次唱起他们教给我们的歌曲,送上我们的祝福,这就是艺术的力量与魅力。尽管语言不通,但我们用一首喀秋莎,瞬间让中俄两国人民激动不已,也迅速地拉近了两国人民之间的距离。可见,艺术能跨越语言和国别,给人以共鸣。它让我们知道,或许我们会有各种各样不同的观念,但因为一首老歌,我们便收获了共同的感动。

第三节 艺术素养引导美好人生

培养艺术素养的终极目的就是要引导人创造美好的人生,这也是教育的立场和逻辑。艺术素养的高低反映了一个人思想旨趣、审美境界的层次与水平。较低的艺术素养可能只会让人满足于口腹之欲、车马之喧;而较高的艺术素养则能让人心驰神往,通达至真至美之境。所以,我们要努力提升自身的艺术素养,而不至于流于世俗和荒诞。

美好人生的创造离不开个体的艺术素养。如何通过艺术素养引导人们创造美好人生呢?诚如马克思所言,人不同于动物,人懂得"按照美的规律来建造"[①],只有"按照美的规律来建造"才能真正创造美好人生。因此,可以通过引导人们树立高尚的人生理想创造美好人生,塑造审美境界感悟美好人生,培养审美趣味享受美好人生。

一、树立高尚理想创造美好人生

教育的根本旨趣在于引导人过上一种有尊严、有价值、有意义的美好人生,在于激励人们走向一个更加和谐、优雅、富足的美好人生。美好的人生需要人生理想作为指引,而通过艺术教育提升个体的艺术素养,能够不断激励人们树立更加高远的人生理想。

让·弗朗索瓦·米勒是19世纪法国最杰出的现实主义画家之一,农民家庭出身的他没有被潦倒的生活打败,他热爱生活、热爱劳动,他的画都是法国农民的真实生活写照。为人们所熟知的画作当数《拾穗者》,这幅画作描绘了三个农村妇女,她们穿着粗糙的布衣,深深地弯下腰去,在已经收割完的麦地里捡拾散落的麦穗。她们身后广袤无垠的田野一直延伸到地平线深处,在远处还有草垛、村舍、树木和辛勤劳作的农民。整幅画并没有华丽的色彩,却真实勾勒出底层人民

---

① [德]马克思恩格斯全集:第42卷[M].北京:人民出版社,1979:97.

生活的艰辛以及辛苦劳作的形象，充满着朴实无华的真情实感。任何一幅画作，其背后都蕴含着作者的社会背景、生活阅历、艺术素养、理想信念等。这幅画使人们不禁领悟出蕴含于艺术作品深层的精神内涵，使得我们在欣赏这幅画时能够感受到广大劳动人们的勤劳、朴实和坚韧，这对于自身价值观的塑造与高尚人生理想的形成具有潜移默化的熏陶作用。

总的来说，人们在走向美好人生的这条道路上，需要不断从美的事物中品味其蕴藏的本质的力量，丰富精神和情感世界，进而不断提升自身的艺术素养，激发追求更有意义与价值的人生的意愿，树立更加远大的人生理想。换言之，有高尚的人生理想作为指引，会使我们创造出更加丰富、充盈和充满活力的美好人生[1]。这样的美好人生才是"一种值得过的人生"，它不是得过且过，不是随波逐流，而是一种充满了智慧的光泽，写满了缤纷与诗意，激荡着激情的自由的人生。

二、塑造审美境界感悟美好人生

有学者指出："传统教育价值观造成智育对美育的挤压……社会对人才的要求，使得教育功能被定位在传授科学编码型知识上，重点培养学生认知、理解、分析等智力，忽视了美育。"[2]究其原因，是由于审美教育的长期缺位，导致人们往往只关注到事物更加功利的一面，而丧失了对于美的真正追求。

学者滕守尧认为："审美教育，包括审美形态教育和美感教育两个方面。审美形态教育……侧重于对对象之客观形态的描述和认识；美感教育主要培养人们健全的审美心理结构，包括感觉、知觉、情感、想象、理解诸心理能力的提高和相互协调。"[3]学者加德纳认为"人类品质中的真善美分别对应教育中智德美三方面。同时，美育能够促进个人的人际关系和自我认知能力提升"[4]。审美教育是素质教育的重要组成部分，其最终目的是使人们置身于审美活动之中，获得审美的愉悦体验，并使个体的感觉、情感、想象等处于一种极其自由与和谐的状态。事实上，这种自由与和谐的状态有利于塑造人们的审美境界。随着个体艺术素养不断提升，自身的审美经验也会逐渐转化为内在的价值观念，这种价值观念使个体逐渐达到一种自由与和谐的状态，在这个过程之中，其审美境界也会得到不断塑造，最终实现对理想和人生价值的升华，促使个体能够更好地感悟美好人生。

三、积累审美经验欣赏美好人生

艺术素养的培养离不开审美经验的培养[5]，艺术素养的提升不是一蹴而就的，而是通过审美经验的不断累积而提升。审美经验是"审美活动中主体感受、体验、创造、评价美的经验"[6]。想成为一个艺术家，光纸上谈兵，终究是行不通的，必须要在实践中多多观察，用心体会，正所谓"熟读

---

[1] 李晓娟,刘杨妮.高中思想政治课培育学生理想信念的三重逻辑[J].教育理论与实践,2022(23)：61-64.
[2] 史红,徐春生.北京中小学美育发展状况研究[J].湖南师范大学教育科学学报,2021(3)：30-38.
[3] 滕守尧.审美心理描述[M].北京：中国社会科学出版社,1985：320.
[4] 殷英,柯朝晖.高校美育的价值意蕴、生成逻辑和实践路径[J].湖南师范大学教育科学学报,2022(4)：68-75.
[5] 王姣.艺术素养的人本意义探究[J].文艺争鸣,2020(9)：193-195.
[6] 朱立元.艺术美学辞典[M].上海：上海辞书出版社,2012：92.

唐诗三百首,不会作诗也会吟"。所以,要提升艺术素养,一个最便捷的途径就是多看、多听、多想。不仅要用眼睛看,用耳朵听,更要用心去感受,在潜移默化中,艺术素养便能如"润物细无声"般地提高。

"凡操千曲而后晓声,观千剑而后识器",学生个人的艺术素养难以在短时间迅速提高,只有不断积累审美经验,逐渐提升自己的审美能力和创作能力,才能提高自身的艺术素养水平。狄得罗曾说过艺术审美能力是"由于反复的经验而获得的敏感性"。要培养学生善于在工作、学习和生活中观察和发现美的能力,引导学生在实践中不断锻炼审美能力,积累审美经验,加强审美的敏感性。艺术素养水平的高低固然受到文化知识、先天潜质等众多因素的影响,但审美经验的获得更能有效促进艺术素养的发展,增强学生的综合素质能力,促进学生全面健康发展。总之,提高艺术素养要从审美经验出发,不断地在实践中锻炼,善于发现身边的美,学会欣赏自己的美好人生。

四、培养审美趣味享受美好人生

审美趣味的培养与个体的艺术素养密不可分。大体上来说,审美趣味是个体在艺术方面的审美爱好和兴趣,是以主观判断的形式表现出对客观事物的判断与评价,它作为一种高级的心理活动,广泛存在于人类理性与感性的心理活动之中。在当前新媒体发展的时代,人们的审美不断随着各种网络流行文化而产生文化裂变,影响个人自我审美趣味的提升①。例如,一些优秀的音乐作品有利于提高大学生的审美品位,促进其高雅的音乐审美趣味,反之低俗的音乐作品则会妨碍大学生良好音乐审美趣味的培养②。在日常生活中,审美趣味直接影响着人们对于是非、善恶、美丑等的主观判断。个体审美趣味的高雅或低俗,直接体现着其艺术素养的高低。也就是说,艺术素养的提升对于个体培养高雅的审美趣味具有重要作用。

然而,知识化教育可能会遮蔽我们对艺术的欣赏、鉴赏和洞察,导致自身的艺术素养得不到提升,并且因为缺乏审美趣味而无法深刻感悟那些传世佳作的内在精义。具体而言,一个艺术素养较高的人往往在艺术活动中较为关注美的内涵与内在本质,能看到不同于其他事物的美,体悟到艺术创作真正的意蕴与价值,这十分有利于培养高雅的审美趣味。而艺术素养较低的人在艺术活动中只会关注到事物的外在形态,追求一些表面上的刺激和享受,不会去探求事物真正的内涵所在,自然也体悟不到艺术创作的美,这样很难培养出高雅的审美趣味。关于这一点,著名哲学家怀特海曾深刻地指出,学生可以"理解所有关于太阳的知识,所有关于空气的知识和所有关于地球旋转的知识",却"看不到日落的光辉"③。他的意思是说,尽管我们具有丰富的知识储备,却丧失了对艺术的审美趣味,缺失了这一"隐形的翅膀",我们很难再在空中自由地翱翔,也很难真正享受美好的人生。

总而言之,教育不仅仅只是让人获得某种生活技能或生存技巧,而在于不断追问生命的意义、探寻生活的价值、提升人生的境界。因此,教育承载着更为深刻的理想企盼和诗意守望——走向美好人生。走向美好人生是我们每一个人所诉求的,也是我们每一个人所期盼的。

---

① 尹冰.视听文化视域下当代青年的审美趣味[J].电影评介,2021(11):92-95.
② 樊霄英.移动互联网时代大学生的音乐审美趣味[J].四川戏剧,2020(6):162-164.
③ [美]多尔.后现代课程观[M].王红宇,译.北京:教育科学出版社,2000:212.

思考题

1. 论述怎样的美好人生才是"一种值得过的人生"。
2. 更高的艺术素养对于个体而言有何意义与价值?
3. 在日常生活中,我们该如何提升自己的艺术素养?
4. 艺术素养怎样引导人们创造美好人生?

拓展阅读

1. 刘勇,赵志毅.教师的艺术素质及其培养[J].课程·教材·教法,2019(1).
2. 潘娜.建构基于儿童艺术素养的教育新范式[J].课程·教材·教法,2017(8).
3. 凯瑟琳·埃尔金.论艺术教育的意义与价值[J].洪瑞祥,译.清华大学教育研究,2022(1).
4. 李忠阳,孙宁.数字素养教育与艺术教育融合研究[J].中国电化教育,2017(5).
5. 王文娟.艺术教育的现实困境与理论反思[J].湖南师范大学教育科学学报,2009(6).
6. 乔元正.审美品格:艺术教育的应然追求[J].湖南师范大学教育科学学报,2009(6).
7. 朱光潜.谈美书简[M].北京:人民文学出版社,2001.
8. 郭声健.艺术教育的审美品格[M].长沙:湖南师范大学出版社,2005.
9. [德]瓦尔特·比梅尔.当代艺术的哲学分析[M].孙周兴,李媛,译.北京:商务印书馆,2016.

第十五章　教育如何达成人生幸福

思维导图

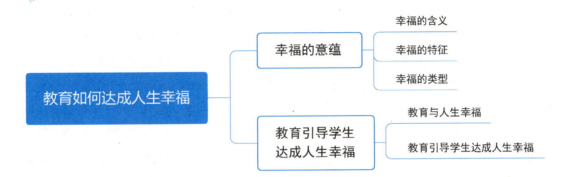

学习目标

知识目标	了解幸福的含义、特征以及幸福的类型与影响幸福的因素;理解掌握教育与幸福的关系
能力目标	提高对幸福的认知力、感受力、创造力以及传递力,达成人生幸福
素质目标	科学认识幸福,树立人生幸福,拥有美好人生的意识
思政目标	树立正确的人生观、价值观、世界观,建立正确的幸福观以及明确正确地追求幸福的方法和途径

第一节　幸福的意蕴

一、幸福的含义

　　幸福是什么？这是千百年来人们不断追问、探寻、争论的话题。有人认为快乐是一种幸福,有人认为吃苦耐劳是一种幸福;有人认为物质上富足是一种幸福,有人认为精神上满足是一种幸福……由于社会地位、受教育水平、文化素养、思维方式等不同,人们对幸福的理解也呈现多元化的趋向。对幸福的认识与个人的世界观、人生观、价值观密切相连。亚里士多德在他的《伦理学》中把幸福誉为圣洁人生的最高和最终目标,在《政治学》中把幸福定义为美德的实现。而老子在

《道德经》中提出人生存于世的最好方式就是顺应"道",不做与之相违背之事,"无为而治"才能达到幸福。[①] 本·沙哈尔认为幸福是快乐与意义的结合,快乐指向当下的利益,是现在的美好时光,意义则指向未来的利益。事实上,人是为了让自己幸福而存在的,为了探寻美好人生,我们必须从客观上把握幸福的内涵。

幸福是一种个体主观界定的积极情绪状态,在心理学文献中,主观幸福感这个术语常常被作为幸福的同义词。主观幸福感涉及个体对当前状况的主观评价。迪纳认为,主观幸福感包括积极情感(没有消极情感)和总体生活满意度(也就是对生活报偿的主观评价)[②]。现实生活中,人们常在对比中寻找幸福,一些人对物质的追求超越了精神享受。有些人简单地将幸福等同于愉悦,但显然幸福的内涵远不止于此。目前,关于幸福的理论主要有三种,即目标满足理论、过程活动理论和遗传人格倾向。目标满足理论认为,人们感到幸福是因为达到了目标。过程活动理论认为,投入特定的生命活动产生幸福。遗传人格倾向理论则认为,幸福与人格基础和生物遗传有很大相关性。美国心理学家塞利格曼认为,幸福是构建的概念而非真实的存在,它不局限于对生活的满意程度,而是由五种具有真实性且可测量的要素,即积极情绪、投入、人际关系、意义、成就组成,每种要素都能促进幸福,但没有一种可以单独定义幸福。

综上可知,幸福是无法简单定义的,它是人们的主观感受体验,又与人们对需要的满足、在生活中的投入以及人格遗传因素等密切相关。幸福的主观性使我们明白,拥有幸福的人可能会具备以上几种幸福因素,但具备了以上幸福因素的人们并不意味着会幸福。尽管对幸福没有统一的标准,但这并不影响人们一直以来对幸福的孜孜以求,人们以各自的方式定义并追求着幸福。需要注意的是,幸福虽具有很大的个体性,但必须与人类社会的幸福形成内在一致性,个体的幸福才具有终极性,个体才能融入人类社会的整体生活中,个体幸福才具有追求一生的生命意义和价值[③]。也就是说,个人对幸福的追求不能违背人类社会的幸福。在我国,我们倡导人们以社会主义核心价值观为导向和价值基础追求幸福。

二、幸福的特征

(一) 幸福源自积极的人格特质

幸福是基于人格特质和环境而产生的人生态度。托尔斯泰曾说过这样一句话:"幸福的家庭总是相似的,不幸的家庭各有各的不幸。"幸福对一个家庭是这样,对一个人也是如此。幸福的人都有一个共同的特征,那就是对人生持有积极、乐观、豁达的态度,有了这样的人生态度,就会经常体验到快乐和幸福。我们平时说:"心不苦,不辛苦。"实际上幸福就是一种心态,一种心境,有了这样的心态和心境,个人就会在知足中,在平淡简朴时,在给予他人、帮助他人的过程中体验到人生的乐趣。幸福是个人对人生所持的态度,这种态度主要是由个人的性格和环境因素决定的,这种人生态度的背后其实是积极人格特质在支撑。

(二) 幸福具有跨情境的一致性

幸福具有跨情境的一致性。我们很容易发现许多人在不同的情境中都能很快地使自己处于

---

① Jeong-Kyu Lee.从东西方视角看教育与幸福[J].曹潇吟,译.学园,2009(3):47-53.
② [美] 斯奈德,洛佩斯.积极心理学[M].王彦,席居哲,王艳梅,译.北京:人民邮电出版社,2013:117.
③ 刘若谷.幸福成长:教育价值的本体回归[J].教育研究,2016(05):66-71.

愉快状态中。一个幸福的人,在失意时、在失败时、在落魄时都会很快地使自己从痛苦中解脱出来,让自己处于愉悦状态;一个幸福的人,在平凡时、在日常生活的平淡中也能很快让自己快乐而不单调和枯燥。在日常生活中,我们经常会发现很多有趣的现象,面对考试的一次偶然失误,有的同学就想到"我真笨,我无可救药",因而感到悲观不已;有的人会想到"通过这次失败自己发现了许多学习中的问题和不足",从而感到这并非一件坏事。前者具有悲观的人格特质,不管遇到什么事情、处于何种情境总是从坏处着想,心情总处于阴郁,很少拥有幸福,很难享受快乐,属于不幸福的人;后者具有乐观的特质,不管遇到什么事情、处于什么情境总是从好处着想,时时都处于一个好的情绪状态之中,很少有忧郁伤心的时候,属于幸福的人。面对同样的事情,处在同样的境况,为什么有的人从未感受到幸福,而有些人却总是充满幸福感呢?这应该与每个人的不同特质有关,这些特质长久稳定地影响着个体的幸福感。

(三)幸福具有跨时间的稳定性

幸福具有跨时间的稳定性。1973年美国国家老龄化研究所对5 000名成年人做了一次调查,并在10年后对他们再次进行了调查,结果表明,尽管工作条件、居住条件以及家庭状况有了种种变化,当年感到最幸福的人到10年后还是感到最幸福。无独有偶,希尔斯和阿格勒的牛津大学幸福感调查问卷上的得分非常稳定,在经过6年的间隔之后,这一问卷的重测信度竟然超过了0.5。有研究发现,即使个体的经济水平或其他生活条件有了很大的改变,幸福感的这种重测信度也只有很小的下降。时间可以让人变老,可以改变生存环境与生活条件,但很难改变人们已有的幸福感,这可能与产生和决定幸福感的人格特质难以改变有关。

(四)幸福是人的主观性与客观性的有机统一

从表现形式看,幸福是一种感情,源于人的迫切需要得到满足或部分满足时极度快乐的个体心理体验,属于主观意识范畴,具有高度的主观性。在人的认识活动和实践活动中,意识体现了人独有的精神特质,虽然人的需要的具体内容在不断发展变化,但人的主观意识会随着需要的满足而产生的愉悦感却是不变的。如果没有人的需要这个评价尺度,也就无所谓幸福可言。人的主观性在幸福体验中是不可或缺的,并成为幸福特性中一个最显著的表征。此外,人之所以能够体验到幸福,是因为有利于人的生命存在与发展的迫切需要通过合理途径得到了满足,因而幸福也具有客观性。一般来讲,一个人是否幸福及幸福的程度取决于个人迫切而合理的需要是否得到实现和实现的程度。迫切的需要构成了人的行为动机,当行为的结果令人满意时,即客观条件符合人的主观愿望时,人就会产生积极的心理体验,否则,就会产生消极的心理体验。幸福既具有主观性又具有客观性:主观性是幸福的极度快乐的心理体验之本性,是幸福的主观形式之本性,是主观幸福之本性;客观性则是人的生命存在与发展的迫切需要之本性,是幸福的客观内容之本性,是客观幸福之本性。一方面,幸福的客观性决定幸福的主观性。另一方面,幸福的主观性反作用于幸福的客观性。因此,幸福是人的主观性与客观性的有机统一,两者统一的基础则是人的劳动实践活动。

三、幸福的类型

幸福的本质属性是精神性,所有的幸福都是精神性的。既然幸福是主观的概念,那么是否就意味着幸福被人类的意识所控制,人们认为它是什么就是什么,它应该随人的意志的改变而改变?显然,答案是否定的。由于人是幸福的体验者,而人的内在因素和外在因素有着多样性和变化性,这就意味着人们对幸福的理解或观念因时代、地域、阶级、民族、性别等的不同而被潜在因素限制着。可见,幸福的内容受到外界客观因素的制约。

在各种各样的幸福观里,哲学家们多是以幸福的内容来对幸福的类型进行划分。幸福通常可分为外在幸福、肉体幸福和灵魂幸福。外在幸福即物质生活幸福,是人的物质性需求和欲望得到实现后产生的幸福感。其表现在实际生活中通常是生活富足和身体健康的满足。现实生活中,我们中的大多数总是疲于奔命,为了柴米油盐酱醋茶……我们致力于追求买房子、新车子、新手机、新衣服、新包包……并且乐此不疲,很快进入下一个循环,追求买房子、新车子、新手机、新衣服、新包包……不过,这些物质带来的愉悦持续时间并不长久,很快你又陷入到了无聊的虚空之中,就如永远填不满的无底洞一般。与其说,我们是这些物质的追求者,不如说是它们的奴隶;如果不及时悬崖勒马,我们很快被拖入欲望的深渊,被淹没溺毙。

肉体幸福即人在社会中生存交往活动中所得到的幸福,它具体表现在自尊的需求、爱情的渴望等方面。人活于世,需要经营各种关系。其中,最重要的是亲密关系。你的通讯录中,有没有这样一个人,你可以在凌晨4点钟毫无顾虑地给他打电话,诉说你的烦恼?如果有的话,那么恭喜你,你就会比没有的人更长寿。这是哈佛大学精神科医生乔治·威伦特的研究发现。

灵魂幸福也就是精神幸福。精神幸福即精神生活的幸福,是人精神方面的需求和欲望得到实现的幸福,主要表现在自我价值的实现,特别是自我精神领域的潜能得到实现的幸福。海伦·凯勒双目失明、两耳失聪,却努力地从一个让人同情默默无闻的小女孩变成让全世界尊敬的女强人。如果生活真的不公平,那么,生活对她的不公平可谓到了极致。她完全可以放弃她的梦想躲在阴暗的角落里放声痛哭,没有人会责怪她,她也完全可以躺在床上或坐在轮椅上,由人服侍。可是她没有做,她吃力地在老师的帮助下学习盲语,触摸事物,仅仅凭着永不言弃的信念和坚持不懈的意志。她把她理想的天空涂上了人生最亮的色彩。再例如,司马光是个贪玩贪睡的孩子,为此他没少受先生的责罚和同伴的嘲笑,在先生的谆谆教诲下,他决心改掉贪睡的毛病,为了早早起床,他睡觉前喝了满满一肚子水,结果早上没有被憋醒,却尿了床。于是聪明的司马光用圆木头作了一个警枕,早上一翻身,头滑落在床板上,自然惊醒,从此他天天早早地起床读书,坚持不懈,终于成了一个学识渊博的,写出了《资治通鉴》的大文豪。他们都通过自己的努力实现了自我价值,在精神上十分富足,达到了灵魂幸福。

那么,哪一种幸福是最高级的幸福呢?

1988年4月,24岁的哥伦比亚大学哲学系博士霍华德·金森对121名自称非常幸福的人进行调查,得出这个世界上有两种人最幸福,一种是淡泊宁静的平凡人,一种是功成名就的杰出者。20年后,他回访了这121个人,结果却让人惊讶和深思。故事是这样的:1988年4月,霍华德·金森24岁,是美国哥伦比亚大学的哲学系博士。他毕业论文的课题是《人的幸福感取决于什么》。为了完成这一课题,他向市民随机派发出了一万份问卷。问卷中,有详细的个人资料登记,还有五个选项:A. 非常幸福;B. 幸福;C. 一般;D. 痛苦;E. 非常痛苦。历时两个多月,他最终收回了5 200余张有效问卷。经过统计,仅仅只有121人认为自己非常幸福。接下来,霍华德·金森对这121人做了详细的调查分析。他发现,这121人当中有50人是这座城市的成功人士,他们的幸福感主要来源于事业的成功。而另外的71人,有的是普通的家庭主妇,有的是卖菜的农民,有的是公司里的小职员,还有的甚至是领取救济金的流浪汉。这些职业普通生涯黯淡的人,为什么也会拥有如此高的幸福感呢?通过与这些人的多次接触交流,霍华德·金森发现,这些人虽然职业多样、性格迥然,但是有一点他们是相同的——他们都对物质没有太多的要求。他们平淡自守,很能享受柴米油盐的寻常生活。这样的调查结果让霍华德·金森很受启发。于是,他得出了这样的结论：

这个世界上有两种人最幸福：一种是淡泊宁静的平凡人，一种是功成名就的杰出者。如果你是平凡人，你可以通过修炼内心、减少欲望来获得幸福。如果你是杰出者，你可以通过进取拼搏，获得事业的成功，进而获得更高层次的幸福。

他的导师看了他的论文后，十分欣赏，批了一个大大的"优"！毕业后，霍华德·金森留校任教。一晃，二十多年过去了。如今，霍华德·金森也由当年的意气青年成长为知名的终身教授。2009年6月，一个偶然的机会，他又翻出了当年的那篇毕业论文。他很好奇，当年那121名认为自己"非常幸福"的人现在怎么样呢？他们的幸福感还像当年那么强烈吗？他把那121人的联系方式又找了出来，花费了三个月的时间，对他们又进行了一次问卷调查。

调查结果反馈回来了。当年那71名平凡者，除了两人去世以外，共收回69份调查表。这些年来，这69人的生活虽然发生了许多变化，他们有的已经跻身于成功人士的行列，有的一直过着平凡的日子，也有的人由于疾病和意外，生活得十分拮据。但是他们的选项都没变，仍然觉得自己"非常幸福"。而那50名成功者的选项却发生了巨大的变化。仅有9人事业一帆风顺，仍然坚持当年的选择——非常幸福。23人选择了"一般"。有16人因为事业受挫，或破产或降职，选择了"痛苦"。另有2人选择了"非常痛苦"。看着这样的调查结果，霍华德·金森陷入了深思，一连数日，霍华德·金森都沉浸在自己的思绪当中。两周后，霍华德·金森以《幸福的密码》为题在《华盛顿邮报》上发表了一篇论文。在论文中，霍华德·金森详细叙述了这两次问卷调查的过程与结果。

论文的结尾，他总结说：所有靠物质支撑的幸福感，都不能持久，都会随着物质的离去而离去。只有心灵的淡定宁静，继而产生的身心愉悦，才是幸福的真正源泉。无数读者读了这篇论文之后，都纷纷惊呼："霍华德·金森破译了幸福的密码！"这篇文章，引起了广泛的关注。《华盛顿邮报》一天之内六次加印！在接受媒体采访时，霍华德·金森一脸愧疚：二十多年前，我太过年轻，误解了幸福的真正内涵。而且，我还把这种不正确的幸福观传达给了我的许多学生。在此，我真诚地向我的这些学生致歉，向幸福致歉！

就这三种幸福类型的关系来说，外在幸福是低级幸福，肉体幸福是中级幸福，灵魂幸福是高级幸福。从这三种幸福类型的本质上不难看出，由于幸福的本质就是需求的满足，那么需求存在着相应的等级，幸福类型自然也是分等级的。从而揭示了外在幸福是低级幸福，肉体幸福是中级幸福，灵魂幸福才是高级幸福的真谛。所有靠物质支撑的幸福感，都不能持久，都会随着物质的离去而离去。只有心灵的淡定宁静，继而产生的身心愉悦，才是幸福的真正源泉。

第二节 教育引导学生达成人生幸福

一、教育与人生幸福

（一）教育应引导学生追求幸福

幸福是每个人都向往和追求的，也是每个人都会时刻思考的问题，教育作为培养人的活动，有义不容辞的责任引导学生追求幸福。苏霍姆林斯基说："培养真正的人，让每一个人都能幸福地度过一生,这就是教育应该追求的恒久性、终极性价值。"教育的价值使命在于使人幸福完满,在于让学生幸福成长,而不是以承担压力、经历痛苦甚至牺牲幸福为代价去学习和掌握知识技能。正如乌申斯基所言:"教育的主要目的在于使学生获得幸福,不能为任何不相干的利益而牺牲这种幸福,这一点当然是无需置疑的。"① 真正的教育不仅应教会个体"何以为生",更应让个体懂得"为何而生",为个体谋幸福应成为教育的应有之义,教育的合理性必须体现在教育活动对个体幸福的积极作用上②。

学校作为教育的重要场所,肩负着让学生幸福成长的教育职责,学校应该让学生感受到、体验到或享受到幸福成长,应该培养快乐、健康、阳光、智慧、自信以及渴望长大、对未来充满理想和梦想的学生,引导学生享受和展现自身成长的幸福模样,教育学生放飞灵魂、慰藉身心、追求幸福。这意味着,学校要摆脱功利主义、效用主义、工具主义等价值观的牵制,确立学生幸福成长的教育价值追求,用正向、积极的价值观提升学生幸福感知能力、幸福质量和水平,进而促进学生幸福观的建构形成。

(二) 教育要关注学生当下和未来的幸福

幸福是每个人的终生追求,是每个人生命价值的实现,是人类战胜所有困难的基本内驱力。尽管每个人都追求幸福,但人们对于幸福的感知和理解各有不同,这也就造成了个人幸福的差异性。教育的本质要求是教真育爱,教育的终极价值是使人成其为"人",使人幸福。教育能够对人的幸福有所作为,在于它能够通过价值观念和价值思维的教育引导,帮助人们形成幸福的基本认知和态度,培养人们理性平和的心态,改善个体生存和发展的外在条件,提升个人的幸福能力。

苏霍姆林斯基说过:"教学大纲和教科书规定了给予学生的各种知识,但是没有规定给予学生最重要的一样东西,这就是幸福。我们的教育信念应该是培养真正的人!让每一个从自己手里培养出来的人都能幸福地度过自己的一生。"③ 让学生能够幸福生活,即是教育的最本质追求。幸福生活,并不是某一刻的开心与快乐,而是一种持续的、稳定的、愉悦的生命状态。教育可以通过引导个体人格健全、心智生活完满与精神成人来培养个体的幸福感。一方面,教育通过知识的传授和生活能力的培养,为学生未来幸福生活作准备。幸福不是教出来的,但关于幸福的相关知识又是可以讲授的,如关于幸福,存在着快乐幸福观、理性幸福观、知识幸福观、德性幸福观、和谐幸福观、超越幸福观、生活幸福观等。引导学生在对不同幸福观的认识和了解中,构建自我的幸福观,感受幸福的状态、个体在追求幸福中带来的价值意义。另一方面,教育可借助学生的现实生活,引导学生提升对幸福认知的水平,即幸福不是空洞的概念或说教,幸福就在身边,就在自己的日常生活中。

二、教育引导学生达成人生幸福

(一) 提高人生幸福的认知力

幸福是什么? 幸福其实很简单,幸福是一个人的主观感受。人生的客观的部分掌握在命运之神手中,它会因情况变化而发生变化,而主观的部分则掌握在我们自己手里,在本质上它是永

---

① [俄] 乌申斯基.乌申斯基教育文选[M].张佩珍,冯天向,郑文樾,译.北京:人民教育出版社,1991:213.
② 刘若谷.幸福成长:教育价值的本体回归[J].教育研究,2016(05):66-71.
③ 李希贵.李希贵学校管理沉思录[J].人民教育,2011(22):18.

远不会改变的。我们或许无法改变恶劣的环境和条件,但我们可以改变对待这种环境条件的态度和心态。一只小狗问它的妈妈:"妈妈,幸福在哪里?"狗妈妈告诉它:"幸福就在你的尾巴上。"于是,小狗就不停地追,它要追到自己的尾巴,看看幸福到底是什么样子。可是,它发现自己怎么也追不到尾巴上的幸福,于是它便把苦恼告诉了妈妈。狗妈妈说:"孩子,不要刻意去追,只要你一直往前走,幸福就会永远跟在你的身后。"原来幸福是如此简单,无须刻意去追寻,只要你勇敢向前走就会一直拥有。因为它伴随着我们每一个人,就在我们的身后。而那只小狗只要向后看看,就可以看到停留在它尾巴上的幸福。其实,人在很多时候都在不停地追逐着自己想象中的幸福,以为那才是自己真正应该得到的。可是得到后,会发现有些东西是自己永远也追不到的,即使追到了,也会很失望地发现到手的并不是自己真正想要的。但是,如果你把奔跑的脚步停下来,不再刻意地去追的时候,反而会收获意想不到的幸福。

教育是帮助孩子树立正确的自我认知和建立积极的心态,而不是为社会机器塑造一个合适的螺丝钉;是要帮助学生在未来的生活中更成功地寻求自己的幸福,培养学生幸福的能力,是学生一生最重要的东西。有幸福能力的学生,内心蕴藏着一股强大的力量,不是不会遭遇黑暗迷茫,而是心里永远住着一个太阳,任何时候都能引领自己走向光明。所以,无论是父母还是教师需要做的就是教育并培养孩子的幸福感,帮助孩子构建正确的自我认知和积极心态,引导学生提高人生幸福的认知力。

(二) 提高人生幸福的感受力

幸福是人生追求的永恒主题,追求幸福是人的内在需要,是人的一种潜能。国王有一个视若珍宝的独生儿子,可是王子却总是闷闷不乐地坐在窗户前。于是国王想尽办法,千方百计要使儿子快活起来。可是,给他看戏,举办盛大的舞会或音乐会,一切都无济于事,王子的脸庞失去了往日的红润,渐渐消瘦了。众多聪明的学者建议,找个幸福的人,一个完全幸福的人,跟王子交换衬衣。于是国王派人到全国各地去寻找幸福的人,可是无论是高尚的神父还是邻国拥有无上权力的国王也都不幸福。有一天国王打猎,突然听到有人在唱歌,顺着歌声国王找到了一个正在哼着歌修剪葡萄藤的幸福的小伙子,但是这个幸福的人,他没有穿衬衣。完全幸福的人是什么样的人呢?不是居于高位的神父,也不是拥有一切的国王,而是乡间葡萄园里的一个穷小子。他对现有的一切感到满足,即使荣华富贵、高官厚禄也换不来。幸福不是别人给的,他只有自己才感觉到。

从社会大背景来看,我国正处在社会经济转型期,社会生活的变化及由此所导致的人们心理上的动荡,使广大青少年学生也面临着诸多社会变化的心理适应、心理控制和心理调节等问题。由于青少年社会阅历浅、身心发展快、学习负担重以及代际冲突等原因,使得一些青少年存在不同程度的心理问题。还他们以幸福并发展其幸福能力,让他们能够自主地创造美好人生,是教育责无旁贷的义务。有学者认为:"感知幸福表现在人对幸福的知觉与审视,这种能力可以通过教育来改善和形成。感知能力是在认知能力发展的基础上形成的,它是一种元认知能力。现代生活中的物质主义、享乐主义、钱权关系等在一定程度上遮蔽了人对真的幸福的感知,钝化了人的幸福感。"[1]

教育作为培养人的社会活动,理所当然地要为提升人的幸福服务。因此,教育必须在提高学生追求幸福的水平上下功夫,这不仅对个体有利,也是促进社会进步的巨大动力。教育最基本的目标之一就是使学生愉悦,产生美好的心理体验,因此,教育过程应成为体验幸福的过程。心灵

---

[1] 谷孝平.体悟亲情感生命——《我与地坛》的情感教学[J].现代教育科学,2008(4):27.

的发展过程有别于知识技能的把握过程,心灵的发展要求心与心的交融,而心与心的交融则以愉悦的情境为依托,唯有在使双方都能够体验幸福的氛围中方能使心与心敞开、融通。在满足认知需求的同时,让学生充分享受情感乃至整个精神状态的愉悦是教育人文关怀的重要环节。当然,这并不等同于寻求感官刺激,并不是无条件地满足学生各种心理需求,而是提供个体成长的良好氛围,通过满足合理的心理需求促进心理发展,这一过程应将幸福的体验与伦理的规定结合起来,发展学生的德性。①

(三) 提高人生幸福的创造力

哈尔滨师范大学附属大学原校长沙洪泽教授曾说过:"幸福是一种过程,一种状态,同时也是一种能力,这种能力除了学生要具备感知幸福的能力外,还应该包括创造幸福的能力。感知幸福的能力和创造幸福能力是构成人的幸福能力的两个重要方面。提升追求幸福的水平,就是要提升人的感知幸福和创造幸福的能力,在很大程度上我们可以将追求幸福的过程理解为创造幸福与感知幸福的统一。学生只有在创造的过程中,才能感知到真正的幸福,同时,也只有在感知到真正的幸福时,才能体会到创造幸福的价值。"②

有个意志消沉的人经历了人生的重重磨难,有点厌倦生活了。他走到大山中,发泄着心中的不满。"我——恨你——"大山中有个声音回答他:"我——恨你——"那人听了,心情更加低落了,因为生活也在仇恨他。这时,一个白胡子老人飘然而至,用洪钟一样的声音对他说:"孩子,你不妨换个方式,说'我爱你'看看如何?"那人听了,对着大山说:"我——爱——你——"大山中同样有个声音回答他:"我——爱——你——"那人听了,心情豁然开朗,原来生活还在爱着他。白胡子老人呵呵一笑:"懂了吧,孩子,生活是一个充满魔幻的五色烟花,你若仇恨她,她会用同样的仇恨回敬你;你若爱她,她会用百倍的热情为你绽开绚丽的奇彩。"因此,在日常生活中我们要学会创造幸福。

在教育教学的过程中,教师既是幸福的创造者也是幸福的享受者;学生既是幸福的享受者也是幸福的创造者。师生双方在教育的过程中,在创造与享受幸福的过程中得到了内在的统一。如果把享受从创造的过程中分离出去,享受便与创造无关,只成为一种外在的消费性的结果。而教育本身就是创造幸福与享受幸福的有机统一。它把师生从世俗的教育评价中摆脱出来。教育行为本身就是教育的乐趣和动力,就是对教育最圆满的评价。教育不是牺牲而是享受,不是重复而是创造,不是谋生的手段而是生活本身。

(四) 提高人生幸福的传递力

有些时候,你渴望幸福,总是觉得现在过得不幸福,因为糟心的事一件接着一件地来。但是你又明白,其实给予你痛苦的人也同样不幸福。当你看到这一点的时候,似乎就会有点绝望了。恶性循环,这个词真的是让人绝望。而你能做的,是不去给予痛苦。这样,慢慢地,也许幸福感就会多一点。

其实幸福很简单。如果说幸福是一种感觉,那么幸福力就是一种能力,是我们获得幸福和传递幸福的能力。具有幸福力,就好像要使自己的心中开出花来,这样才会有蜜蜂来。幸福=快乐×分享人数,要学会将你的快乐与亲人和朋友分享,使这个幸福感扩散,带给更多的人快乐和积极的态度。

---

① 朱倩.教育对人生幸福的意义与价值[J].现代教育科学,2008(4):27.
② 沙洪泽.关于"教育——为了人的幸福"的思考[J].思想·理论·教育,2002(11):10.

幸福能够传递,幸福需要传递。与人分享幸福,为人带来幸福,给他人带来幸福的同时能够提升自己的幸福感。个人幸福与他人幸福互动双赢。幸福感的一个重要来源是得到社会的认可和尊重。这既证明了你给他人带来了幸福,也增加了自己的幸福感,同时也体现了个人价值与社会价值的统一。传递幸福,要靠自己去争取;传递幸福,要靠爱心去支撑;传递幸福,要靠胸怀去搭桥;传递幸福,要靠行动去落实;等等。幸福的真谛在于给予在于传递。

思考题

1. 幸福是什么?简要谈谈你对幸福的认识与理解。
2. 为什么要谈幸福?人的幸福感取决于什么?
3. 简述幸福的类型和特征。
4. 你幸福吗?为什么?你认为影响你幸福感的因素是什么?
5. 简要阐述教育与幸福的关系。
6. 教育应如何引导学生达成人生幸福?
7. 你想拥有什么样的幸福人生呢?你想在日常教育活动中得到什么帮助?

拓展阅读

1. 陈盈.当前初中生幸福观迷失状况及培育对策[D].长沙:湖南师范大学,2012.
2. 朱倩.教育对人生幸福的意义与价值[J].现代教育科学,2008(04):26-27.
3. 卢芳.教育应为学生当下的人生幸福服务[J].现代教育科学,2008(02):23,74.
4. [德]叔本华.幸福的三个来源[J].视野,2020(1):11-13.
5. 周国平.幸福的哲学[M].武汉:长江文艺出版社,2014.
6. [德]叔本华.人生的智慧[M].2版.韦启昌,译.上海:上海人民出版社,2014.

参 考 文 献

1. [古希腊]亚里士多德.尼各马可伦理学[M].廖申白,译注.北京:商务印书馆,2003.
2. [苏]苏霍姆林斯基.给教师的一百条建议[M].周蕖,等译.天津:天津人民出版社,1981.
3. [苏]苏霍姆林斯基.帕夫雷什中学[M].赵玮,等译.北京:教育科学出版社,1983.
4. [法]卢梭.爱弥儿[M].李平沤,译.北京:商务印书馆,1978.
5. [德]雅斯贝尔斯.智慧之路[M].柯锦华,范进,译.北京:中国国际广播出版社,1988.
6. [德]舍勒.人在宇宙中的地位[M].李伯杰,译.贵阳:贵州人民出版社,2018.
7. [德]雅斯贝尔斯.什么是教育[M].邹进,译.北京:生活·读书·新知三联书店,1991.
8. [美]赫舍尔.人是谁[M].隗仁莲,译.贵阳:贵州人民出版社,1994.
9. [加]克里夫·贝克.学会过美好生活:人的价值世界[M].詹万生,等译.北京:中央编译出版社,1997.
10. [英]约翰·洛克.教育漫话[M].徐诚,杨汉麟,译.石家庄:河北人民出版社,1998.
11. [德]康德.实践理性批判[M].韩水法,译.北京:商务印书馆,1999.
12. [德]康德.康德文集[M].刘克苏,等译.北京:改革出版社,1997.
13. [瑞士]裴斯泰洛齐.裴斯泰洛齐教育论著选[M].夏之莲,等译.北京:人民教育出版社,2001.
14. [英]斯宾塞.斯宾塞教育论著选[M].胡毅,王承绪,译.北京:人民教育出版社,2005.
15. [德]兰德曼.哲学人类学[M].阎嘉,译.贵阳:贵州人民出版社,2006.
16. [法]帕斯卡尔.思想录[M].何兆武,译.北京:商务印书馆,1985.
17. [英]怀特海.教育的目的[M].庄莲平,王立中,译.上海:文汇出版社,2012.
18. [德]卡西尔.人论:人类文化哲学导引[M].甘阳,译.上海:上海译文出版社,2013.
19. [德]马丁·海德格尔.存在与时间:修订译本[M].陈嘉映,王庆节,译.北京:生活·读书·新知三联书店,2014.
20. 北京大学哲学系外国哲学史教研室.古希腊罗马哲学[M].北京:商务印书馆,2021.
21. 胡适.中国哲学史大纲[M].北京:商务印书馆,2011.
22. 冯友兰.中国哲学简史[M].涂又光,译.北京:北京大学出版社,1985.
23. 冯友兰.冯友兰谈哲学[M].北京:当代世界出版社,2006.
24. 张汝伦.现代西方哲学十五讲[M].北京:中信出版社,2020.
25. 孙正聿.生命意义研究[M].北京:北京师范大学出版社,2020.
26. 高清海.人就是"人"[M].沈阳:辽宁人民出版社,2001.
27. 张曙光.生存哲学:走向本真的存在[M].昆明:云南人民出版社,2001.
28. 陈嘉明.现代性与后现代性十五讲[M].北京:北京大学出版社,2006.

29. 陶行知.中国教育改造[M].合肥:安徽人民出版社,2019.

30. 刘济良.生命教育论[M].北京:中国社会科学出版社,2004.

31. 刘济良,王定功.关注生命:生命教育的多维审视[M].北京:中国社会科学出版社,2017.

32. 刘济良,王定功.呵护生命:生命教育的人文关怀[M].北京:中国社会科学出版社,2017.

33. 刘济良,王定功.提升生命:生命教育的温情守望[M].北京:中国社会科学出版社,2017.

34. 刘铁芳.什么是好的教育:学校教育的哲学阐释[M].北京:高等教育出版社,2014.

35. 冯建军.生命与教育[M].北京:教育科学出版社,2004.

36. 金生鈜.规训与教化[M].北京:教育科学出版社,2004.

37. 刘慧.生命教育导论[M].北京:人民教育出版社,2015.

38. 赵汀阳.论可能生活[M].2版.北京:中国人民大学出版社,2009.

39. 王定功.生命价值论[M].北京:教育科学出版社,2013.

40. 何仁富,肖国飞,汪丽华.大学生命教育的理论与实践[M].北京:中国广播电视出版社,2012.

41. 陈战国,强昱.超越生死:中国传统文化中的生死智慧[M].开封:河南大学出版社,2003.

42. 段德智.西方死亡哲学[M].北京:北京大学出版社,2006.

43. 孙利天.死亡意识[M].长春:吉林教育出版社,2001.

44. 刘济良.青少年价值观教育新视阈[M].北京:中国社会科学出版社,2018.

45. 朱小蔓.关注心灵成长的教育:道德与情感教育的哲思[M].北京:北京师范大学出版社,2012.

46. 王玉樑.理想·信念·信仰与价值观[M].西安:陕西人民出版社,2001.

47. 朱光潜.谈美书简[M].北京:人民文学出版社,2001.

48. 傅国涌.美的相遇[M].上海:华东师范大学出版社,2017.

49. 向晶.学生幸福论[M].济南:山东教育出版社,2012.

50. 高恒天.道德与人的幸福[D].上海:复旦大学,2003.

51. 褚惠萍.当代大学生生命教育研究[D].南京:南京师范大学,2014.

52. 刘惊铎.道德体验论[D].南京:南京师范大学,2002.

53. 叶澜.让课堂焕发出生命活力——论中小学教学改革的深化[J].教育研究,1997(9).

54. 叶澜."教育的生命基础"之内涵[J].山西教育,2004(6).

55. 鲁洁.教育的返本归真——德育之根基所在[J].华东师范大学学报(教育科学版),2001(4).

56. 石中英.教育信仰与教育生活[J].清华大学教育研究,2000(2).

57. 刘济良,赵荣.生命教育:道德教育的核心[J].课程·教材·教法,2013(9).

58. 刘济良.论"生活世界"视阈中的生命教育[J].教育科学,2004(4).

59. 刘济良.教育与人的生命[J].教育研究,2004(5).

60. 刘济良.人文主义的教育理念与教育灵魂的重构[J].现代教育论丛,2000(6).

61. 姚本先,刘庆明,何元庆.大学生信仰的现状与特点[J].高等教育研究,2009(9).

62. 冯骥才.人文精神是教育的灵魂[J].现代教学,2018(24).

63. 詹文杰.论求真精神与希腊哲学之成型[J].哲学研究,2007(3).

64. 郭戈.我国的乐学思想传统[J].课程·教材·教法,2014(5).

65. 郭戈.中西方乐学理念下的教学观[J].中国教育科学,2017(3).

66. 罗国杰.论道德境界[J].哲学研究,1981(3).

67. 林建初.谈谈道德境界[J].学术论坛,1981(5).

68. 李醒民.价值的定义及其特性[J].哲学动态,2006(1).
69. 程金生.价值哲学的视野转向:从知识逻辑到问题意识[J].中国海洋大学学报(社会科学版),2003(3).
70. 何仁富.生命教育:建构美好生命的五重境界[J].中国德育,2019(11).
71. 董辉."美好生活"本位的现代教育伦理信念及合理性辨析[J].伦理学研究,2019(5).
72. 杨进,柳海民.论美好生活与学校教育[J].教育研究,2012(11).
73. 阮成武.朝向美好生活的教育寻绎[J].教育研究,2021(4).
74. 王举,朱美霞.从"教育在场"到"教育学立场"——另一种视野看教育学立场问题[J].湖南师范大学教育科学学报,2016(2).
75. 冯建军.从主体间性、他者性到公共性——兼论教育中的主体间关系[J].南京社会科学,2016(9).
76. 陈少明.生命的精神场景——再论《庄子》的言述方式[J].中山大学学报(社会科学版),2020(3).
77. 杨国荣.哲学与教育:从知识之境到智慧之境[J].探索与争鸣,2022(1).
78. 张楚廷.教育、哲学与经济[J].高等教育研究学报,2018(4).
79. 王锐生.人文精神的历史形态——对人文精神的历史主义考察[J].北京师范大学学报(社会科学版),2003(1).
80. 陈祎鸿.论现代教育的人文精神危机[J].教育科学研究,2011(8).
81. 张乐.教育学学者人文精神的遮蔽与回归[J].中国教育学刊,2016(12).
82. 李建华.人文精神与文人精神:当下教育的一种窘境[J].湖南师范大学教育科学学报,2017(2).
83. 张恩德,彭旭.论指向核心素养落地的科学与人文课程整合[J].教育科学研究,2019(2).
84. 陈新汉.关于生命意识的哲学思考[J].哲学研究,2022(1).
85. 凯瑟琳·埃尔金.论艺术教育的意义与价值[J].洪瑞祥,译.清华大学教育研究,2022(1).
86. 刘勇,赵志毅.教师的艺术素质及其培养[J].课程·教材·教法,2019(1).

后　　记

美好人生蕴含着个体生命朝向"更好"的生命状态的永恒追求。缺乏美好人生追求的生命宛若干瘪的枯木，丧失生命的盎然生机与活力；满怀美好人生追寻的生命仿如灵动的行舟，在超越的向导中朝向理想不断前行。"教育如何实现美好人生"是我们始终关注同时冀图持续深入探索的重要议题，我们试图阐释美好人生的丰富意蕴，尝试构建教育实现美好人生的理论体系，探寻实现每一生命个体"诗意地栖居在大地上"的可能路向。本书仅是我们朝向美好人生的教育之思的起点，朝向美好人生的教育追寻永无止境，希望本书所讨论的问题、所提出的观点能够有助于读者更加深入和系统地思考相关问题，我们也将继续朝向"更好"的教育之思而前行探索，不断完善教育与美好人生的理论与实践体系的构建。

本书凝聚着不同撰写者的智慧结晶，彰显着每位撰写者朝向美好人生的教育之思与追寻美好人生的生命情怀。本书由刘济良提出基本构想，参与编写人员共同讨论确定基本写作框架，分工撰写完成。本书写作的具体分工为：前言由刘济良、赵文慧撰写，第一章由刘济良撰写，第二章、第十章、第十四章由王洪席撰写，第三章、第九章、第十五章由王振存撰写，第四章、第六章由王举撰写，第五章、第十二章由杨飞云撰写，第七章由薛娟撰写，第八章、第十三章由务凯撰写，第十一章由赵文慧撰写，后记由刘济良、赵文慧撰写。全书由刘济良负责统稿，并对全书进行了统一编辑。

在本书编写过程中，我们参考和引用了近年来国内外的相关研究成果，在此特向有关学者致以衷心的感谢。限于时间与精力，书中难免会有遗漏和不足之处，敬请读者批评指正。

复旦大学出版社的黄乐编审在本书的编写过程中付出了很多精力，从本书的策划、选题申请到具体的编写体例和写作规范都给予了具体指导，在此表示真诚的感谢！

编者

2022 年 6 月

图书在版编目(CIP)数据

教育与美好人生/刘济良主编.—上海:复旦大学出版社,2023.6
ISBN 978-7-309-16574-6

Ⅰ.①教⋯ Ⅱ.①刘⋯ Ⅲ.①教育研究 Ⅳ.①G40-03

中国版本图书馆 CIP 数据核字(2022)第 201008 号

教育与美好人生
刘济良 主编
责任编辑/张彦珺

复旦大学出版社有限公司出版发行
上海市国权路 579 号 邮编:200433
网址:fupnet@fudanpress.com http://www.fudanpress.com
门市零售:86-21-65102580 团体订购:86-21-65104505
出版部电话:86-21-65642845
上海华教印务有限公司

开本 890×1240 1/16 印张 12.5 字数 320 千
2023 年 6 月第 1 版
2023 年 6 月第 1 版第 1 次印刷

ISBN 978-7-309-16574-6/G·2441
定价:40.00 元

如有印装质量问题,请向复旦大学出版社有限公司出版部调换。
版权所有 侵权必究